2011年度教育部人文社会科学研究青年基金项目
"民族政治发展的理论与实践研究"
（项目批准号：11YJC810037）最终研究成果。

民族政治发展导论

于春洋◎著

社会科学文献出版社
SOCIAL SCIENCES ACADEMIC PRESS (CHINA)

序　言

　　政治学是经世致用之学。政治学的地位和命运，总是同它在社会发展中所发挥的作用息息相关。改革开放以来，政治学开始受到党和国家领导人的重视，1980 年年底，中国政治学会在北京正式成立，政治学的研究和教学工作也得以在全国范围内恢复、重建和发展。21 世纪以来，我国政治学的发展更是迸发出前所未有的生机与活力，呈现一派欣欣向荣的景象：政治学的学科体系日趋完善，理论研究取得丰硕成果，学科研究领域不断扩展。与此相联系，政治学的应用也呈现喜人的局面：同我国政治生活的实践结合日益紧密，对改革事业的指导性日渐增强，为我国社会主义民主政治建设发挥了越来越大的积极作用。

　　内蒙古政治学会自成立以来，紧密团结和依靠自治区政治学理论与实践工作者，高举中国特色社会主义伟大旗帜，以邓小平理论、"三个代表"重要思想、科学发展观为指导，围绕我们党和国家，以及自治区党委、政府的中心工作，以推动我区政治学研究健康、顺利、持续、深入发展为己任，在学科建设、服务大局、人才培养和学术交流等方面均取得了长足的进步与发展。尤其令人欢欣鼓舞的是，近年来，一批年富力强、学有所长的年轻学者积极投身于内蒙古政治学学科建设、理论研究和实践探索的宏伟事业之中，致力于内蒙古民主政治建设和民族发展的理论与实践，涌现出一批具有较高学术水平的研究成果。于春洋博士的这部学术专著《民族政治发展导论》，就是在这种背景之下产生的代表性著作。对于这样一些在政治学研究领域勤勉好学、孜孜以求的年轻学者，我们应当予以鼓励与扶持，因为在很大程度上，他们的努力方向代表和预示着内蒙古政治学发展的未来。也正因为如此，当于春洋博士拿着自己即将付梓的书稿找到我，请我为该书作序时，我欣然同意，以示勉励。

人类是由相互交错、彼此关联的人们共同体构成的，民族不仅是这些人们共同体之一，而且也很可能是其中最为古老的人们共同体。当民族的发展经历漫长岁月而进入近现代，伴随民族国家在西欧的初创及其全球扩展，民族也逐渐演进成为一种与国家政权紧密相关的人们共同体，民族的政治属性也因此得以确立。放眼全球，因民族问题引发的政治动荡广泛而激烈，在让民族的政治属性不断得以凸显和张扬的同时，也使民族政治问题成为一个事关民族国家以及国际政治关系未来走向、极具现实意义的重大问题。民族问题是一个社会政治问题，属于一定的历史范畴。解决民族问题的核心，是实现民族平等和民族团结。由此，加强对民族政治属性以及民族政治问题的研究，就显得十分必要。中国是一个由56个民族组成的多民族、统一的国家。在社会主义时期，解决民族问题的基本原则是坚持各民族的平等和团结。在社会主义制度下，解决民族问题的根本任务就是逐步清除民族间在历史上造成的发展差距，努力实现各民族的共同发展和繁荣。民族问题无小事。民族问题是历史问题、社会问题，更是政治问题。它既关乎民族团结、社会稳定和国家统一，也关乎建成和谐社会、全面小康社会的中国特色社会主义社会的发展目标问题。因此，加强民族问题的研究有着十分重要的现实意义。

于春洋博士的这部《民族政治发展导论》在充分吸收和借鉴国内外相关研究成果的基础上，以民族政治学作为研究的学科视角，基于当今世界民族国家（多民族国家）建构与发展的实际，紧紧围绕"民族政治发展"这一问题展开了深入系统的学理研究，初步形成了关于民族政治发展问题研究的一般理论体系。该著作的出版，可以为中国特色政治学学科体系的发展和完善，为民族政治学的学科建设，以及我国民族政治发展问题研究的有序开展和规范前行提供一定的理论借鉴和研究启示。同时，该著作对于推进内蒙古自治区民族政治学的理论研究和实践探索而言，也具有重要的参考价值和现实意义。

希望于春洋博士以这部著作的问世为契机，潜心研学、厚积薄发，为内蒙古自治区政治学学科建设、理论研究与实践探索贡献自己的力量！

内蒙古工业大学党委书记
中国政治学会常务理事
内蒙古自治区政治学会会长

2013 年 1 月 6 日于内蒙古工业大学植霖楼

内 容 摘 要

作为一种新兴研究领域的开拓，民族政治发展研究既是民族国家现实发展的呼唤，也是民族政治学学科发展的需要。为促进民族政治发展研究的有序开展和规范前行，需要建构民族政治发展理论体系。本书是建构民族政治发展理论体系的一种尝试，由导论和五个章节的内容组成。导论以民族政治发展研究得以成立的理论逻辑和现实依据为切入点，以此导入民族政治发展理论体系建构问题。第一章，讨论民族政治发展的理论渊源问题。这些理论主要包括马克思主义民族理论、政治发展理论、西方民族主义理论、多元文化主义理论和族际政治理论。第二章，讨论民族政治发展的基本内涵问题。主要包括民族政治发展的概念界定、基本内容及其实质，以及民族政治发展的三种主要模式。第三章，讨论民族政治体系的发展问题。民族政治体系是民族政治发展的载体，其发展主要包括民族国家政治体系发展、民族地方政治体系发展和非国家形态民族政治体系发展。第四章，讨论民族共同体的发展问题。民族共同体是民族政治发展的主体，其发展主要包括民族个体发展和民族群体发展两个层面。第五章，讨论民族与国家政治关系的协调与发展问题。想要实现民族政治发展，还需协调民族与国家之间的政治关系。这些政治关系主要包括民族利益与国家利益、民族认同与国家认同、民族建设与国家建设，等等。

Abstract

As a reclaim of emerging research field, minority political development research is not only required for the reality development of nation-state but also subject to the needs of the development of minority politics. To promote the orderly and normative advance of the study of minority political development, we need to construct a theoretical system of minority political development. This book is the efforts and attempts to construct the theoretical system. It is made of preface and five chapters.

The preface makes the theoretical logic and practical basis of minority political development as the starting point. Then, it leads to construct minority political developmental theory system problems.

The first chapter discusses the theory origin problems of minority political development. These theories include Marxist national theory, the theory of political development of Western nationalism theory, the theory of multiculturalism and ethnic political theory, and so on.

The second chapter is for the development of minority political connotation. It includes the concept define of the minority political development, the basic content and substance and three minority politic developmental models.

In Chapter Three it presents the development of the nation politic system. The nation politic system is the carrier of the minority political development, and its development includes the development of the nation-state political system, the development of the minority local political system, and non-state form of minority political system development.

The fourth chapter is for a minority community development. Minority community is the main body of the minority political development; its development is individual into two levels: Individual development and the ethnic group's development.

In Chapter Five, it proposes how to harmonize the political relations of minority and state, if it intends minority political development, still must coordinate political relevance in minority and state. These relations include the minority interests and minority interests, minority identity and state identity, nation-building and state-building, and so on.

目　录

Contents

导　　论

一　选题的意义

发展政治学作为当代政治学的一门新兴学科，以政治发展问题（尤其是欠发达国家的政治发展问题）为研究主题，围绕发展中国家如何实现民主转型、如何实现社会稳定、如何克服政治腐败、如何化解政治危机、怎样完成政治文化改造等核心问题而展开学术探讨。20 世纪 80 年代中后期，政治发展问题开始引起我国学者的关注，国内学界对于政治发展问题的研究方兴未艾。进入 21 世纪以来，该项研究更是呈现出勃勃的生机与活力，散发出独特的理论魅力。作为政治发展的一种重要表现形式，民族政治发展问题也开始进入国内学者的研究视野，初步形成一系列学术成果。我国是一个拥有 13 亿人口、56 个民族的统一多民族国家，加强对于民族政治发展问题的研究，有利于促进我国统一多民族国家的民族团结、政治稳定、社会和谐。

目前，国内有关民族政治发展问题的研究，主要在民族政治学和民族理论的学科背景下展开。种种迹象表明，作为一种全新研究领域的拓展，民族政治发展研究既有其深刻而严谨的理论逻辑，也有其直接而充分的现实依据。

（一）民族政治发展研究的理论逻辑

从研究理路来看，民族政治发展是"民族发展""政治发展"和"民族政治"问题研究的题中应有之义。在很大程度上，民族政治发展研究是上述三个领域问题研究的汇合和焦聚。

首先，是从"民族发展"研究进入"民族政治发展"研究。民族发展是民族过程中的一个非常重要的环节，"是在民族自身因素、民族所处的自然因素、社会因素的综合协调作用下，民族自身的整个内部结构、素质和诸种外在特征以及民族之间社会关系的不断调整更新、协调适应，推进民族纵向质的演进和横向量的扩展……本质上是民族生存和演进的质和量的提高"①。有学者指出，"民族发展的基本内容包括民族的经济、政治、文化、社会、人口等方面的发展"②。由此可以认为，民族发展研究本身内在地包含了民族经济发展、民族政治发展、民族文化发展、民族社会发展和民族人口发展等各个方面的研究。基于这一事实，民族发展研究至少内含着两种不同的研究取向：其一，综合性研究。民族发展研究具有交叉性、跨学科的特点，要想对这一问题进行整体把握、全面分析，理应开展多学科、宽领域的综合性研究。其二，区分性研究。民族发展由多个不同方面构成，运用某个或某几个学科理论，专门针对民族发展的某一方面进行深入研究（比如针对"民族政治发展"进行的研究），从而把民族发展研究区分为不同方面的区分性研究。于是，当我们沿着"区分性研究"的方向去专门研究民族发展中的"民族政治发展"问题时，我们的研究视野也就从"民族发展"研究进入了"民族政治发展"的研究。

其次，是从"政治发展"研究进入"民族政治发展"研究。作为一种正向的政治变迁过程，有关"政治发展"的研究从一开始就极具主观价值色彩。由此，政治发展成为一个极具争议的概念，能够查到的具有代表性的中文解释就有30多种。③ 陈鸿瑜在《政治发展理论》中，对西

---

① 张勇：《第三次中央民族工作会议与中国共产党民族理论的新发展》，载于《满族研究》2006年第3期，第5页。
② 金炳镐：《论民族发展规律》，载于《西南民族大学学报》（人文社会科学版）2007年第2期，第8页。
③ 参见李元书《政治发展导论》，商务印书馆，2001，第3页。

方学者关于政治发展最具代表性的解释也列举了 11 种之多。① 目前，学界能够普遍接受的定义是认为"政治发展就是政治体系综合能力的发展。其中包括：政治合理性基础的扩大，政治制度化水平的提高，政治参与机会的增加，民主程度的提高，公民自由权利的保障和实施等等"②。这一概念认为，政治发展是以"政治体系"及其"综合能力的发展"作为研究本体的。我们知道，可以将政治体系的宏观架构大体划分成国际（国际政治体系）、国家（国内政治体系）和地方（区域政治体系）三个层次，其中的每个层次又可以粗略地划分为由"政府—市民社会—公民"构成的三级结构。而在纷繁复杂的现实政治生活中，从不同视角观察，政治体系还可以划分为基层政治体系、民族政治体系、集团政治体系等诸多类型。由此，当政治发展研究从"民族政治体系"的类型展开，从民族政治体系内的"政府—市民社会—公民"的三级结构介入时，研究民族政治体系及其综合能力的发展，就成为民族政治发展研究的应有之义。概而论之，民族政治发展研究是政治发展研究的一个分支领域，而"'政治发展'构成了民族政治发展研究的基本分析工具和研究范式"③。

再次，是从"民族政治"研究进入"民族政治发展"研究。从现实性上看，"民族政治是民族共同体或民族的代表围绕公共权力形成的各种关系和开展的各种活动"④。同其他一切政治领域一样，民族政治也总是处在不断的发展变化之中。从这一意义上看，发展与变化构成了民族政治的存在方式，其差别只是在于——不同形态的民族政治，发展速度有快慢之分、变化方向有进退之别。而研究民族政治怎样趋近于完善，怎样实现民族政治的发展和变迁，从而为民族发展提供坚实的政治基础，则是民族政治研究的重点内容之一。对此有学者指出，"其实，'民族政

---

①　参见陈鸿瑜《政治发展理论》，吉林出版集团有限责任公司，2009，第 22 ~ 26 页。

②　燕继荣：《政治学十五讲》，北京大学出版社，2004，第 299 页。

③　周平：《民族政治学》（第二版），高等教育出版社，2007，第 305 页。

④　周平：《民族政治学》（第二版），高等教育出版社，2007，第 35 页。

治的发展'这个问题的提出本身，就是运用现代政治发展观观察和分析民族政治的产物"①。同时，从学科建构的层面分析，作为政治学的一个分支学科，民族政治学"关注民族政治生活和政治现象的各个方面，并选择对民族和民族社会发展直接相关的各个方面进行深入的研究"②。由此我们看到，在民族政治学学科框架的整体构架内，民族政治发展是其不可或缺的组成部分。"民族政治的发展本身，不仅体现着民族政治的本质、内涵和特征，也对民族共同体自身产生着重要的影响。……民族政治学必须研究民族政治的发展过程，尤其是要研究在不同特定条件下民族政治发展中遇到的问题。"③

通过图 1 的理想模型，可以更好地展现民族政治发展研究的理论逻辑。如图 1 所示，作为一种综合性、跨学科的研究，民族政治发展研究分别是民族政治发展和民族政治研究的重要组成部分；同时，民族政治

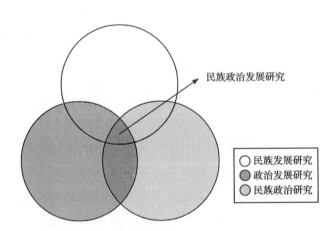

图 1　民族政治发展研究的理论逻辑

① 周平：《民族政治学》（第二版），高等教育出版社，2007，第 305 页。
② 周平：《民族政治学：研究对象、性质、特点及发展》，载于《政治学研究》2003 年第 2 期，第 67 页。
③ 周平：《民族政治学：研究对象、性质、特点及发展》，载于《政治学研究》2003 年第 2 期，第 68 页。

发展研究又具有相对独立性，发展、它分别超出了民族发展、政治发展和民族政治研究的边界，具有自身的特殊性。

（二）民族政治发展研究的现实依据

从现实依据来看，无论是国内层面的"少数民族发展"和"民族地区发展"，还是国家层面的"民族国家发展"和"多民族国家发展"，在对这些极具现实意义问题的解答之中，都内含着民族政治发展问题。

1. "少数民族发展"和"民族地区发展"的必然要求

立足于作为统一多民族国家的中国现实我们发现，"少数民族发展"和"民族地区发展"问题同样具有强烈的现实意义，而"民族政治发展"是其重要的组成方面。一方面，就目前中国少数民族发展的实际状况看，这种发展具有不平衡性——有的少数民族总体发展水平已和我国的主体民族相差无几；有的则比较落后，不但整体发展水平落后于主体民族，而且面临着一系列的"社会—历史—文化"困境，更不用说还存在着生活在不同地区的同一少数民族发展程度极不平衡的事实了。正是这种发展的不平衡性，才使得"少数民族发展"成为事关民族团结、地区稳定、社会和谐的重大政治问题。而且，民族政治发展可以为少数民族发展奠定坚实的政治基础，营造发展的制度环境。因为民族政治发展意味着民族政治体系、政治形态更加适应民族社会的发展，能够对社会进行有效的管理，维护并实现本民族的利益诉求，促进民族共同体的巩固、发展和完善。正是在这个意义上说，"没有政治发展的少数民族发展是不完善的不全面的，甚至是难以实现的"①。

另一方面，这也是"民族地区发展"的必然要求。随着改革开放以来民族地区经济状况的好转和地区经济的进一步发展，在当地各族人民群众的整体生活水平得以普遍提高的同时，也造成了民众之间的利益分化和贫富差距的扩大。由此，当地各族人民群众"有了进行利益表达、谋求利益实现的愿望……期望通过政治参与来影响地方自治机关公共决

① 周平：《少数民族政治发展论》，载于《思想战线》1997年第1期，第19页。

策的行为及结果，努力争取、实现和维护自身利益"①。民众的利益表达
和参政议政的愿望必然会对当地的民族自治机关造成压力，促使其提高
政治决策的民主化、法制化和制度化水平，规范自身的政治行为；而民
族自治机关的政治民主化程度提高了，也有利于促进民族地区经济社会
的进一步发展。正因为如此，"实现政治发展是少数民族地区经济、社
会进步对政治体系提出的必然要求"②，"民族地区政治发展是民族地区
经济发展的必然结果，也是推动民族地区经济发展的政治前提"③。

以上，我们在中国的语境之下粗浅地讨论了少数民族发展和民族地
区发展问题，要想使这两个问题得以解决，就不能缺少民族政治发展的
向度。然而还要看到，我们在这里借用中国语境来分析这个问题，其实
只是为了让这个问题变得更加直观和具体——事实上，如果抽离中国的
语境，而把少数民族发展和民族地区发展问题放置在当今世界多民族国
家的视野之中来进行通约性的分析，情况也是相仿的。因为一般而言，
多民族国家也都存在着一个或多个占国内人口比重较小的少数民族，也
存在着少数民族聚居的地区，哪怕这种少数民族和民族地区没有中国表
现得这么明显。

2. "民族国家发展"和"多民族国家发展"的必然要求

如果我们把讨论的视野从中国转向世界就会立刻看到，"民族国家"
和"多民族国家"构成了当今世界国际关系中最为重要的主体。民族国
家和多民族国家是当今世界普遍存在的国家形式，从民族政治学的视角
出发，民族国家一般是指"由一个占全国人口绝对多数的主体民族执掌
国家政权的主权国家，或者说，由一个主体民族控制国家政权的主权国
家"④；而多民族国家则是指由"多个民族主体或者主体民族与少数民族

---

① 于春洋：《略论利益分化对民族地区政治稳定的双重影响》，载于《学术论坛》2008 年第 7
期，第 135 页。
② 方盛举：《论我国少数民族地区的政治发展》，载于《云南行政学院学报》1999 年第 4 期，
第 76 页。
③ 肖陆军：《论民族地区政治发展》，载于《云南社会科学》2007 年第 3 期，第 82 页。
④ 周平：《民族政治学》（第二版），高等教育出版社，2007，第 53 页。

共同执掌国家政权（中央或联邦权力）的主权独立的国家"①。在和平与发展成为时代主题的今天，在谋求自身发展的呼声日益高涨、提高综合国力已成为世界各国所能达成的为数不多的共识的今天，无论是"民族国家发展"还是"多民族国家发展"，都具有强烈的现实意义。而且，两者的发展都内在地包含着"民族政治发展"。

对于民族国家而言，其国家发展和民族发展在很多方面是重合的，国家的政治发展也可以被大致认为是民族的政治发展。然而这样一种情况并不意味着民族政治发展成为可有可无的事情，恰恰相反，关乎国家发展的重大战略决策往往是在"民族"的旗帜下进行的。"迄今为止，还没有哪一个与国家有关的社会和政治运动可以不动用'民族'的概念。……没有任何意识形态比'为了民族的独立、解放、繁荣、进步'来得更有号召力。"② 由此，在民族国家，民族政治发展成为一个极具现实意义的问题也就不足为奇了。

而对于多民族国家而言，情况要复杂得多。因为多民族国家的发展都面临着一个如何把国内不同民族（族群）的民族（族群）认同整合到国家认同的问题。"当今世界绝大多数的多民族国家，其民族与国家的关系不同于单一民族国家，存在国家疆界与民族边界的异质性，换言之，在多民族国家民族认同与国家认同并不总是一致，他们之间存在着张力甚至冲突。"③ 由此，多民族国家的"一体化建构"成为其民族政治发展的重要任务，而"它的实质是解决多民族国家内的不同民族（族群）超越民族底线的政治认同问题"④。"如何正确处理民族异质性要素或差异性要素与国家统一性之间的关系，实现多民族国家各民族之间的有效整

① 高永久等：《民族政治学概论》，南开大学出版社，2008，第47页。
② 徐迅：《民族主义》，中国社会科学出版社，2005，第72~73页。
③ 贺金瑞、燕继荣：《论从民族认同到国家认同》，载于《中央民族大学学报》（哲学社会科学版）2008年第3期，第5页。
④ 沈桂萍：《对多民族国家一体化建构若干问题的思考》，载于《中央社会主义学院学报》2004年第3期，第33页。

合"①，就成为民族政治发展研究必须回答的问题。

总之，从多民族国家内部来看，民族政治发展研究是推进一国国内少数民族发展和民族地区发展的必然要求；而从当今世界普遍存在的国家形态——民族国家的角度来看，民族政治发展研究更是促进民族国家（多民族国家）全面发展的必然要求（如图2所示）。

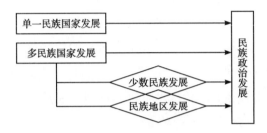

图2 民族政治发展研究的现实依据

综上所述，作为国内一种新兴研究领域的开拓，民族政治发展研究既是民族政治学学科发展的需要，也是民族国家时代发展的呼唤。对于构建具有中国特色的政治学学科理论体系，加快我国的少数民族与民族地区全面发展，促进各民族的平等、团结和共同繁荣，实现政治稳定及社会和谐等诸多方面，民族政治发展研究都具有重大的学术价值及强烈的现实意义。从其理论价值来看，为推进民族政治发展研究的有序开展和规范前行，需要建构民族政治发展的理论体系。本书力图建构该理论体系，为推进民族政治发展研究的拓展和深化奠定学理基础、廓清研究框架。同时，本书的研究对于建构和丰富中国特色的政治学理论体系也具有重要价值；从其实际应用价值来看，理论研究不是空中楼阁，必须以某种方式观照现实。本书试图建构一套具有较强解释能力和普适性的理论体系来为我国民族政治发展的现实服务。

---

① 高永久、朱军：《论多民族国家中的民族认同与国家认同》，载于《民族研究》2010年第2期，第34页。

二　研究的现状

在对本书的研究进行总体说明之前，很有必要就国内外的相关研究及其进展情况做一简要梳理。事实上，如果没有这些研究及其成果的支撑，本书的研究就很难顺利开展。必须承认，国内外学界同仁的研究是极富启发意义的，他们的研究成果为本书理论体系的建构，提供了源源不竭的学术资源。

（一）国外相关研究评述

就国外相关研究而言，由于民族政治发展问题的提出在很大程度上就是将西方政治发展理论运用到民族政治现象分析的结果，由此，西方政治发展理论就成为民族政治发展研究的理论范式和分析工具。该理论产生于"二战"之后，是为解决这一时期亚、非、拉纷纷独立建国的民族国家究竟该选择怎样的政治发展道路而兴起的一种政治理论。对于20世纪西方的政治发展问题研究而言，"大致说来，60年代的政治发展研究比较重视政治民主，60年代后期到70年代中期的政治发展研究偏向于政治稳定，而70年代中期以后的政治发展研究似乎更多地强调了二者的协调发展"①。政治发展理论在自身的发展过程中，逐渐形成了现代化理论和依附理论两大宏观理论，以及由危机理论、参与理论、文化理论、稳定理论、制度化理论和民主化理论等一系列微观理论构成的政治发展理论体系。到了20世纪60年代，随着政治发展理论的学科化建构，发展政治学出现。该学科在发展的早期"试图建立一个研究发展中国家的政治和政治变化的理论框架。但后来知识界对现代化理论和结构功能主义提出了挑战，从而削弱了这一理想"②。此后，发展政治学在政治民主、政治秩序、公民社会、国家结构和政治发展失衡等问题的研究上取

---

① 姚建宗：《国外政治发展研究述评》，载于《政治学研究》1999年第4期，第85页。
② 佛兰西丝·哈葛扁（王正绪、方瑞丰译）：《重访发展政治学》，载于《开放时代》2006年第4期，第90页。

得了显著的成绩。①

（二）国内相关研究评述

1. 民族政治发展研究的开创

就国内研究而言，最早注意到民族政治发展问题的学者是周星教授。1989 年，周星在自己的博士学位论文《政治民族学要论》中，首次提出了民族政治发展的问题；在这篇博士学位论文的基础上，周星出版了自己的学术专著《民族政治学》（中国社会科学出版社，1993）。在该书第三编"民族政治生活"中，列出了一章内容来专门探讨"民族政治发展"问题。在周星看来，民族政治发展"简而言之，就是民族政治生活的发展"②。"民族传统政治"构成了"民族政治发展的基本前提和出发点"，而"民族政治发展"就"意味着民族政治生活从传统形态向现代形态的过渡"。③ 在此基础上，周星阐述了民族政治发展是"以民族国家的建立为指向的"，其过程为"在民族政治生活中不断地进行从传统到现代的变革"，即"民族政治生活的世俗化"，其终极目标是"从民族之间的不平等到平等，从民族的隔阂到民族的接近"等基本观点和主张。④

第一篇专门论及民族政治发展问题的学术论文，是周平教授撰写的《少数民族政治发展论》，该文刊载于《思想战线》1997 年第 1 期上。在该文中，周平教授从少数民族政治发展的可能与现实、内容和形式，以及少数民族政治发展与少数民族发展的关系三个层面，讨论了我国少数民族政治发展的问题。⑤ 此后，周平先后在自己的专著《民族政治学导论》（中国社会科学出版社，2001）、《民族政治学》（高等教育出版社，2003）和《民族政治学（第二版）》（高等教育出版社，2007）中，设专章论及了民族政治发展问题。其讨论主要涉及民族政治发展的形成、走

---

① 有关发展政治学学科演进、研究视角以及政治发展理论的内在矛盾等问题的评述，参见本书第一章第二节"发展政治学：民族政治发展研究的学科借鉴"。——笔者注
② 周星：《民族政治学》，中国社会科学出版社，1993，第 178 页。
③ 参见周星《民族政治学》，中国社会科学出版社，1993，第 178 页。
④ 参见周星《民族政治学》，中国社会科学出版社，1993，第 184~187 页。
⑤ 参见周平《少数民族政治发展论》，载于《思想战线》1997 年第 1 期，第 14~20 页。

向、含义、整体性、基本内容以及发展中的各种陷阱等问题。① 近年来，贺金瑞教授带领其学术团队围绕"民族发展政治学的理论与方法"这一命题展开了深入系统的研究，取得了一系列研究成果②；在高永久教授及其学术团队编著的《民族政治学概论》（南开大学出版社，2008）中，也设专章讨论了民族政治发展的含义、目标、动力、形式及其现实选择等内容。③ 这些讨论无疑是富有建设性的，可以认为，正是在上述学者的引领和推动下，国内有关民族政治发展问题的研究才从无到有、由少到多，逐渐发展起来。目前，有关民族政治发展问题的研究主要在其内涵和外延两个向度上进行着，学术成果不断丰富。

2. 有关民族政治发展内涵的研究

在民族政治发展的内涵研究方面，有学者就民族政治发展的定义、目标、主要内容、实践策略等方面展开了自己的探索，取得了一些研究成果。关于民族政治发展的定义，周平教授指出，"民族政治发展，就是民族政治体系为了适应环境变化的要求而不断调整和变迁的过程"④；高永久教授等人则认为，"民族政治发展是指特定的民族政治系统在历史发展中，结构渐趋区分化、政治文化渐趋世俗化、政治参与渐趋扩大化以及政治能力渐趋增强的过程。民族政治发展描述的是民族政治系统变革和调整的这种过程与状态"⑤。不难发现，后者对前者进行了必要的限定和说明，认为只有具备"结构渐趋区分化、政治

① 参见周平《民族政治学》，高等教育出版社，2003，第 284～307 页；周平：《民族政治学》（第二版），高等教育出版社，2007，第 305～330 页。
② 这些研究成果主要包括：《民族发展政治学的理论和方法》，载于《中央民族大学学报》（哲学社会科学版）2006 年第 6 期；《论从民族认同到国家认同》，载于《中央民族大学学报》（哲学社会科学版）2008 年第 3 期；《"多元一体"：中国民族利益协调论纲》，载于《中央民族大学学报》（哲学社会科学版）2009 年第 6 期；《论多民族国家协调发展的政治基础》，载于《中央民族大学学报》（哲学社会科学版）2010 年第 4 期；等等。——笔者注
③ 参见高永久等《民族政治学概论》，南开大学出版社，2008，第 288～305 页。
④ 周平：《民族政治学》（第二版），高等教育出版社，2007，第 307 页。
⑤ 高永久、王转运：《民族政治发展的目标选择研究》，载于《云南师范大学学报》（哲学社会科学版）2007 年第 6 期，第 2 页。

文化渐趋世俗化、政治参与渐趋扩大化以及政治能力渐趋增强"的
"调整和变迁的过程"才是民族政治发展内涵。

　　关于民族政治发展的目标，有学者指出，"各民族在政治发展目标
的选择问题上，应该结合本民族具体的历史、地理、文化状况以及政治、
经济环境，选择适合本民族的、具有本民族特色的政治发展目标及其道
路"①。在此基础上，该学者将民族政治发展的目标概括为具有普适性的
5 个方面，即民族政治权威的合理化、民族政治文化的世俗化、民族政
治结构的区分化、民族政治系统政治能力的提升和民族政治的民主化。②

　　关于民族政治发展的主要内容，周平教授认为主要包括民族国家或
多民族国家的建立、政治生活的一体化、政治结构的合理化、政治运作
的制度化、政治生活的世俗化、政治能力的提高及政治民主化程度的提
高等 7 个方面。③

　　此外，贺金瑞教授创造性地提出了民族政治发展的实践策略问题。
他撰文指出，"在现阶段，需要探讨在各种不同的决定利益分配的经济
和政治制度之间的安排问题，需要为适应民族关系良性发展寻求民族政
治实践的策略"④。在此基础上，他给出了设计民族发展正义与公平的政
治制度考量维度；发展少数民族群体的差异政治权利；提高民族个体成
员的社会化、公民化程度和政治参与意识；重视民族传统文化资源在现
代民族社会政治管理中的作用等 4 点颇具建设性的意见。⑤

　　然而必须指出的是，虽然上述成果多是具有建设意义和开创性的，
但同时这些研究也是零散的和不系统的，至今尚未出现全景式展示民族

---

① 高永久、王转运：《民族政治发展的目标选择研究》，载于《云南师范大学学报》（哲学社
　会科学版）2007 年第 6 期，第 1 页。
② 参见高永久、王转运《民族政治发展的目标选择研究》，载于《云南师范大学学报》（哲学
　社会科学版）2007 年第 6 期，第 2 ~ 5 页。
③ 参见周平《民族政治学》（第二版），高等教育出版社，2007，第 319 页。
④ 贺金瑞：《民族发展政治学的理论和方法》，载于《中央民族大学学报》（哲学社会科学
　版）2006 年第 6 期，第 16 页。
⑤ 参见贺金瑞《民族发展政治学的理论和方法》，载于《中央民族大学学报》（哲学社会科学
　版）2006 年第 6 期，第 16 ~ 17 页。

政治发展全貌的学理性成果，更没有形成民族政治发展的理论体系——
而这正是本书力图完成的任务。

　　3. 有关民族政治发展外延的研究

　　与此相对应，更多学者将自己的研究视域锁定在民族政治发展的外
延上。目前，除去两篇关注国外（分别是马来西亚和加拿大）民族政治
发展经验、启示与历史演进的学术论文外，其他研究文献大多把我国
"少数民族政治发展"和"民族地区政治发展"作为讨论的重点。周玉
琴的博士学位论文《当代中国少数民族政治发展研究》，可以看成是在
民族政治发展外延研究方面的一个阶段性总结。我们认为，尽管"少数
民族政治发展"和"民族地区政治发展"的含义有着相当的区别，但基
于这种区别而试图把两者泾渭分明地加以区分，并因此把民族政治发展
也划分为两种不同取向的做法是不明智的。在我们看来，两者的相同点
要明显大于不同点，想要把两者截然分立的做法本身也是徒劳的和缺乏
理论依据的。出于论述的方便以及侧重点的不同，在不同语境中选择使
用不同概念，是目前很多学者普遍采用的方式。

　　有学者对少数民族政治发展及民族地区政治发展的概念进行了说明。
早在 1997 年，周平教授就曾撰文指出，"可以把少数民族政治发展定义
为少数民族整个政治体系随着少数民族经济、社会发展而不断变化的过
程"[①]。关于民族地区政治发展，也有学者指出，"所谓民族地区政治发
展就是指我国民族地区的正向政治变迁，即现代化进程中民族地区政治
关系的合理化和民族地区政治体系适应民族地区政治参与而产生的制度
化并增强自身能力的过程"[②]。方盛举则认为，民族地区的政治发展是一
种与国家政治体系取得一体化的发展，而不是孤立于国家政治体系以外
的政治发展；民族地区政治发展应该首先表现为少数民族政治体系能力

---

　　①　周平：《少数民族政治发展论》，载于《思想战线》1997 年第 1 期，第 16 页。
　　②　肖陆军：《论民族地区政治发展》，载于《云南社会科学》2007 年第 3 期，第 81 页。

的发展。①

有学者就少数民族政治发展及民族地区政治发展的目标进行了讨论。马尚云指出，"少数民族政治发展的总体目标应该是更加坚决地坚持和维护祖国大家庭的统一和各民族的大团结，在现有的国家政治体系框架内，真正实现各民族共同控制和管理国家政权以及少数民族自主管理本民族、本地区内部事务的权利，使各少数民族都能够在国家范围内与人数众多、经济文化发展较先进的汉族平等相处，共同发展繁荣"②。而对于民族地区政治发展的目标问题，有学者指出"民族地区政治发展的目标模式应该是政治稳定、政治效率和政治民主三位一体，相互耦合、相互依存、相互支撑的模式，不可偏废任何一方"③。

确立发展目标之后，采取什么方式来实现这一目标，即民族政治发展的战略选择问题，就成为一个必须加以探索和解决的问题。关于少数民族政治发展的战略选择问题，有学者指出，"当前这场少数民族所面临着的选择是在政治发展战略中将政治改革和行政改革何者置于优先地位的问题，行政改革优先发展战略通常被称之为'集权——技术官僚模式'，政治改革优先发展战略则被称之为'民主政治模式'。从少数民族政治体系自身的状况和所面临的经济社会环境来看，少数民族政治发展宜采用政治改革和行政改革并重的模式，既不是单独强调政治改革，也不是单独强调行政改革，而是将两者综合起来考虑"④。另有学者认为，为实现少数民族政治发展的战略目标，加快少数民族政治发展应该做到：坚持和完善民族区域自治制度，这是实现少数民族政治民主化、制度化、法律化的重要内容；巩固和发展平等、团结、互助的社会主义民族关系，

---

① 参见方盛举《论我国少数民族地区的政治发展》，载于《云南行政学院学报》1999 年第 4 期，第 77~78 页。

② 马尚云：《关于少数民族政治发展的思考》，载于《内蒙古大学学报》（人文社会科学版）2004 年第 5 期，第 20 页。

③ 方盛举：《论我国少数民族地区的政治发展》，载于《云南行政学院学报》1999 年第 4 期，第 78~79 页。

④ 周平：《少数民族政治发展论》，载于《思想战线》1997 年第 1 期，第 17 页。

这是我国少数民族政治发展的重要内容，也是少数民族政治发展的重要外部条件；坚持各民族共同繁荣，这是社会主义时期解决民族问题的基本原则之一，也是少数民族政治发展的目标所在。①

而关于民族地区政治发展的战略选择问题，有学者指出，"民族地区的政治发展将突出地体现于这样几个方面：一是进一步理顺权力关系，完善各项政治制度；二是有效提高政府能力；三是有效推进农村基层政治一体化进程，提高政治整合度；四是大众政治参与的发展；五是政治文化的变迁"②。另有学者认为，"实现少数民族地区政治发展的战略选择是：以维护政治稳定为前提，以提高政府依法行政能力的建设为重点，积极稳妥地推进政治体制改革，发展社会主义民主政治，建设社会主义政治文明"③。肖陆军则从 6 个方面对民族地区政治发展的路径进行了说明。他指出：民族地区政治发展的根本动力是推动民族地区经济又快又好地发展；民族地区政治发展的根本保证是改革民族地区党组织执政方式并不断提高执政能力；民族地区政治发展的直接动力是有序扩大民族地区政治参与；民族地区政治发展的关键环节是严格实行依法治理；民族地区政治发展的重要保障是加大民族地区反腐力度；民族地区政治发展的现实课题是大力促进社会公正。④

就整体而言，针对民族政治发展外延的研究尚未在国内学界达成共识性的观点和主张，缺乏研究的热点和焦点，我国少数民族政治发展问题虽然在事实上构成了该领域研究的重点，但其研究往往停留在政策解读和现状分析的层面，鲜有理论建树和实践指导意义——而本书的研究试图改变这种局面，从学理的角度建构民族政治发展的理论体系，为我

---

① 参见马尚云《关于少数民族政治发展的思考》，载于《内蒙古大学学报》（人文社会科学版）2004 年第 5 期，第 22～23 页。

② 周平：《促进政治发展　维护政治稳定——西部开发与少数民族地区的政治发展和政治稳定学术研讨会综述》，载于《政治学研究》2001 年第 3 期，第 86 页。

③ 方盛举：《论西部大开发与少数民族地区的政治发展》，载于《思想战线》2003 年第 4 期，第 23 页。

④ 参见肖陆军《论民族地区政治发展》，载于《云南社会科学》2007 年第 3 期，第 82～83 页。

国民族政治发展研究的深入和拓展提供理论支撑。

总之，有关民族政治发展问题的研究在理论界和现实社会生活中的影响力还有进一步提升的巨大空间，构建具有鲜明中国特色的民族政治发展理论体系及研究框架，加强对于中国和当代世界的民族政治发展实践的指导和引领，是推进民族政治发展研究走向深入的应有之义。

三　民族的界定

作为我国民族研究领域中最为基本同时也是使用最为广泛的概念，"民族"一词的内涵相当丰富，外延十分宽泛，具有极强的包容性、多义性和含混性，在不同语境下可以指称不同的民族共同体。纵观现代汉语中所使用的"民族"一词，"既包括了国家—政治层面上的民族，也包括了历史—文化层面上的民族；既指原生形态的民族，也指次生、再次生乃至多次生形态的民族；主要是指单一民族但也指复合民族和民族支系；既指现代民族，更泛指人类社会不同发展阶段的所有民族"①。这一概念能够包容不同类型和层次的民族共同体内涵，凝聚不同存在形态、不同发展阶段民族共同体的共性，从而最大限度地适应不同学科对于民族和民族问题讨论的需要。然而，这一概念的含混性也直接导致表意的模糊与交流的障碍，特别是在与西方进行学术交流与话语衔接的时候，这一概念经常会被误读甚至误解。由此，"每个研究者在进行理论探讨和具体研究时，都必须事先对自己的研究对象（即民族）作一个界定，这是与前人文献和其他人的研究成果进行学术对话的前提条件"②。

基于上述原因，再考虑到"民族"不仅是本书的核心概念，它同时也构成了本书全部叙述的重心——归根结底，民族政治发展的主体是"民族"，本书所进行的有关民族政治发展的全部研究，本书的全部努力

① 何叔涛：《汉语"民族"概念的特点与中国民族研究的话语权——兼谈"中华民族"、"中国各民族"与当前流行的"族群"概念》，载于《民族研究》2009年第2期，第20页。

② 马戎：《关于"民族"定义》，载于《云南民族学院学报》（哲学社会科学版）2000年第1期，第5页。

都是要去观照"民族"这一人们共同体。由此，我们在对已有不同"民族"概念进行简略回顾的基础上，试图对本书所使用的"民族"概念进行必要的界定。

（一）作为不同发展阶段的民族

进入近代以来，国内外很多学者都对民族概念进行了分析和讨论，对于民族的发展轨迹及其历史演进情况进行分期，也是他们普遍关注的问题之一。比如，阿德里安·哈斯廷斯大致将欧洲民族分为"三个大的发展阶段"。从5世纪到14世纪是第一个阶段，是"存在着大量地方的、并且其中许多是不稳定的族群阶段"；从15世纪开始是第二个阶段，这一阶段"已经能见到西欧绝大部分主要民族的存在"了；而随着18世纪晚期法国君主制的颠覆，民族发展到了第三个阶段，该阶段"开启了革命的也是民族主义运动的水闸"，进入由民族主义创造民族的阶段。[①]苏联的大多数学者受到马克思主义关于人类社会发展的五种社会形态划分（原始社会、奴隶社会、封建社会、资本主义社会和社会主义社会）的启发，主张"民族三分法"。即认为民族的发展经历了部落（原始社会）、部族（奴隶社会与封建社会）以及民族（资本主义社会与社会主义社会）三个时期。进而，又根据资本主义社会和社会主义社会在社会政治制度、经济制度等方面的显著差别，而将民族划分为资本主义民族和社会主义民族。

受到苏联"民族三分法"的影响，国内学界有关"民族分期"和"民族的历史类型"的主流观点，大都倾向于把民族划分为三个前后相继的阶段。比如，有学者指出，"氏族与部落（原始民族）、部族（古代民族）、民族（近现代民族）等，常被视为民族共同体形态的基本历史类型，这是因为它们大体上分别与不同的历史发展阶段相适应的缘故"[②]。另有学者依据社会经济发展水平、信息传递方式、族体内的社会

---

①　Adrian Hastings, *The Construction of Nationhood：Ethnicity, Religion and Nationalism*, Cambridge：Cambridge University Press, 1997, pp. 112–119.

②　周星：《民族学新论》，陕西人民出版社，1992，第26页。

阶级构成等方面的异同而对民族进行分期，"这一分期的级别名称是：部落或称原始民族，部族或称古代民族，民族或称近现代民族。三者又统称民族"①。如图 3 所示②。

民族或民族共同体
{
部落（原始民族）——原始社会
部族（古代民族）——奴隶、封建社会
民族（近现代民族）——资本主义和社会主义社会
}

图 3 "民族三分法"示意图

由此可以认为，原始民族是处于原始社会时期的民族共同体，在这一时期，逐渐产生了民族共同体形态的最初萌芽和民族共同体存在的最初历史类型，即氏族与部落。它们在事实上构成了民族共同体一切形态和历史类型的初始原型；古代民族是处于奴隶社会和封建社会时期的民族共同体，其典型形态是部族。部族是介乎原始民族与近现代民族之间的民族历史类型，是民族发展的中级形态；近现代民族是处于资本主义社会和社会主义社会时期的民族共同体，它的形成同资本主义的发展和民族国家的建立密不可分。一方面，随着资本主义的发展，资产阶级通过革命打破束缚生产力发展的封建割据局面，从而使得近现代民族得以形成；另一方面，民族国家的建立，也使得这一时期的民族共同体成为取得国家形态的近现代民族。

鉴于本书所讨论的核心问题是民族政治发展，而种种迹象表明，只有当民族发展到了近代，民族与国家政权才真正建立起了紧密的联系，民族的政治属性才真正得以凸显。由此，本书所使用的"民族"概念是用来指称近现代民族，而不包括原始民族和古代民族。

（二）作为不同表述单位的民族

如前所述，"民族"一词的内涵相当丰富，外延十分宽泛，在不同

---

① 欧潮泉：《基础民族学：理论·人种·文化》，贵州人民出版社，1999，第205页。
② 欧潮泉：《基础民族学：理论·人种·文化》，贵州人民出版社，1999，第205页。

语境下可以指称不同的民族共同体。然而必须看到，"在'民族'的诸多意义中，它首先体现为一个表述单位"①。不同的表述单位有着各自不同的边界，虽然这些边界并不清晰，更多时候它们是相互交错在一起的，但对于不同表述单位的区分是十分重要的，因为这可以帮助我们廓清本书有关"民族"概念的运用范围，避免不必要的混乱与误解。

归纳起来，民族主要在如下三种表述单位中使用，分别是政治性表述、历史性表述和文化性表述。

1. 作为政治性表述单位的民族

回顾世界近代以来的历史不难看到，"民族"与"国家"这两个概念不期而遇，拥有了大致重叠的边界，逐渐发展形成当今世界最为基本和重要的政治单位——民族国家。正如有学者指出，"人类在历史上结成的稳定的人群共同体被当作民族，进而以'民族'概念分析人类的群体现象，发生于世界近代历史上，并与民族国家的构建以及民族国家成为世界体系的基本单元的事实紧密地联系在一起"②。由此，民族也就获得了一种与国家政权密切相关的政治属性，作为政治性表述单位的民族得以确立。

值得注意的是，西方很多学者都把民族看成一种政治性的表述单位，并以此来对民族概念进行界定。例如，本尼迪克特·安德森（Benedict Anderson）主张如此界定"民族"："它是一种想象的政治共同体——并且，它是被想象为本质上有限的（limited），同时也享有主权的共同体。"③霍布斯鲍姆（Eric Hobsbawm）认为，"'民族'的建立跟当代基于特定领土而创生的主权国家（modern territorial state）是息息相关的，若我们不将领土主权国家跟'民族'或'民族性'放在一起讨论，所谓

---

① 彭兆荣：《论民族作为历史性的表述单位》，载于《中国社会科学》2004 年第 2 期，第 137 页。

② 周平：《论民族的两种基本类型》，载于《云南行政学院学报》2010 年第 1 期，第 6 页。

③ 〔美〕本尼迪克特·安德森：《想象的共同体——民族主义的起源与散布》，吴叡人译，上海人民出版社，2005，第 6 页。

的民族国家（nation-state）将会变得毫无意义"①。马克斯·韦伯也认为："民族基本上是一个政治概念，尽管民族与国家不尽相同，但只有与国家联系起来才能进行界定。"② 安东尼·吉登斯也给出了类似的民族界定，他指出："'民族'指居于拥有明确边界的领土上的集体，此集体隶属于统一的行政机构，其反思监控的源泉既有国内的国家机构又有国外的国家机构。"③ 很明显，这些定义之中的民族是作为一种政治性的表述单位而使用的，是一种与民族国家紧密联系在一起的民族，亦即民族国家（nation-state）中的民族（nation）。

国内也有很多学者察觉到了民族的政治属性，并对此进行了讨论。比如，有学者指出，民族的政治属性"不仅表现在民族在既定政治体系中作为利益集团和政治压力集团的存在，而且也表现为民族社会内部的各种政治现象与政治活动以及民族在政治上要求统一、整合直至建立民族国家或者实现某种自治的倾向"④；"近代以来的民族，都已是获得或正在获得自身政治权利的民族。这种民族政治属性的普遍化是近代以前的民族所没有的"⑤；更有学者把民族分为文化民族和政治民族，认为政治民族得以"形成和维持的基础力量是国家政权，因而从本质上看是一种政治共同体"⑥。

2. 作为历史性表述单位的民族

路易斯·亨·摩尔根于 1877 年出版了自己的专著《古代社会》。在书中，摩尔根分析了人类社会从氏族、胞族及部落，逐步发展成为民族的问题。马克思在研读此书的基础上，初步形成了有关民族产生的观点。

---

① 〔英〕埃里克·霍布斯鲍姆：《民族与民族主义》，李金梅译，上海人民出版社，2000，第10 页。
② David Beetha, *Max Weber and the Theory of Modern Politics*, Cambridge：Polity Press, 1985, p. 122.
③ 〔英〕安东尼·吉登斯：《民族-国家与暴力》，胡宗泽、赵力涛译，生活·读书·新知三联书店，1998，第 141 页。
④ 周星：《民族政治学》，中国社会科学出版社，1993，第 35 页。
⑤ 王希恩：《"现代民族"的特征及形成的一般途径》，载于《世界民族》2007 年第 2 期，第5 页。
⑥ 周平：《论民族的两种基本类型》，载于《云南行政学院学报》2010 年第 1 期，第 6 页。

后来，在恩格斯的《家庭、私有制和国家的起源》一书中，进一步丰富了马克思有关民族形成和发展的论述。马克思、恩格斯关于民族的论述是在一定历史阶段产生和发展起来的，民族是一个历史范畴的观点，使得我们对于民族的认识得到了深化。进而，列宁指出，"要给'没有历史的民族'找一个范例，是任何地方都找不到的（除非在乌托邦中寻找），因为所有的民族都是有历史的民族"①。在斯大林所提出的马克思主义经典民族定义中，民族的历史属性也被表露无遗。斯大林指出："民族是人们在历史上形成的一个有共同语言、共同地域、共同经济生活以及表现于共同文化上的共同心理的稳定的共同体。"②

对于民族的历史属性，无论是西方的学者、苏联的学者还是我国的学者，都秉持一致的观点。民族作为一种历史性的表述单位，一直贯穿于民族学、人类学、社会学等相关研究的各个领域，成为一种常规性的叙述话语。前文我们提到的"作为不同发展阶段的民族"，无论是哈斯廷斯提出的西方民族三阶段说，还是苏联及我国学者依据人类社会形态的更迭而给民族进行的历史分期，其实也是对于民族历史属性的一种典型展现。

很多学者在对民族进行界定、说明和展望时，都对其历史属性给予了充分的考虑，给出了自己的理解和回答。比如，菲利克斯·格罗斯（Feliks Gross）主张，"今天众所周知的民族（nation）概念，是个历史性概念，它出现的时间刚好是在 18 世纪，特别是 19 世纪王朝衰落之前"③。安东尼·史密斯认为，"民族具有深厚的历史基础"④。"没有对民族内在历史的足够理解，我们就会发现我们自己无法估量和判断在全

---

①　列宁：《编辑部对韦贴兰的〈民族问题和拉脱维亚的无产阶级〉一文的意见》，中国社会科学院民族研究所编《列宁论民族问题》（上），民族出版社，1987，第 308 页。

②　《斯大林全集》（第 2 卷），人民出版社，1953，第 294 页。

③　〔美〕菲利克斯·格罗斯：《公民与国家——民族、部族和族属身份》，王建娥、魏强译，新华出版社，2003，第 192 页。

④　〔英〕安东尼·史密斯：《全球化时代的民族与民族主义》，龚维斌、良警宇译，中央编译出版社，2002，第 188 页。

球时代民族的未来发展"①。我国学者也指出,"我们必须强调,在我国通用的'民族'一词,指的是所有历史时期的民族共同体。这个民族或民族共同体正是民族学研究的对象"②。

3. 作为文化性表述单位的民族

如前所述,作为政治性表述单位的民族是在近代民族国家的构建过程中得以确立的。然而,无论此后民族的政治属性如何显露,一个基本的事实是,在民族国家构建之前的更长时期内,维系民族得以存续的纽带是其固有的文化属性;甚至这些拥有悠久历史文化积淀的传统民族(文化民族)在民族国家成为世界体系的基本单元之后,依然彰显出勃勃的生机与独特的魅力。正如有学者指出的那样,"在民族国家出现以前就已经长期存在的文化民族并没有因为民族国家和国家民族的出现而销声匿迹,相反,它们在民族国家的范畴内进一步活跃并引起世人的关注"③。

同作为政治性表述单位的民族相比较而言,作为文化性表述单位的民族有着自身的特点:其一,它并不是一个"想象的共同体",而是拥有自身文化的深厚积淀及家族情感、宗教信仰等一系列维系纽带的民族实体;其二,它具有群众性、稳定性及时代性,并非为少数政治精英所独有或创构;其三,它拥有广阔的时空基础,融通和贯穿于本民族成员的社会活动和日常生活中,表现出丰富而独到的文化特质。总之,作为政治性表述单位的民族得以维系的基础是存在于现实或者想象中的国家,而作为文化性表述单位的民族得以存在的基础则是拥有家族象征结构的现实的族群(ethnic communities)。

有些西方学者是在文化属性上对民族进行界定和说明的。比如,菲利克斯·格罗斯指出:"无论如何,民族具有共同的文化和传统,在大

---

① 〔英〕安东尼·史密斯:《民族主义——理论,意识形态,历史》,叶江译,上海人民出版社,2006,第123页。

② 林耀华:《民族学通论》(修订本),中央民族大学出版社,1997,第106页。

③ 周平:《论民族的两种基本类型》,载于《云南行政学院学报》2010年第1期,第7页。

多数情况下还拥有共同的语言；而且，民族情感和认同是非常具有活力的，在危急关头，被政治诉求激活，民族情感往往更加紧密。"在此基础上，他还认为那些存在于欧洲国家之中的少数民族，实际是"在文化上不同于居住同一国家内的主体民族的人"。① 被称为"民族主义之父"的赫尔德认为，民族是"一个文化实体。同一民族的人说共同的语言，生活在共同的地域，有着共同的习惯、共同的历史和共同的传统"②。安德鲁·海伍德（Andrew Heywood）也认为："民族是一个文化实体（cultural entity），是由共同语言、宗教、历史等共同价值和传统连接起来的集体，并且通常生活在相同的地域内。"③

鉴于本书主要以民族政治学作为研究的专业背景，而"民族政治属性的命题，是民族政治学得以成立并展开研究的根本基点"④，因此，本书主要是在作为政治性表述单位的民族分界内来展开相关讨论。

四　写作的思路与方法

本书以对民族政治发展研究本身的思考作为切入点，通过对民族政治发展研究得以成立的理论逻辑、现实依据的分析，来导入"民族政治发展理论体系建构"这一问题。之后，本书将从民族政治发展的理论渊源和基本内涵入手，对于作为民族政治发展载体的民族政治体系的发展和作为民族政治发展主体的民族共同体的发展这两个问题，进行较为详尽的分析和阐述。最后，本书将把民族共同体（民族）与民族政治体系的最高层次（国家）政治关系的协调与发展问题纳入讨论范围，步步深入、层层递进，逐步建构起民族政治发展的一般理论体系。

本书的研究，总体上以历史唯物主义为指导，坚持历史与逻辑相统

---

① 参见〔美〕菲利克斯·格罗斯《公民与国家——民族、部族和族属身份》，王建娥、魏强译，新华出版社，2003，第23～24页。

② 〔伊朗〕拉明·贾汉贝格鲁：《柏林谈话录》，杨祯钦译，译林出版社，2002，第95页。

③ Andrew Heywood, *Political Ideologies: An Introduction*, New York: St. Martin's Press, 1992, p. 141.

④ 周星：《民族政治学》，中国社会科学出版社，1993，第31页。

一、事实与价值相结合的方法论原则，以民族政治学作为本书研究的专业背景，结合发展政治学的学科知识和理论，同时借鉴民族学、社会学、历史学等相关学科的理论与方法，进行跨学科的综合性研究。

本书所使用的具体研究方法，主要包括文献分析法、比较分析法、规范分析法和案例分析法。本书将通过文献分析法来搜集、鉴别、整理相关文献资料，通过对于文献的研究、分析和梳理，形成对于研究事实的科学认识；本书将运用比较分析法来对当今世界主要民族国家的民族政治发展实践进行比较和分析，通过这种方法来达到认识客观本质、发现一般规律的研究目的；本书将使用规范分析法，规范分析本研究所涉及的问题与事实，对研究对象的运行状态做出主观价值判断，力求回答研究对象的本质"应该是什么"的问题；本书还将运用案例分析法，通过对于发生在历史和现实中的民族国家内部的民族政治体系发展和民族共同体发展的个案进行分析的方式，来佐证和延伸本书研究过程中所得到的一般性结论。

五 本书的结构与要点

本书由导论、正文和结语三个部分组成。其中导论部分主要介绍了本书选题的意义、研究的现状、核心概念"民族"的界定、本书写作的思路与方法，以及本书的结构与要点；结语则主要是对本书的核心观点进行归纳、提炼和升华。

本书的正文部分，主要围绕如下内容展开：

第一，民族政治发展的理论溯源。民族政治发展的理论体系不可能凭空产生，它是主观人为建构的结果；同时，建构民族政治发展理论体系的过程也不是闭门造车，说到底，这一理论体系是建构在国内外相关理论研究成果的基础之上的。我们认为，这些可供参考和借鉴的相关理论应该包括马克思主义民族理论、政治发展理论、西方民族主义理论、多元文化主义理论和族际政治理论，等等。其中马克思主义民族理论的经典作家有关民族政治发展的论述，以及中国化马克思主义民族理论的创新发展为民族政治发展的理论建构提供了源源不竭的理论支撑；围绕政治发展问题而形成的政治发展理论，以及基于政治发展理论学科化发展而形成的发展政治学，构成了民族政治发展理论建构的学科背景；西方民族主义的理论与实践，为民族政治发展的理论研究提供了一个相当广阔的西方视角；多元文化主义的理论与实践，为当代多民族国家民族政治发展提供了一种全新视野；而近年来逐渐兴起的族际政治理论，则成为民族政治发展的族际关系解读。显然，对于这些理论主张的梳理和总结，有利于我们提炼和建构起民族政治发展的理论体系。

第二，民族政治发展的基本内涵。我们认为，廓清民族政治发展的基本内涵是推进该项研究顺利开展的基础和前提。只有廓清了民族政治发展的基本内涵，才有可能消除那些不必要的误读和争论，有关民族政治发展的各项研究内容才得以规范有序地进行。本书将主要从民族政治发展的概念、民族政治发展的基本内容和民族政治发展的基本模式等三个方面来概括民族政治发展的基本内涵。其中民族政治发展的基本内容主要包括两个层面，分别是民族政治体系的发展与民族主体的发展。民族政治发展的基本模式主要包括三种，分别是原生形态的民族政治发展模式，主要指原生形态的欧洲民族国家，如英国、法国等；衍生形态的民族政治发展模式，主要指衍生形态的移民民族国家，如美国、加拿大、澳大利亚等；后发形态的民族政治发展模式，主要指摆脱国内封建统治和国外殖民统治的亚洲、非洲后发民族国家，如中国、尼日利亚等。

第三，民族政治体系的发展与完善。"民族政治发展在本质上就是民族政治体系的发展，这是民族政治发展的根本反映。"① 由此，民族政治体系的发展与完善构成了民族政治发展的一个重要组成内容。我们认为，民族政治体系的发展与完善主要包括民族国家政治体系的发展、民族地方政治体系的完善和非国家形态的民族政治体系的兴起。就民族国家政治体系的发展而言，主要包括单一主体的民族国家的发展和多主体

---

① 高永久等：《民族政治学概论》，南开大学出版社，2008，第291页。

的民族国家的发展。此外，民族国家的自主性建设也是当今世界民族国家发展所面对的一个带有共性的问题；就民族地方政治体系的完善而言，主要包括民族地方立法体系的建构、民族地方政府能力的提升、民族地方行政组织的改革等方面；就非国家形态民族政治体系的兴起而言，主要包括民族政治社团的创建、民族村社政治体系的运行和政治性民族虚拟空间的出现等内容。其发展与完善的方向主要为民族政治社团政治参与的有序和有效、民族村社政治体系的良性运行，以及政治性民族虚拟空间秩序与活力的并重等方面。

第四，民族共同体的发展与瞻望。"民族共同体是一个生命过程，在同一个性质的社会里，不同民族发展并不是齐头并进的，而是具体地体现在每个民族自身的发展过程中。"① 我们认为，对于民族政治发展来讲，情况也是如此。民族主体（民族共同体）的发展与瞻望构成了民族政治发展的另一重要组成内容。民族主体的发展主要包括民族个体的发展和民族群体的发展两个层面。对于民族个体的发展而言，由于民族个体成员的身份包含国家公民身份和民族文化身份双重属性，前者是政治性的，后者是文化性的，因此不同身份属性下的民族个体成员的发展也具有不同的指向：国家公民身份主要是国家现代性的建构过程，而民族文化身份则多是表现为民族个体成员对自己的族群身份的认同。同时，如何实现民族身份与公民身份的统合，也是促进民族个体发展的重要方面；而民族群体的发展则主要包括族群的政治发展和族际的政治互动两个方面，这两个方面既有关联，又有分殊，实现两者之间的良性互动是促进民族群体发展的应有之义。

第五，民族与国家政治关系的协调与发展。要想实现民族政治发展，除了促进民族政治体系的发展和现实民族主体的发展之外，还需要协调民族与国家之间的政治关系。这些关系主要包括民族利益与国家利益、

---

① 贺金瑞：《民族发展政治学的理论和方法》，载于《中央民族大学学报》（哲学社会科学版）2006 年第 6 期，第 13 页。

民族认同与国家认同、民族发展与国家发展的关系。怎样实现民族利益与国家利益的协调发展、民族认同与国家认同的协调共存、民族发展与国家发展的协调统一，是第五章重点讨论的问题。我们主张通过"多元一体"的思路来协调民族利益与国家利益的关系；通过尊重与包容的方式来协调民族认同与国家认同的关系，通过现代民族国家的建设来协调民族发展与国家发展的关系。

第一章 民族政治发展的理论渊源

民族政治发展理论体系不可能凭空产生，它是主观人为建构的结果；同时，建构民族政治发展理论体系的过程也不是闭门造车，说到底，这一理论体系是建构在国内外相关理论研究成果的基础之上的。这些可供参考和借鉴的相关理论研究成果大致应该包括马克思主义民族理论、西方民族主义理论、多元文化主义理论、政治发展理论和族际政治理论，等等。对于这些理论主张的梳理和总结，有利于我们建构民族政治发展理论体系。我们认为，上述理论构成了民族政治发展研究的主要理论渊源。

第一节 马克思主义民族理论：民族政治
发展研究的经典理论

马克思主义民族理论是根据马克思主义关于民族和民族问题的一般原理和基本原则，在苏联、东欧及我国解决民族问题的长期实践过程中逐渐创立、丰富和发展起来的理论体系。对于我国而言，这一理论构成了民族学科的理论基础，也为民族和民族问题相关学术研究的开展提供了直接的理论指导。同时，就国内学界而言，目前尚未出现一种像马克思主义民族理论这样系统、全面而且权威的探讨民族和民族问题的理论。因此可以认为，马克思主义民族理论为我国有关民族和民族问题的研究，提供了经典范式。基于这种认识，马克思主义民族理论也构成了民族政治发展研究的经典理论。

一 马克思、恩格斯：蕴涵民族政治思想的经典论述

自 19 世纪中叶开始，在创立马克思主义理论的同时，马克思、恩格斯运用辩证唯物论和历史唯物论的方法去考察和研究民族与民族问题，从而科学地揭示出了民族与民族问题的发展规律，正确地指出了民族问题同阶级问题、革命问题、社会问题之间的种种关联，阐述了合理解决民族问题的基本原则和一般理论，因此也开创了"马克思主义民族理论"这一理论体系。据有关专家统计，"马克思和恩格斯论述或涉及民族和殖民地问题的文章在《马克思恩格斯全集》中有 360 多篇 200 多万字"[1]。其中不乏蕴涵着民族政治思想的经典论述。

（一）蕴涵在民族及民族问题发展规律里的民族政治思想

这些民族政治思想主要体现在两个方面。一方面，马克思和恩格斯将民族的发展放置在人类社会历史发展的场域内进行研究，从而正确指出了民族形成、发展与消亡的一般规律。而在这其中，也蕴涵了一些民族政治思想。例如，在谈到民族的形成过程时，马克思和恩格斯认为："城乡之间的对立是随着野蛮向文明的过渡、部落制度向国家的过渡、地方局限性向民族的过渡而开始的，它贯穿着全部文明的历史并一直延续到现在。"[2] 可以看出，在马克思、恩格斯的眼里，民族是伴随着"野蛮向文明的过渡、部落制度向国家的过渡"而逐步形成的，民族的形成是以突破"地方局限性"为标志的，民族的形成与国家的形成紧密相连。就此，在《自然辩证法》中恩格斯有更加明确的表示，"从部落发展成了民族和国家"[3]。可以认为，民族与国家不仅形成于同一时期，而且两者之间也有着非常密切的关系。再如，在论

---

[1] 参见金炳镐、周传斌《马克思主义民族理论与中国民族理论学科——纪念马克思逝世 120 周年》，载于《民族研究》2003 年第 5 期，第 27 页。

[2] 中国社会科学院民族研究所：《马克思恩格斯论民族问题》，民族出版社，1987，第 89 页。

[3] 中国社会科学院民族研究所：《马克思恩格斯论民族问题》，民族出版社，1987，第 653 页。

及不同民族具有不同的特征或性格时，恩格斯指出，"英国的政治活动、出版自由、海上霸权以及规模宏大的工业，几乎在每一个人身上都充分发展了民族特性所固有的毅力、果敢的求实精神、还有冷静无比的理智"①。这里，恩格斯是"将领土主权国家跟'民族'或'民族性'放在一起讨论的"②，他所说的"民族特性"是针对与民族国家紧密相关的政治民族而言的。以民族国家来区分不同民族，是一种民族政治的思维方式和研究方法。再比如，在论及民族同化现象时，马克思认为："野蛮的征服者总是被那些他们所征服的民族的较高文明所征服，这是一条永恒的历史规律。"③"野蛮民族"在政治统治上的一时胜利，并不能改变拥有"较高文明"的民族对自己民族特性的同化，这种政治统治与族性同化之间的悖逆恰到好处地展现了民族政治与民族文化间的互动关系。

另一方面，马克思、恩格斯提出了"民族问题是社会总问题一部分"这一基本原理，从而阐明了民族问题同阶级问题的关系，也为根本解决民族问题指明了方向。这其中也蕴涵着不少民族政治的思想。比如，在论及英国的民族与阶级的关系时，恩格斯认为，"英国工人阶级逐渐变成一种和英国资产阶级完全不同的人……工人比起资产阶级来，说的是另一种习惯语，有另一套思想和观念，另一套习俗和道德原则，另一种宗教和政治。……大工业把英国人分为两种不同的民族"④。可以发现，恩格斯认为不同阶级间的划分要明显重要于不同民族间的划分，不同阶级是"完全不同的人"，依此划分而构成的民族内部的分界要远胜于本来意义上的民族划分。这种按阶级来划分不同民族的理论揭示出民族压迫的社会根源。进而，马克思指出："现存的所有制关系是造成一

---

① 中国社会科学院民族研究所：《马克思恩格斯论民族问题》，民族出版社，1987，第 27 ~ 28 页。
② 〔英〕埃里克·霍布斯鲍姆：《民族与民族主义》，李金梅译，上海人民出版社，2000，第 10 页。
③ 中国社会科学院民族研究所：《马克思恩格斯论民族问题》，民族出版社，1987，第 247 页。
④ 中国社会科学院民族研究所：《马克思恩格斯论民族问题》，民族出版社，1987，第 56 页。

些民族剥削另一些民族的原因；对消灭现存的所有制关系关心的只有工人阶级。只有工人阶级能做到这一点。"① 马克思的论述不仅指出了导致民族剥削的深刻所有制根源，同时也揭示出了根本改变这种状况的途径及凭借力量，即：凭借"工人阶级"的革命力量去"消灭现存的所有制关系"。由此，"人对人的剥削一消灭，民族对民族的剥削就会随之消灭。民族内部的阶级对立一消失，民族之间的敌对关系就会随之消失"② 。这一经典论断科学地揭示了阶级社会背景下的民族问题的实质，并为解决民族问题提供了具体途径，具有鲜明的政治指向性。

（二）蕴涵在民族平等原则中的民族政治思想

资产阶级在民主主义革命时期，为了推翻封建帝国的统治，建立资产阶级的民族国家，曾提出民族平等的口号来动员和团结本国其他被压迫民族。这一口号在资产阶级革命时期发挥过历史进步作用。然而，当资产阶级掌握国家政权之后，就放弃了这一口号，转而开始对本民族人民及其他弱小民族进行压迫。与此截然相反的是，马克思、恩格斯始终坚定不移地把民族平等作为他们解决民族问题的基本原则。他们认为，"古往今来每个民族都在某些方面优越于其他民族……任何一个民族都永远不会优越于其他民族"③ 。在其民族平等原则中，也蕴涵着很多关于民族政治的思想。

第一，民族平等的前提条件是民族的独立。就此，恩格斯认为："一个大民族，只要还没有民族独立，历史地看，就甚至不能比较严肃地讨论任何内政问题。"④ 在恩格斯看来，没有获得民族独立的"大民族"还不是真正意义上的国家民族，因为这一民族尚未拥有自身民族国家的主权，因而也就不能真正主宰和掌控自己民族国家内部的一切事务，

① 中国社会科学院民族研究所：《马克思恩格斯论民族问题》，民族出版社，1987，第116页。

② 中国社会科学院民族研究所：《马克思恩格斯论民族问题》，民族出版社，1987，第131页。

③ 中国社会科学院民族研究所：《马克思恩格斯论民族问题》，民族出版社，1987，第46~47页。

④ 中国社会科学院民族研究所：《马克思恩格斯论民族问题》，民族出版社，1987，第563~564页。

也就无法和其他民族进行平等的对话和交往。由此，对于一个"大民族"而言，为了实现民族平等，首要的任务是获得民族的独立。

第二，要想实现民族平等，就必须坚决反对各种形式的民族主义。各种形式的民族主义和沙文主义，一直是马克思、恩格斯坚决反对的，他们对当时流行的泛日耳曼主义、泛斯拉夫主义、民族利己主义等民族主义思潮都予以坚决的斗争。马克思、恩格斯指出，那些"民族的纯洁的利己主义"，究其实质就是民族主义，也正是这种"民族主义导致了罗马和希腊的灭亡"。① 恩格斯也曾多次强调，既要反对泛日耳曼主义，也要反对泛斯拉夫主义，其原因在于这些民族主义思潮都是同无产阶级根本利益相背离的，是反科学的。并且，正是在泛斯拉夫主义的唆使之下，反动势力才得以"侵入了匈牙利，破坏了维也纳，摧毁了意大利"②。

第三，只有反对任何形式的民族特权、民族歧视和民族压迫，才能实现民族平等。恩格斯在谈到反对民族压迫时强调，"任何民族当它还在压迫别的民族时，不能成为自由的民族"③。在批判法国社会学家戈宾诺（Joseph de Gobineau）所叫嚣的"种族优劣论"时，马克思犀利而独到地指出，他"是要证明，'白种人'仿佛是其余的人的上帝，而'白种人'中的'高贵'家庭则自然是这些上帝的选民中的精华之精华"④。进而引用戈宾诺本人的论述，指出，"他尽管仇视'黑种人'……却宣布'黑人'或'黑色血统'是艺术的物质来源，而'白色民族'的一切艺术作品却都取决于这些民族同'黑色血统'的混合"⑤。

（三）关于解决民族问题的三种政治形式

马克思、恩格斯在对法国、波兰、爱尔兰等国家和地区进行深入研

---

① 参见中国社会科学院民族研究所《马克思恩格斯论民族问题》，民族出版社，1987，第45~46页。

② 《马克思恩格斯全集》（第16卷），人民出版社，1964，第227页。

③ 中国社会科学院民族研究所：《马克思恩格斯论民族问题》，民族出版社，1987，第117页。

④ 《马克思恩格斯全集》（第32卷），人民出版社，1974，第645页。

⑤ 《马克思恩格斯全集》（第32卷），人民出版社，1974，第645页。

究和全面分析的基础上，最终提出用"民族自决""联邦制"和"民族区域自治"来作为解决民族问题的三种政治形式。至于在特定历史时期的特定民族应该采取哪种政治形式来解决其民族问题，则需要根据这个民族所处的历史条件、本国国情及其各自的实际特点来决定。

首先，作为解决民族问题三种政治形式之一的民族自决。为了能够建立适应资本主义发展需要的、拥有统一市场的民族国家，资产阶级提出了"民族自决权"，并把它作为自己革命所要争取的权利之一。马克思、恩格斯认为民族自决的原则也同样符合无产阶级的利益，因此，在民族解放运动和无产阶级革命中坚持民族自决原则，重视各民族的独立与自主。他们认为，"每个民族都必须获得独立，在自己的家里当家做主"[1]。进而支持爱尔兰脱离英国而实现民族独立，主张恢复波兰的主权独立和完整："爱尔兰人和波兰人……只有真正成为国家的民族时，才更能成为国际的民族。"[2] 在马克思和恩格斯看来，爱尔兰人和波兰人理应实现自己民族的独立，这既是他们的权利，更是他们的义务。此外，马克思和恩格斯还积极探索了实现民族自决的方法。

其次，作为解决民族问题三种政治形式之一的联邦制。需要说明的是，马克思、恩格斯其实是反对联邦制的，认为这是"一大退步"，"无产阶级只能采取单一而不可分的共和国的形式"[3]。他们认为，联邦制是封建割据的残留，既不利于各民族之间隔阂的消除，也不利于现代社会经济文化的发展。但是马克思和恩格斯并未把自己的观点绝对化，事实上，他们曾主张多民族国家在特殊的历史条件下，也可以用联邦制去解决国内的民族问题。恩格斯指出："联邦制共和国一般说来现在还是美国广大地区所必需的……在英国，这将是一个进步……对德国说来，实行瑞士式的联邦制，那就是一大退步。"[4] 马克思也曾主张以"自由联盟

---

① 《马克思恩格斯全集》（第21卷），人民出版社，1965，第463页。
② 中国社会科学院民族研究所：《马克思恩格斯论民族问题》，民族出版社，1987，第565页。
③ 参见《马克思恩格斯选集》（第4卷），人民出版社，1995，第413页。
④ 《马克思恩格斯选集》（第4卷），人民出版社，1995，第413页。

的关系"代替英国和爱尔兰的合并。①

再次，作为解决民族问题三种政治形式之一的民族区域自治。恩格斯非常重视民族区域自治对于建立统一民族国家的作用。他认为民主政治和地方自治是建立统一民族国家的前提条件。只是"地方的和省区的自治制虽然并不与政治的和民族的中央集权制相抵触"②。换句话说，恩格斯在这里所论及的地方自治是在"中央集权"统一领导下的自治，地方自治的权力相对于"中央集权"而言是有限的和相对的。在此基础上，恩格斯认为实行地方自治有利于发挥自治地方的积极性，消除自上而下的命令主义和官僚主义。为了更好发挥地方自治的优势，他还建议"省、县和市镇通过依据普选制选出的官员实行完全的自治。取消由国家任命的一切地方的和省的政权机关"③。上述观点虽然是针对当时西欧的情况来讲的，但是对于建立统一民族国家而言，也具有广泛的指导意义。

（四）关于民族解放运动的民族政治思想

马克思、恩格斯通过对于欧洲和亚非拉等地区民族解放运动的研究，逐步形成了马克思主义关于民族解放运动的民族政治思想。

首先，民族解放运动产生的根源是西方殖民者的统治和民族压迫。马克思、恩格斯运用阶级分析的方法来观察一系列反抗西方殖民者反动统治和民族压迫的民族解放运动，进而指出了民族解放运动产生的社会阶级根源。在论及中国人民反抗西方殖民统治时，恩格斯认为："是英国政府的海盗政策造成了这一所有中国人普遍奋起反抗所有外国人的局面，并使之表现为一场灭绝战。"④ 在论及印度 1857～1859 年民族解放起义时，马克思认为："它只不过是英国自己在建立其东方帝国时期以及在其长期统治的最近几十年当中在印度所作所为的集中反映。"⑤

---

① 参见《马克思恩格斯选集》（第4卷），人民出版社，1995，第587～588页。

② 《马克思恩格斯选集》（第1卷），人民出版社，1972，第391页。

③ 《马克思恩格斯选集》（第4卷），人民出版社，1995，第414页。

④ 《马克思恩格斯论中国》，人民出版社，1997，第58页。

⑤ 《马克思恩格斯全集》（第12卷），人民出版社，1962，第308页。

其次，被压迫民族的民族解放与阶级解放是相辅相成的，应该相互支援。对此，马克思和恩格斯都有相当深刻的论述。比如，马克思认为，"奴役其他民族的民族是在为自身锻造镣铐"①，进而提醒英国无产阶级政党要注意到"爱尔兰的民族解放对他们来说并不是一个抽象的正义或博爱的问题，而是他们自己的社会解放的首要条件"②。恩格斯指出："任何民族当它还在压迫别的民族时，不能成为自由的民族。"③ 此外，对于欧洲各国的无产阶级及他们的政党组织，马克思和恩格斯指出，援助波兰人民正在进行的民族解放运动理应是他们的责任，因为在很大程度上，这也是他们在为谋求自身解放而进行的斗争。

再次，民族解放运动是进行无产阶级革命的最好的同盟军。在1848 年欧洲革命爆发期间，马克思对印度和中国掀起的民族解放斗争进行了深入的研究，指出这些民族解放运动是进行欧洲革命的最好同盟军，这些运动将对欧洲革命起到巨大的推进作用。马克思对印度民族解放运动（1857～1859）给予了高度的评价，认为此举必将消耗英国的人力、物力和财力，可以牵制英国的武装力量，并且还可能促使英国也卷入即将来临的革命之中。因此，发生在殖民地和半殖民地的那些民族解放运动可以成为"我们最好的同盟军"。④ 对于中国革命，马克思认为："中国革命将把火星抛到现今工业体系这个火药装得足而又足的地雷上，把酝酿已久的普遍危机引爆，这个普遍危机一扩展到国外，紧接而来的将是欧洲大陆的政治革命。"⑤

二　列宁、斯大林：有关民族自决的理论与实践

列宁和斯大林继承、捍卫和发展了马克思主义民族理论，他们把马克思主义民族理论之中有关民族、民族问题的基本原则和一般原理，同

① 《马克思恩格斯选集》（第 2 卷），人民出版社，1972，第 312 页。
② 《马克思恩格斯选集》（第 4 卷），人民出版社，1995，第 592 页。
③ 中国社会科学院民族研究所：《马克思恩格斯论民族问题》，民族出版社，1987，第 117 页。
④ 参见《马克思恩格斯全集》（第 29 卷），人民出版社，1972，第 250 页。
⑤ 《马克思恩格斯论中国》，人民出版社，1997，第 6 页。

俄国各民族及劳动人民反对沙皇专制统治、进行民主革命及苏联社会主义建设的实际相结合，形成了列宁民族理论及斯大林民族理论。其中列宁民族理论的主要内容包括："关于民族和民族问题的基本原理，关于殖民地民族解放运动的学说，关于无产阶级政党民族纲领的理论，关于社会主义国家解决民族问题的指导思想的基本原则"①；斯大林民族理论的主要建树则主要由以下内容构成："第一，他提出了著名的'四特征'民族定义；第二，他论证了民族是'一定时代即资本主义时代的历史范畴'；第三，他根据马克思主义的社会经济形态学说，提出了'两种类型民族论'，即把民族分成资产阶级民族和社会主义民族；第四，他提出了'部族'的概念和'部族发展成为民族'的论断"②。鉴于列宁、斯大林有关民族自决权的理论与实践对于苏联民族国家的创建与发展，殖民地、半殖民地国家的非殖民化运动、民族解放运动都产生了重大影响，而这些内容又与本书的研究重点高度相关，因此，我们在这里仅就列宁、斯大林有关"民族自决"的理论与实践进行讨论。

（一）列宁的民族自决权理论及其实践

列宁关于民族自决权理论的论述主要体现在《关于自决问题的争论总结》《论民族自决权》《关于民族或"自治化"问题》等论著之中。列宁指出，"从历史—经济的观点看来，马克思主义者的纲领中所谈的'民族自决'，除了政治自决，即国家独立、建立民族国家以外，不可能有什么别的意义"③；"所谓民族自决，就是民族脱离异族集体的国家分离，就是成立独立的民族国家"④。在苏联民族国家的创建实践中，列宁根据实际情况的需要，又对自己之前提出的有关民族自决权的理论构想进行着不断地修正。对于列宁的民族自决权理论，可以从以下几个方面

---

① 金炳镐、周传斌：《马克思主义民族理论与中国民族理论学科——纪念马克思逝世120周年》，载于《民族研究》2003年第5期，第28页。

② 贺国安：《斯大林民族理论模式驳议——民族谈话录之一》，载于《民族研究》1989年第4期，第1页。

③ 《列宁全集》（第25卷），人民出版社，1988，第228页。

④ 参见《列宁全集》（第25卷），人民出版社，1988，第225页。

加以理解。

　　首先，这一理论是作为一种与帝国主义民族压迫政策相对抗的民主手段而提出来的。列宁认为，资本主义发展进入帝国主义阶段，世界已然分裂为压迫民族与被压迫民族两大敌对阵营，资产阶级凭借其建立的政府，为实现和确保自身利益的最大化，粗暴践踏本国弱小民族和其他被压迫民族的权力，对这些民族施行残酷的压迫和剥削。面对这种局面，列宁指出，"如果我们不提出和不宣传分离权的口号，那就不仅是帮助了压迫民族的资产阶级，而且是帮助了压迫民族的封建主和专制制度"①。可以看出，提出民族自决的口号是革命的无产阶级区别于"压迫民族的资产阶级"和"压迫民族的封建主和专制制度"的显著特征。

　　其次，这一理论并不鼓励民族分离，其根本目的是要在各民族自愿联合的基础上建立大国。列宁认为，马克思主义者必须坚决维护被压迫民族的自决权，因为维护被压迫民族的自决权是"反对一切民族压迫的彻底表现"②。由此，显然不能把这一理论误解为列宁是在提倡民族分离、鼓励建立小型国家；事实上，创建更大的国家一直是革命的无产阶级所坚持的，其原因在于"在其他条件相等的情况下，大国比小国更能顺利地解决发展经济的任务，解决无产阶级同资产阶级斗争的任务"③。同时，列宁对于建立这样的大国与维护民族自决权之间的关系，有着充分的考虑。他指出，"我们是想建立大国，使各民族在真正民主和真正国际主义的基础上相互接近乃至相互融合，但是没有分离自由，这种基础是不可想象的。……一个国家的民主制度同分离的完全自由愈接近，在实际上要求分离的愿望也就愈少"④。也就是说，列宁所要建立的大国不但不同民族自决权彼此矛盾，而且它们之间还是辩证统一、相辅相成的，真实而充分的民族自决权始终是建立大国的基础性前提，而被压迫

---

①　《列宁选集》（第 2 卷），人民出版社，1972，第 523 页。

②　《列宁论民族问题》（下册），民族出版社，1987，第 503 页。

③　《列宁全集》（第 25 卷），人民出版社，1989，第 72 页。

④　《列宁论民族问题》（下册），民族出版社，1987，第 494 ~ 495 页。

民族在取得民族自决权之后，建立大国则是它们的必然选择。

再次，民族自决的要求归根结底是要服从和服务于无产阶级革命的利益和各族人民的根本利益。对此，列宁曾经多次论及。比如，1903年5月，列宁强调："我们原则上承认民族自决权，但是它不能超出无产阶级斗争的团结所决定的合理界限。"① 他在《我们纲领中的民族问题》（1903年7月）中主张，"我们无条件地承认争取民族自决自由的斗争，但是并不一定要坚持任何的民族自决的要求。……只有在个别的、特殊的情况下，我们才能提出并积极支持建立新的阶级国家的要求。"② 及至1914年，他在《论民族自决权》中再次强调，"在民族问题上，也同在其他一切问题上一样，我们首先注意和最注意的是各民族内部的无产阶级自决"③。

十月革命胜利之后，列宁对于民族自决权理论在实践中的运用，主要体现在如下方面：其一，真正兑现十月革命前对民族自决权的承诺，但也不是不加区分地支持少数民族独立，而是强调社会主义整体利益高于民族自决利益。在指出"要是拒绝在社会主义制度下实行民族自决权，那就是背叛社会主义"④ 的同时，"任何一个马克思主义者都不能否认社会主义的利益高于民族自决权的利益"⑤ 也是列宁所强调的。其二，为了在保持俄国统一的前提下能够兼顾到各民族的自决权，列宁最终采取联邦制作为新生政权的国家形式。值得注意的是，十月革命之前的列宁是反对联邦制的，希望能够建立一个民主集中制的大国。他指出："我们在原则上反对联邦制，因为它削弱经济联系，它对一个国家来说是不合适的形式。"⑥ 然而，十月革命胜利后所面临的现实情况是，长期处于沙皇俄国民族压迫之下的少数民族对于新生政权缺乏信任，强烈要

① 《列宁全集》（第34卷），人民出版社，1985，第151页。
② 《列宁全集》（第7卷），人民出版社，1986，第218页。
③ 《列宁选集》（第2卷），人民出版社，1972，第539页。
④ 《列宁全集》（第22卷），人民出版社，1956，第315页。
⑤ 《列宁全集》（第24卷），人民出版社，1985，第422页。
⑥ 《列宁全集》（第46卷），人民出版社，1990，第379页。

求民族自决，纷纷宣布独立。为了苏维埃俄国不至于四分五裂，作为一种妥协或者过渡，列宁转而接受了联邦制，从而最大限度地兼顾到了民族的自决和国家的统一。其三，少数民族在本民族聚居的地区范围之内，实施以自治共和国、自治专区、自治州为表现形式的民族自治，在本质上也属于享有民族自决的具体方式。十月革命胜利后，列宁根据当时俄国的现实情况，明确阐述了苏维埃国家体制与民族区域自治之间的关系。他指出，"根据每个民族享有自决权的原则，苏维埃俄国赋予其境内各民族以自治权，并支持它们建立地方共和国。只有实行这一原则才能建立起存在于苏维埃俄国各民族之间的以相互谅解和相互信任为基础的兄弟关系"[1]。其四，反对大俄罗斯主义和地方民族主义，是确保民族自决的重要基础。十月革命胜利以后，大俄罗斯主义和地方民族主义这两种民族主义错误倾向依然存在着。列宁主张，首先应大力反对大俄罗斯主义，不仅应该让俄罗斯族遵守民族平等原则，甚至可以考虑让俄罗斯族处于政策上的不利地位，以此来弥补国内社会生活中事实存在的民族不平等。"谁不懂得这一点，谁就不懂得对待民族问题的真正无产阶级态度。"[2] 而对于地方民族主义应当给予理解，如果首先反对大俄罗斯主义，真正实现民族平等和兑现民族自决，那么地方民族主义是可以消失的。

（二）斯大林的民族自决权思想及其实践

要想研究马克思主义民族理论，就无法回避斯大林。因为"斯大林第一次有意识地将马克思主义民族理论作了系统化的归纳和发展，直接领导了长达半个世纪的第一个社会主义国家民族工作的实践，并在相当范围内指导了世界殖民地、半殖民地人民的民族解放运动"[3]。而且斯大林著述颇丰，"共著有关于民族问题的著作150余篇，达50余万字。其

---

① 《列宁全集》（第50卷），人民出版社，1988，第500页。
② 《列宁全集》（第43卷），人民出版社，1987，第302页。
③ 王希恩：《简评华辛芝新作〈斯大林与民族问题〉》，载于《民族研究》2003年第3期，第103页。

中全文论述民族问题的著作有 94 篇，部分论述民族问题的著作有 62 篇"①。甚至，列宁有关处理民族问题的很多经典著作包括《论民族自决权》《关于民族问题的批评意见》等，均写作于斯大林的相关理论文章之后，而且列宁重新论证了斯大林文章中的许多主张。由此，"将斯大林的文章列入马克思列宁主义民族理论的重要文献，并将其视作马克思列宁主义民族理论发展史上的一个重要里程碑，还是很恰当的"。②

如果单就斯大林的民族自决权思想进行简要讨论，起码有如下一些内容需要说明。斯大林继承了列宁所提出的被压迫民族应该享有民族自决权的这一思想，他在自己的论著《马克思主义和民族问题》中，也探讨了民族自决权的含义，认为少数民族有权按照自治的原则来处理自己的事务，甚至有权分离。进而，斯大林在俄共（布）十大报告中提出，"苏维埃制度在俄国的确立和各民族有国家分离权的宣布，根本改变了俄国各民族劳动群众之间的关系，消除了过去的民族仇视，摧毁了民族压迫的基础"③。"如果俄罗斯工人在取得政权以后不宣布各民族有国家分离权，如果他们不用事实证明自己有实现各民族的这个不可剥夺的权利的决心，如果他们不放弃对芬兰的'权利'（1917 年），如果他们不从波斯北部撤出军队（1917 年）等等，那么他们就不会得到西方和东方其他民族的同志对自己的同情。"④ 通过这些言论可以发现，斯大林在对民族自决权问题进行阐述时，基本遵循着列宁的民族自决权理论，并且在对这一理论在苏维埃俄国运用的意义和价值的阐述上，不乏精彩之处。

同时，斯大林也对自己的民族自决权思想在实践中加以运用。从十月革命胜利的那一天起，苏维埃新生政权就面临着极其严重的民族分裂主义倾向和国家解体的危险。乌克兰的资产阶级在十月革命的第二天就发动了反革命暴动；第比利斯成立了"南高加索委员会"，并且宣称自

---

① 华辛芝：《斯大林民族理论评析》，载于《世界民族》1996 年第 4 期，第 1 页。
② 华辛芝：《斯大林民族理论评析》，载于《世界民族》1996 年第 4 期，第 5 页。
③ 《斯大林全集》（第 5 卷），人民出版社，1957，第 18 页。
④ 《斯大林全集》（第 5 卷），人民出版社，1957，第 44～45 页。

已是"南高加索"的唯一政权；而在巴什基尔、土耳其斯坦、白俄罗斯和摩尔达维亚，也相继发生了类似的事件。① 对于这一局面，斯大林分析指出，一边是"古老的'辽阔广大的俄罗斯强国'"，另一边是与它并存的"许多力图脱离俄国的新兴小'国'"。② 为解决越演越烈的边疆地方政权同苏维埃新生政权之间的矛盾问题，斯大林驳斥了那种认为矛盾是由人民委员会不同意乌克兰人民自决而引发的谬论，指出边疆地方政权与苏维埃新生政权之间发生冲突的一切根源不在民族问题，而在政权问题。进而，在全俄苏维埃第三次代表大会上，斯大林对民族自决原则给出了新的解释："必须把自决原则解释为该民族的劳动群众的自决权，而不是资产阶级的自决权。自决原则应当是争取社会主义的手段，应当服从社会主义的原则。"③ 这一解释自然拆穿了资产阶级妄图利用民族自决原则来实现自身阶级利益的野心。

总之，列宁和斯大林关于民族自决权的理论和实践，对于促使封建主义、殖民主义盛行的后发现代化帝国——沙皇俄国转变成为世界上第一个社会主义性质的民族国家——苏联，发挥了至关重要的作用，给世界各被压迫民族和无产阶级，以及后来建立的一系列社会主义国家观察、认识和解决民族问题提供了理论上的指导，也为世界范围内的后发国家的民族政治发展提供了一种宝贵的、可资借鉴的发展经验。

三　中国化马克思主义民族理论：解决民族问题的中国视角

新中国成立以来，我们党的三代领导集体将马克思主义民族理论同解决中国民族问题的具体实践相结合，逐渐发展形成了一套适合中国国情的中国化马克思主义民族理论。同时，为了推进马克思主义民族理论在我国的学科化发展，促进学界对于马克思主义民族理论中国化的研究，1956 年，《哲学社会科学研究十二年规划（1956—1967）》把"民族理

---

① 华辛芝：《斯大林民族理论评析》，载于《世界民族》1996 年第 4 期，第 5 页。

② 《斯大林全集》（第 4 卷），人民出版社，1956，第 200 页。

③ 《斯大林全集》（第 4 卷），人民出版社，1956，第 29 页。

论"列为正式的学科门类。民族理论学科以马克思主义民族理论及我国民族问题和民族政策的现实为研究对象，因其鲜明的理论特色和强烈的现实指向，一直受到党和国家的高度重视，逐渐发展、演进成为我国民族学研究领域中的主干学科。由此可以认为，"当代中国的民族理论实际上可分两个层面：一个是中国用以解决民族问题的指导思想和基本理论，也即中国共产党的民族理论；另一个是关于民族现象、民族问题的学术研究和理论探讨"①。本书将就这两个层面进行简要评述。

（一）党的三代领导集体与马克思主义民族理论中国化

1. 毛泽东与马克思主义民族理论的中国化

无论是在新民主主义革命时期，还是在社会主义建设时期，以毛泽东为代表的第一代中国共产党领导集体，将上述马克思主义民族理论中的一般理论和基本原则同中国民族问题的实际相结合，经过艰苦卓绝的探索，完成了由最初的民族自决、联邦制的设想向具有中国特色的民族区域自治制度实践的转变，形成了"毛泽东思想的民族理论"，由此开辟出一条解决中国民族问题的独特道路。作为第一代中国共产党领导集体智慧的理论总结，"毛泽东思想的民族理论是马列主义民族理论中国化第一阶段的重大成果"。② 毛泽东思想的民族理论主要体现在毛泽东的《新民主主义论》《中国革命和中国共产党》《论十大关系》《关于正确处理人民内部矛盾问题》《论联合政府》等理论著作之中，由周恩来代表我国中央政府所做的讲话《关于我国民族政策的几个问题》和其他一些党的文献中，也包含着这一理论成果。我们认为，毛泽东思想的民族理论的要点可以归纳如下。

首先，民族区域自治是我国解决民族问题的基本政策。新中国成立前夕，毛泽东基于以往在陕甘宁边区等地实行民族区域自治的成功实践，考虑到当时全国各族人民迫切要求建立统一大家庭的实际情况，决定采

---

① 揣振宇：《中国民族学 30 年》（1978～2008），中国社会科学出版社，2008，第 36 页。
② 龚学增：《试论中国特色社会主义民族理论体系》，载于《民族研究》2008 年第 2 期，第 3 页。

纳李维汉关于我国只能实行民族区域自治而不宜搞联邦制的意见。"我们根据我国实际情况，实事求是地实行民族区域自治。这种民族区域自治，是民族自治与区域自治的正确结合，是经济因素与政治因素的正确结合……这样的制度是史无前例的创举。"①

其次，让民族平等与民族发展繁荣有机结合、相得益彰，是我国在民族政策上的根本立场。对此，周恩来总理代表中央政府做出过很多阐述。诸如"对各民族既要平等，又要使大家繁荣"；"社会主义的民族政策，就是要使所有的民族得到发展，得到繁荣"；"如果让落后的地方永远落后下去，这就是不平等，就是错误"②；"要使各民族真正平等，就必须帮助少数民族发展经济"③；等等。

再次，我国各民族的大团结是社会主义事业取得胜利的基本保证。毛泽东非常看重民族团结的重要性，他多次强调，"国家的统一，人民的团结，国内各民族的团结，这是我们的事业必定要胜利的基本保证"④。在新中国成立后不久开展的民族识别工作中，他建议不要拘泥于斯大林给出的民族定义，而是要从中国民族问题的实际情况出发，指示中国各民族在政治上一律称为"民族"，而不去区分民族、部族和部落的差异。⑤ 显然，这种方式有利于维护我国各民族的团结。

复次，尊重和保护少数民族的语言文字、风俗习惯和宗教信仰。早在1938年党的六届六中全会报告中，毛泽东就曾指出："尊重各少数民族的文化、宗教、习惯，不但不应强迫他们学汉文汉语，而且应赞助他们发展用各族自己言语文字的文化教育。"⑥ 后来，毛泽东在《论联合政府》（1945）中又强调，"必须帮助各少数民族的广大人民群众……他们

①　周恩来：《关于我国民族政策的几个问题》，《周恩来选集》（下卷），人民出版社，1984，第257~258页。

②　《周恩来统一战线文选》，人民出版社，1984，第379页。

③　《周恩来统一战线文选》，人民出版社，1984，第383页。

④　《毛泽东文集》（第7卷），人民出版社，1999，第204页。

⑤　参见江平《中国民族问题的理论和实践》，中共中央党校出版社，1994，第39页。

⑥　《民族问题文献汇编》，中共中央党校出版社，1991，第595页。

的言语、文字、风俗、习惯和宗教信仰，应被尊重"①。这一思想成为我们党制定各项民族政策的一个基本的出发点。

最后，应当重视少数民族干部的培养与使用。毛泽东在新中国成立之初就曾表示，"要彻底解决民族问题，完全孤立民族反动派，没有大批从少数民族出身的共产主义干部是不可能的"②。该论断是在马克思主义民族理论中，第一次将培养少数民族干部提高到"彻底解决民族问题"的高度，而且对培养少数民族干部的数量（"大批"）、质量（"共产主义干部"）都提出了相应的要求。毛泽东的这一重要论断为我们党培养少数民族干部提供了理论指导，正是在这一重要论断的指导下，一大批少数民族干部很快成长起来。

2. 邓小平与马克思主义民族理论的中国化

在改革开放及社会主义现代化建设的新的历史时期，以邓小平为核心的第二代中国共产党领导集体，把马克思主义经典作家创立的民族理论与中国的具体民族实际相结合，在继承、丰富和推进毛泽东思想的民族理论的基础上，形成了邓小平民族理论。由此，马克思主义民族理论中国化的第二次历史性飞跃得以实现。"这一理论拓宽了解决中国民族问题的正确道路，正确回答和指导了在中国这样一个经济文化落后的统一的多民族东方大国里，在新的历史条件下，如何解决各少数民族地区加快社会主义现代化建设、使各少数民族尽快赶上先进民族的社会发展、实现各民族共同发展和共同繁荣的问题。"③ 综而观之，邓小平民族理论的主要内容包括：

首先，民族工作的核心问题是发展问题。对此，邓小平从诸多层面进行了阐述。邓小平强调，"要使生产发展起来，人民富裕起来，只有

---

① 《毛泽东选集》（第3卷），人民出版社，1991，第1084页。
② 《毛泽东书信选集》，人民出版社，1983，第349页。
③ 杨顺清：《试论中国民族理论探索的三大历史发展阶段》，载于《内蒙古社会科学（汉文版）》2001年第3期，第21页。

这件事办好了，才能巩固民族团结"①。而且，发展还是检验民族工作开展效果的客观标准。他指出，"观察少数民族地区主要是看那个地方能不能发展起来"②。同时，发展也是衡量民族区域自治实行好坏的重要指标。邓小平明确表示，"实行民族区域自治，不把经济搞好，那个自治就是空的"③。我们对民族自治地区的政策"是着眼于把这些地区发展起来"④。

其次，改革开放是实现各民族共同发展的必然选择。早在 20 世纪 50 年代邓小平就曾指出，"不搞改革，少数民族的贫困就不能消灭"⑤。在长期致力于少数民族和民族地区改革的同时，他还敏锐地察觉到，"任何一个民族、一个国家，都要学习别的民族、别的国家的长处"⑥，进而引导少数民族和民族地区在对内、对外两个层次上走向开放。改革开放改变了民族地区长期存在的封闭、半封闭状态，给各少数民族和民族地区的发展注入了生机与活力。改革开放三十多年来，我国少数民族与民族地区在经济社会全面发展方面取得了巨大成就这一不争的事实证明，改革开放不但是我国实现国家富强的正确战略选择，而且也是我国实现各民族共同发展的必然选择。

再次，民族平等是我们党制定民族政策的出发点。新中国成立之初，邓小平就曾旗帜鲜明地强调，我们中国共产党人一定要通过深入细致的工作，去消除那些由于历史原因而导致的少数民族与汉族之间的隔阂与分歧，"要使他们相信，在政治上，中国境内各民族是真正平等的"⑦。邓小平格外重视实现各民族的"真正平等"，要求我们党和国家不仅要采取各种积极措施来帮助少数民族经济、政治、文化、社会生活各项事

① 《邓小平关于建设有中国特色的社会主义的论述专题摘编》，中央文献出版社，1992，第 275 页。
② 《邓小平文选》（第 3 卷），人民出版社，1993，第 247 页。
③ 《邓小平文选》（第 1 卷），人民出版社，1989，第 167 页。
④ 《邓小平文选》（第 3 卷），人民出版社，1993，第 247 页。
⑤ 《邓小平文选》（第 1 卷），人民出版社，1989，第 164 页。
⑥ 《邓小平文选》（第 2 卷），人民出版社，1983，第 91 页。
⑦ 《邓小平文选》（第 1 卷），人民出版社，1989，第 162 页。

业的发展，还要在法律的层面上让各民族的平等权利得到切实保障。邓小平在 1987 年，与时任美国总统的卡特会晤时表示，"中华人民共和国没有民族歧视，我们对西藏的政策是真正立足于民族平等"①。

复次，"团结友爱、互助合作"是我国社会主义新型民族关系的集中表现。1979 年 6 月 15 日，在全国政协五届二次会议上，邓小平发表重要讲话指出，"我国各兄弟民族经过民主改革和社会主义改造，早已陆续走上社会主义道路，结成了社会主义的团结友爱、互助合作的新型民族关系"②。这是对我国社会主义新型民族关系的科学概括，基于这一认识，我们党对我国当时民族问题的性质作出了两点基本判断：我国民族关系的性质是各民族劳动人民之间的关系，是平等、团结、合作的关系；我国民族矛盾的性质属于人民内部矛盾，而不是阶级斗争问题。这两点基本判断"否定了……'文化大革命'中造成人们思想混乱和造成各方面极大破坏的'民族问题实质是阶级问题'的错误说法"③，对于我们党统一思想、提高认识，把注意力集中到"发展"这一核心问题上具有重大意义。

此外，邓小平民族理论还包括维护祖国统一、反对民族分裂，我国现阶段民族问题的特点，开展民族工作的工作方式和思想路线，加强民族团结的重要性，实行民族区域自治的真实性，帮扶民族地区医疗卫生和科教文化事业发展，促进少数民族及民族地区经济发展，培养任用少数民族干部，尊重少数民族的风俗习惯和宗教信仰自由等方面内容，基本涵盖了我国民族问题和民族工作的全部方面和所有问题，构成了一个完整科学的理论体系。

3. 江泽民与马克思主义民族理论中国化

以江泽民为核心的第三代中国共产党领导集体，自党的十三届四

---

① 《邓小平文选》（第 3 卷），人民出版社，1993，第 246 页。
② 《邓小平文选》（第 2 卷），人民出版社，1994，第 186 页。
③ 金炳镐：《邓小平对马克思主义民族理论发展的伟大贡献》，载于《中央民族大学学报》（哲学社会科学版）2004 年第 6 期，第 19 页。

中全会以来，高举马克思主义、毛泽东思想及邓小平理论伟大旗帜，在全面推进中国特色社会主义伟大事业的实践进程中，深入研究和认真总结新形势下我国少数民族和民族地区现代化建设及改革开放的实际情况，紧紧围绕"什么是民族问题、怎样解决民族问题"这一议题，逐渐发展形成了以"三个代表"重要思想为核心的江泽民民族思想，进一步推动了马克思主义民族理论中国化的历史进程。江泽民民族思想可以概括为如下方面。

首先，以"一个发展、三个关系"对民族问题的含义进行了全新阐释。江泽民在 1992 年 1 月召开的中央民族工作会议上，重新阐释了民族问题的含义。他主张，"民族问题既包括民族自身的发展，又包括民族之间，民族与阶级、国家之间等方面的关系"[1]。这种对于民族问题含义的全新阐释，是对马克思主义民族理论在新的历史条件下的创新，是对民族问题研究领域的科学界定。一方面，马克思主义经典作家在谈及民族问题时，都涉及民族关系、民族与阶级、民族与国家之间关系的研究；另一方面，在全面建设中国特色社会主义的崭新历史时期，我国的民族问题越来越集中地表现在民族自身的发展问题上。因此，江泽民对于民族问题的概括，既遵循马克思主义民族理论的一般原则要求，又符合我国新时期民族工作实践的需要，是对马克思主义民族理论的丰富和发展。

其次，只有把我国的民族问题放置在社会主义建设事业稳步推进的时代背景下，才能得以解决。江泽民强调，"民族问题是社会总问题的一部分，民族问题只有在解决整个社会问题的过程中才能逐步解决，我国现阶段的民族问题只有在建设社会主义共同事业中才能逐步解决"[2]。在这里，江泽民继承了马克思主义经典作家有关"民族问题是社会总问题一部分"的基本原理，同时又对这一理论进行了丰富和发展，指出

---

① 国家民委、中央文献研究室编《民族工作文献选编》（1990~2002），中央文献出版社，2003，第 29 页。

② 国家民委、中央文献研究室编《民族工作文献选编》（1990~2002），中央文献出版社，2003，第 40 页。

"民族问题是社会总问题的一部分，革命时期是这样，建设时期仍然是这样"①，从而把我国现阶段的民族问题放置在"建设社会主义共同事业"的现实背景之下，并且指出了两者之间的必然联系。这一表述是对"民族问题是社会总问题一部分"经典论断的合理引申，指明了社会主义初级阶段民族问题与社会总问题的关系，为我国现阶段民族问题的解决指明了方向。

再次，我国解决民族问题的基本政治制度是民族区域自治制度。江泽民多次指出，"民族区域自治，是我国的一项基本政治制度，它把国家的集中统一领导与少数民族聚居区的区域自治紧密结合起来，具有强大的政治生命力，我们要始终不渝地坚持并不断加以完善"②。以何种形式作为我国解决民族问题的基本制度，是中国共产党人从革命一开始就在积极探索的问题。经过长期摸索，终于在新中国成立初期确立了"民族区域自治"这种制度形式。新中国成立以来的多年实践表明，民族区域自治制度"是完全适合我国国情的解决民族问题的基本制度，是我们党和各族人民的一个伟大创举"③，为我国解决民族问题提供了制度保障。正是从这种意义上，"民族区域自治制度是解决我国民族问题的根本制度"④。进而，在党的十五大报告中，民族区域自治制度被列为我国三大基本政治制度之一。

复次，我国解决民族问题的基本原则是各民族平等、团结及共同繁荣。1990 年，江泽民在内蒙古进行考察调研时指出，"民族平等、民族团结和各民族共同繁荣，是马克思主义的民族观，是区别资产阶

---

① 国家民委、中央文献研究室编《民族工作文献选编》（1990~2002），中央文献出版社，2003，第 3 页。
② 国家民委、中央文献研究室编《民族工作文献选编》（1990~2002），中央文献出版社，2003，第 214 页。
③ 中共中央文献研究室编《十三大以来重要文献选编》（下册），人民出版社，1993，第 1834 页。
④ 国家民委、中央文献研究室编《民族工作文献选编》（1990~2002），中央文献出版社，2003，第 3 页。

级民族观的根本标志"①。这一马克思主义民族观也是他对我国解决民族问题基本原则的准确定位。对于这一原则,江泽民曾多次进行论述。他指出,"在民族平等基础上加强民族团结和祖国统一,是各族人民根本利益之所在"②;"民族团结是维护祖国统一,实现社会稳定、经济发展、民族兴旺的基本保证"③;"推动各民族发展进步和共同繁荣不仅是经济问题,而且是个政治问题"④。这些重要论述不但阐明了各民族平等、团结及共同繁荣的重要性,还丰富和发展了马克思主义民族理论有关民族平等和民族团结的理论观点。

此外,由江泽民提出的"民族、宗教无小事""三个离不开"思想,和他关于民族问题长期性、复杂性、重要性的阐述,关于实现各民族共同繁荣的必由之路是改革开放的论断,以及认为"努力造就一支宏大的德才兼备的干部队伍,是做好民族工作和解决民族问题的关键"⑤,所有这些,都构成了江泽民民族思想的重要组成部分。

4. 21世纪以来马克思主义民族理论中国化的新发展

21世纪以来,党和国家领导人基于当代中国的实际,对于中国共产党处理我国民族问题的理论与政策,作出过两次非常明确的阐述。

第一次,是在2001年2月12~14日召开的中央工作会议上。时任中共中央政治局常委、全国政协主席的李瑞环代表中共中央发表重要讲话,对我们党关于民族问题的基本观点和政策,从民族是一个历史范畴、民族问题是社会总问题的一部分、国家统一是各族人民的最高利益、各民族平等、巩固各民族的大团结、各民族互助合作、民族工作的主要任

---

① 中国共产党第三代领导集体民族理论学习纲要编写组编《中国共产党第三代领导集体民族理论学习纲要》,民族出版社,2002,第32页。

② 国家民委、中央文献研究室编《民族工作文献选编》(1990~2002),中央文献出版社,2003,第93页。

③ 朱企泰、殷田海、沃泽明:《九十年代民族问题理论与实践》,内蒙古大学出版社,2001,第203页。

④ 中共中央文献研究室编《十三大以来重要文献选编》(下册),人民出版社,1993,第1838~1839页。

⑤ 国家民委、中央文献研究室编《民族工作文献选编》(1990~2002),中央文献出版社,2003,第40页。

务、民族区域自治、培养少数民族干部，以及在处理民族问题时要注意贯彻党的宗教政策等十个方面，进行了明确阐述。① 这是我们党在21世纪初基于我国民族问题的现实而做出的新阐述，是对我们党处理民族问题的基本观点和政策的新概括，也是马克思主义民族理论中国化的新发展。

第二次，是在2005年5月27～28日召开的第三次中央民族工作会议上。胡锦涛总书记代表中共中央和国务院，就中国共产党关于民族问题的基本理论和政策作出了新的阐述，这一阐述集中表现在《中共中央、国务院关于进一步加强民族工作，加快少数民族和民族地区经济社会发展的决定》（中发〔2005〕10号文件）中。格外引人注目的是，该《决定》是新中国成立以来，中共中央关于民族工作的第一个决定，是21世纪指导我国民族工作的纲领性文件。《决定》紧密联系当代中国民族问题的实践，吸收和借鉴了民族理论界的研究成果，从十二个方面（也因此被称为"中央民族工作十二条"）阐述了中国共产党在当代中国民族问题上的基本观点和主张②，是中国民族理论在宏观理论与政策层面上的创新和发展。

（二）中国民族理论界的研究现状及评述

对于中国而言，民族理论研究一直以其浓郁的政治实践色彩和鲜明的理论应用特色而格外引人注目。究其原因主要在于，"民族理论研究一直是党和国家开展民族工作，制定民族法规和政策的重要依据"③；同时，"民族理论界又以党的基本路线为指针，紧密联系民族工作实际，为加快各民族和民族地区的发展繁荣和维护祖国统一而做工作"④。由此，一直以来，中国民族理论界的研究进展为中国共

---

① 参见国家民族事务委员会编著《中国共产党关于民族问题的基本观点和政策》（干部读本），民族出版社，2002，第2～3页。
② 参见中央民族工作会议精神学习辅导读本编写组《中央民族工作会议精神学习辅导读本》，民族出版社，2005，第29～30页。
③ 王希恩：《论中国民族理论的学科特色》，载于《民族研究》1997年第5期，第3页。
④ 王希恩：《论中国民族理论的学科特色》，载于《民族研究》1997年第5期，第3页。

产党民族理论的新发展提供了理论依据；而中国共产党几代领导集体对于解决和处理我国民族问题的每次理论创新和发展，都会引发民族理论界的高度关注和热烈讨论。受篇幅所限，这里只做概略性的讨论。

1. 新中国成立以来中国民族理论界研究的主要内容

第一，对马克思主义经典作家有关民族、民族问题基本论点的论辩性研究。其中以对民族概念的争论最具代表性。20 世纪 50～60 年代，出现了讨论民族概念的高潮。这次讨论的焦点问题主要集中在"民族的形成"和"民族的译名"两个方面。一方面，马克思、恩格斯论述了从原始部落发展到民族与国家的一般规律，斯大林却认为民族是资本主义社会的产物，这就引发了有关民族形成问题的讨论；另一方面，由于马克思、恩格斯用德语写作，而列宁、斯大林则是用俄语写作，在他们著作中所使用的"民族"并不是同一个词语，从而产生了关于民族译名问题的讨论。20 世纪 60 年代末至 70 年代初，受到"左倾"思想的影响，出现了"民族问题的实质是阶级斗争问题"的论调，民族理论界围绕这一观点展开了讨论。从 80 年代开始，出现了对于斯大林民族定义及其适用性的争论。争论中，有学者完全赞成斯大林的民族定义，并对民族四个特征适用的历史时期和地域范围加以扩展，指出"这个定义的基本原理也适用于人类历史上存在于不同发展阶段的民族……因为不论在哪一个历史发展阶段，要形成一个民族，必须具备斯大林讲的那四个条件（也叫四个特征），缺少任何一个条件，是不可能形成为一个民族的"[①]。另有学者对此提出不同看法，认为这一定义不一定适用于有着几千年文化和历史的中国和印度等国，也不一定适用于以移民为主的国家如美国、加拿大和澳大利亚等。进而，有学者认为"斯大林民族定义中的'共同地域'和'共同的经济生活'应当属于民族形成的条件而不是民族的特

---

① 牙含章：《论民族》，载于《民族研究》1982 年第 5 期，第 1 页。

征"①；有学者认为民族的特征包括六条，应该增加"形成历史"和"稳定性"两个条件②；有学者认为民族具有自然（或族体）、社会和生物（或人种）三种属性③。这些讨论是中国民族理论界对于认识民族概念的积极探索，随着讨论的持续进行，学界对于马克思主义民族理论经典作家论点的理解和把握也在不断走向深入。

第二，对中国共产党民族理论形成和发展的历时性研究。毫无疑问，马克思主义民族理论中国化的进程是在中国共产党三代领导集体的引领和推动下进行的，进而形成了中国特色的民族理论体系。围绕这一理论体系的形成和发展，中国民族理论界展开了一系列研究。《中国共产党民族纲领政策通论》和《中国共产党民族工作理论与实践》这两部著作，是新世纪中国民族理论界对中国共产党民族理论形成发展研究的代表性成果。金炳镐、王铁志于 2002 年出版的三卷本的《中国共产党民族纲领政策通论》（黑龙江教育出版社）从五个大的方面、35 个章节，以90 余万字的宏大篇幅，全景式地研究阐述了中国共产党的民族政策发展历史；而 2007 年中央民族大学出版社出版的金炳镐的《中国共产党民族工作理论与实践》，则以 64 万字的篇幅，从"中国共产党中央领导集体的民族工作纲领思想""新民主主义革命时期中国共产党的民族工作理论与实践""新中国中国共产党的民族工作理论与实践"三个方面，对中国共产党民族工作的理论与实践进行了历时性的回顾与展示。

第三，对三代领导集体的民族理论创新发展的概括性研究。围绕中国共产党第一代、第二代和第三代领导集体的民族理论创新发展问题，中国民族理论界展开了一以贯之的研究和讨论。其中金炳镐、青觉于 2004 年出版的《中国共产党三代领导集体的民族理论与实践》（黑龙江教育出版社）从中国共产党三代领导集体的民族理论、政策及

---

① 纳日碧力戈：《民族和民族概念辩正》，载于《民族研究》1990 年第 5 期，第 12 页。
② 参见宁骚《民族与国家——民族关系与民族政策的国际比较》，北京大学出版社，1995，第 16～19 页。
③ 参见金炳镐《民族理论通论》，中央民族大学出版社，1994，78～79 页。

其实践的整体构架入手，系统全面地论述了马克思主义民族理论中国化的三个阶段，堪称近年来我国民族理论界对该问题研究的集大成之作。"该书是我国第一部全面、系统、完整地研究论述中国共产党及其中央领导集体民族理论体系及发展的学术著作，填补了这一研究领域的学术空白，是对中国特色民族理论研究的重大贡献。"① 此外，李德洙、熊坤新等人就邓小平对民族理论发展的贡献进行了颇为中肯的讨论②，郝时远、王希恩、金炳镐、赵国军等人针对党的第三代领导集体的民族理论进行了学理性概括。③ 而金炳镐、青觉、石亚周（洲）等人在《黑龙江民族丛刊》2003 年第 1 期至第 6 期，连续发表 14 篇系列论文，对中国共产党第三代领导集体关于民族问题的理论进行了系统全面的概括，更为民族理论界的相关研究写下引人注目的一笔。

第四，对中国共产党历次重要会议提出相关论点的阐释性研究。其中尤以中国民族理论界对第三次中央民族工作会议所提出的"中央民族工作十二条"的阐释性研究最具代表性。"中央民族工作十二条"发表之后，作为学界的回应，中央民族大学出版社出版的吴仕民等人的《中国民族理论新编》（2006）是其中产生较大影响的一部著作。该书直接对应"中央民族工作十二条"，分十二章，系统阐述了我国民族理论研究的新成果。同时，"该书以新的编排体例完整地表述了中国民族理论的核心阐述、关系论证、应用原则，展示了中国民族理论的总体面貌和研究内容，为中国民族理论在新世纪新阶段的新发展作出

---

① 郑信哲：《中国特色民族理论的研究力作——评〈中国共产党三代领导集体的民族理论与实践〉》，载于《黑龙江民族丛刊》2004 年第 1 期，第 122 页。

② 参见李德洙《邓小平民族理论的理论贡献》，载于《黑龙江民族丛刊》2000 年第 1 期；熊坤新：《邓小平对民族发展思想的贡献》，载于《黑龙江民族丛刊》2005 年第 1 期。

③ 参见郝时远、王希恩、周竞红、陈建樾《当代中国马克思主义民族理论的发展与实践——学习〈江泽民文选〉关于民族工作的论述》，载于《民族研究》2006 年第 6 期；金炳镐、青觉、张谋：《论中国共产党第三代领导集体的民族理论》，载于《民族研究》2001 年第 5 期；赵国军：《试论江泽民民族思想》，载于《贵州民族研究》2000 年第 2 期。

了新建树"①。2006 年 10 月，国家民委、教育部正式发出通知，要求把《中国民族理论新编》作为全国民族院校进行马克思主义民族观教育的教材使用；该书在 2008 年又推出了第二版。其间，由龚永辉主持，苏宁、文龙等人参与完成的《中央"十二条"与马克思主义民族理论中国化研究》系列论文②，为人们正确理解和全面把握"中央民族工作十二条"提供了有益的参考与借鉴。此外，彭英明、王希恩、张勇等人也就此展开了自己的学理性阐释③，其论文具有较高的学术价值。

2. 对于中国民族理论界研究现状的几点评析

很长时间以来，中国民族理论界的研究以其鲜明的政治性、本土性和实践性，源源不断地为我国民族工作实践的顺利开展提供了重要理论依据，其价值不言自明。然而也需看到，在中国民族理论界的研究中也存在着一些无法回避的问题。

第一，它具有鲜明的马克思主义理论特色，但也因此缺乏学术研究所应有的开放性和包容性。毋庸讳言，马克思主义经典作家有关处理民族及民族问题的基本原则和一般原理，包括对于这些原则和理论加以研究、阐释和发展，一直在中国民族理论学术研究中具有突出的地位，这使得该领域的研究具有鲜明的马克思主义理论特色。正是在这个意义上，我们才将该领域的研究统称为"马克思主义"民族理论研究。但是"它也因此而容易束缚自己，生出僵化的弊端。研究者常常不是从民族和民族问题存在的实际出发去从事理论研究，而是以马克思主义经典作家是否有过某种论述来作为衡量问题的标

---

① 马丽娟：《中国民族理论新论——读〈中国民族理论新编〉》，载于《黑龙江民族丛刊》2007 年第 6 期，第 184～185 页。

② 这些论文主要刊发在《广西社会主义学院学报》2006 年第 1 期至 2007 年第 3 期上，共计 12 篇。——笔者注

③ 参见彭英明《论新世纪新阶段中国特色民族理论的新发展——学习胡锦涛同志在中央民族工作会议上的讲话》，载于《中南民族大学学报》（人文社会科学版）2005 年第 4 期；王希恩：《中国共产党民族理论的重要发展》，载于《广西社会主义学院学报》2006 年第 1 期；张勇：《第三次中央民族工作会议与中国共产党民族理论的新发展》，载于《满族研究》2006 年第 3 期。

准；不是以开放的胸襟去分析吸收一切有用的思想观点为我所用，而是封闭性地阻纳一切非马克思主义的东西"[①]。

第二，它具有鲜明的应用研究特色和政治实践色彩，但也因此缺乏学术研究所应有的独立性和专业性。从研究开创之日起，中国民族理论界的研究及其成果就一直是党和国家开展民族工作、制定民族政策和法规的重要依据。民族理论研究常常是党和政府工作的一个组成部分；党和国家主管民族工作事务的领导同志，同时往往也是民族理论研究的专家；民族理论研究，往往是具体的专门工作的研究。这种情况的优势在于它实现了基础理论和应用研究的有机结合，体现了学以致用的学术精神，然而，这也导致民族理论研究往往缺乏独立精神，其研究队伍的专业化程度也有待提高。"改革开放以来，民族理论研究十分活跃，但却缺少有份量、有深度、有新意、能代表民族理论研究新水平的权威之作。这也不能不是民族理论研究因基础研究不够而导致整体水平不高所致。"[②]

第三，它以群体作为研究视角，忽视了作为个体的人的价值。必须承认，中国民族理论界的研究领域是非常宽泛的，其研究内容几乎涵盖了少数民族和民族地区社会生活的所有方面。但是必须指出的是，在对于这些内容的研究中，我们的研究无一不是以"群体"作为视角来展开的，关注的是作为群体的人的社会价值，忽视了对于作为个体的人的个体价值的观照。虽然人的社会价值比较于个体价值，是更重要、更具根本意义的价值，无法想象能有离开社会的个体的存在和发展，个体价值也总要以对社会有益为前提，然而，"绝不能因此而忽视人的个人价值……人的社会价值和个人价值是互为前提，不可分割的"[③]。显然，这里对于人的个体价值的判断，也符合我国少数民族的实际情况。令人遗憾的是，中国民族理论界的研究似乎并没有注意到这一事实。

---

① 王希恩：《论中国民族理论的学科特色》，载于《民族研究》1997 年第 5 期，第 3 页。
② 王希恩：《论中国民族理论的学科特色》，载于《民族研究》1997 年第 5 期，第 5 页。
③ 黄国秋：《论人的社会价值与个人价值》，载于《学术交流》2001 年第 2 期，第 25 页。

　　总之，中国民族理论界的研究为我国民族工作实践的顺利进行提供了源源不断的理论参照，它的贡献是巨大的，影响是深刻的。同时，它也存在着一些问题，需要在以后加以解决和完善。

　　3. 讨论的延续：学界新思维

　　值得注意的是，近一段时间以来，基于不同的话语体系和学术背景，国内一些学者给予我国民族问题以独特的关注和创新的思考。这里仅就其中引发学界较大争议的民族共治论、民族身份"去政治化"和族际政治民主化这三种带有典型性的观点进行梳理。

　　第一，民族共治论。2001 年，朱伦研究员提出了"民族共治"这个概念，并在 2002 年和 2003 年连续发表文章对"民族共治论"进行阐述，在学界引起很大反响。朱伦认为，"所谓民族共治，就是在国家统一的前提下，由各民族共同造就的以共和为目标、以权益平衡发展为取向、以民族关系良性互动为核心的政治结构、运作机制和实现工具"①。"民族共治有两个层面：一是各民族对国家的共治；一是有关民族对民族杂居地区的共治。"② 在朱伦看来，"'民族共治'是我国民族政治生活的基本原则，也是民族区域自治制度的本质特征"。"民族共治"就是"各民族共同当家做主"。"无论是在国家管理中，还是在民族地方管理中，我国民族政治生活的原则和实践，都是努力保证和实行'各民族共同当家做主'的"。进而，他认为"'民族共治'是我国民族政策和民族政治生活的最大特点，也是最成功之处"。在此基础上，朱伦主张用民族自治机关的"多民族化"走出"自治"的思想困境，用"共治"来"建构不同民族之间的政治互动关系"。③

　　应该说，朱伦基于我国民族区域自治制度成功实践的分析，真切地

---

① 　朱伦：《民族共治论——对当代多民族国家族际政治事实的认识》，载于《中国社会科学》2001 年第 4 期，第 95 页。

② 　朱伦：《民族共治论——对当代多民族国家族际政治事实的认识》，载于《中国社会科学》2001 年第 4 期，第 103 页。

③ 　参见朱伦、关凯《"民族共治"是民族区域自治制度的本质特征》，载于《中国民族报》2007 年 6 月 15 日第 6 版。

感受到了该制度在保障我国少数民族权利方面的巨大功绩。他把民族区域自治制度视为一个框架，希望各民族在这一框架下实行和实现"共治"，从而澄清"民族自治"这一提法中容易被混淆或误解的认识。然而，朱伦所说的"民族共治"并没有上升到制度化的层面来解决我国的民族问题。世界上有各种不同的自治，我国的自治有自己独特的内容。显然，关注中国的民族区域自治和有关民族共治的问题，应从中国的实际出发。

对于"民族共治论"的批评主要来自这样几个方面。首先，"民族共治"会不会削弱少数民族当家做主的权利？"即使仅从字面的意义来说，'民族区域自治制度'似乎也不能与'民族共治制度'完全划上等号。"① 我们一直都在谈怎样发展和完善民族区域自治制度，国际上少数民族要求自治的声音也越来越大，而朱伦提出的"民族共治"这个命题，多少显得有些不合时宜，和学界以往使用的术语难以衔接。其次，在朱伦那里，自治和共治成为彼此相对的概念，"少数民族的政治权利不能只是限于自治权，还应包括共治权"②。有学者就此指出，"共治的权利就是少数民族完整的政治权利，自治是实现共治的一种重要方式、途径和措施，少数民族完整政治权利并非是这两者之间并列关系的简单相加"③。此外，还有学者就朱伦最早提出"民族共治"概念的那篇论文中关于西欧近代政治发展史的有关议论，提出了自己的商榷意见。④

第二，民族身份"去政治化"。2004 年，马戎教授撰文指出，"多种族、多族群国家都面临着如何处理本国族群关系以及政府应当如何引导

---

① 朱伦、关凯：《"民族共治"是民族区域自治制度的本质特征》，载于《中国民族报》2007年6月15日第6版。

② 朱伦：《论民族共治的理论基础与基本原理》，载于《民族研究》2002年第2期，第5页。

③ 雍海宾、宋芳：《民族共治和民族区域自治的法学思考》，载于《西北民族大学学报》（哲学社会科学版）2004年第6期，第44页。

④ 参见王建民《对〈民族共治论〉一文的几点商榷意见》，载于《中国社会科学》2004年第6期，第130～133页。

族际关系发展方向的重要问题"①，而"政治化"和"文化化"是政府引导族群关系发展的两种基本政策导向。中国几千年来的历史进程表明，我们处理民族关系一直有把"族群问题'文化化'"的传统，这种做法"也正是相对发达的中原地区核心族群得以凝聚、融合周边族群的思想法宝"②。但是进入近代以来，我们开始借鉴和吸收欧洲民族国家把民族问题"政治化"和制度化的做法，设立民族自治区，进行民族识别。这些做法使得我国各民族的族群意识得以加强，不利于形成对"中华民族"的认同意识。由此马戎认为，当代中国应当从本国的历史中吸取成功经验，同时适当借鉴美国、印度等国家处理本国种族、族群问题的策略和经验，"把建国以来在族群问题上的'政治化'趋势改变为'文化化'的新方向，培养和强化民族-国民意识，逐步淡化族群意识"③。

据此，马戎重提自己早些时候的观点，建议保留"中华民族"的提法，同时把56个"民族"在统称时改称为"族群"或"少数族群"，在具体称呼时将其称作"某族"（如"汉族""蒙古族"）而不是"某民族"（如"汉民族""蒙古民族"）。④ 他认为，这样可以加强各"民族"之间的相互认同，使各民族凝聚为"国族"即中华民族来参与国际间的激烈竞争。2009年年初，马戎在《当前中国民族问题的症结与出路》一文中继续坚持自己的观点，指出"目前中国民族问题的症结就在于1949年新中国成立后，我们参照苏联斯大林的民族理论（'民族'定义）、民族制度和民族政策，在中国进行了'民族识别'，客观上把中国建成了一个'多民族联合体'，这一结构使有些原来并不具有现代'民族意识'

---

① 马戎：《理解民族关系的新思路——少数族群问题的"去政治化"》，载于《北京大学学报》（哲学社会科学版）2004年第6期，第122页。

② 参见马戎《理解民族关系的新思路——少数族群问题的"去政治化"》，载于《北京大学学报》（哲学社会科学版）2004年第6期，第125页。

③ 马戎：《理解民族关系的新思路——少数族群问题的"去政治化"》，载于《北京大学学报》（哲学社会科学版）2004年第6期，第122页。

④ 马戎：《民族与社会发展》，民族出版社，2001，第156页。

的'民族'精英开始接受这样的意识并萌发潜在的独立愿望"①。而在论及"从根本上解决中国民族问题的出路"时，马戎给出的依然是把中国的民族分界、民族身份"去政治化"的思路。

显然，马戎是一个爱国者，他不希望国外敌对势力利用民族问题分裂中国的野心得逞，要强调国家的整体。他希望在我国民族理论的研究与实践中，对民族自决问题不要过分强调，而应该多从整体利益出发，多强调国家的、中华民族的问题；不要将目光集中在民族间的差异和各个民族的特殊性上，而应该更多注意到共性、普遍性的一面。作为一个有着强烈社会责任感的著名学者，马戎敏锐地察觉到了我国民族问题的走向及其深层次的原因，这一点在我国相继发生了"3·14事件"和"7·5事件"的当下显得尤为可贵。然而，他所提出的解决问题的方式值得商榷，主张通过类似于美国处理种族问题、族群问题的政策那样的"文化化"或者"去政治化"来对待我国的民族问题，这种思路显然不适合于中国的国情。而且最关键的问题在于，族际关系的和谐与否，一方面来自其自身制度安排是否适合本国（本地区）情况，另一方面则来自对少数民族权利保障的政策、措施及其贯彻是否有效。"尽管学术视角有所不同，但民族理论和政治学都将民族问题视为一个建构于民族利益之上的政治事项。"② 在学术研究中重视民族的文化属性本是无可厚非的，但是如果非要把民族这一具有鲜明政治属性的概念仅仅限定在其文化意义上，并由此一厢情愿地认定原本属于政治概念的民族问题的"去政治化"和"文化化"，就有失偏颇了。此外，用"文化化"和"政治化"来区分民族政策，并依此作为评价民族政策好坏的标准是值得怀疑的③，而且

① 马戎：《当前中国民族问题的症结与出路》，载于谢立中主编《理解民族关系的新思路：少数族群问题的去政治化》，社会科学文献出版社，2010，第189页。

② 陈建樾：《多民族国家和谐社会的构建与民族问题的解决——评民族问题的"去政治化"与"文化化"》，载于《世界民族》2005年第5期，第10页。

③ 参见陈玉屏《民族问题能否"去政治化"论争之我见》，载于《西南民族大学学报》（人文社会科学版）2008年第7期，第1~7页。

"'文化化'和'政治化'并不是一对准确的民族政策导向分类"①。进而，有学者指出，"把民族问题'文化化'的观点并不是新思路，不过是西方学界自由进化论的遗风而已"②，那种"认为可以把民族主义'放回'到任何领域，即使是文化领域的想法，都不仅是天真的，而且是根本错误的"③。说到底，"民族问题的复杂性，不是靠社会场域的归类、概念和话语的转换就可以消弭，而在于民族平等政策的真实性"④。

值得注意的是，自民族身份"去政治化"被马戎教授提出以来，国内学界对于我国的民族问题走向、民族关系现状、民族政策功过等问题的关注程度持续高涨，呼吁民族问题"去政治化"的声音更是此起彼伏、不绝于耳，似乎"去政治化"是解决我国民族问题的灵丹妙药。到了2011年9月，更有学者撰文提出所谓"第二代民族政策"，对"去政治化"问题"做出了全方位的'政策理念设计'"⑤，试图以"去政治化"的方式来"促进民族交往交流交融一体"，进而用所谓"第二代民族政策"去替代以"民族区域自治"为核心内容的"第一代民族政策"。⑥ 我们认为，这种思路既不可取也不可能，甚至非常危险。其根本原因在于，"第二代民族政策"倡导者所借鉴的所谓"国际经验教训"是建立在对这些国家的"种族、族群政策及其实践的误读和编造"⑦ 基

---

① 王希恩：《也谈在我国民族问题上的"反思"和"实事求是"——与马戎教授的几点商榷》，载于《西南民族大学学报》（人文社会科学版）2009年第1期，第2页。

② 郝时远：《构建社会主义和谐社会与民族关系》，载于《民族研究》2005年第3期，第9页。

③ 〔英〕安东尼·D.史密斯：《全球化时代的民族与民族主义》，龚维斌、良警宇译，中央编译出版社，2002，第14页。

④ 郝时远：《构建社会主义和谐社会与民族关系》，载于《民族研究》2005年第3期，第9页。

⑤ 郝时远：《中国民族政策的核心原则不容改变——评析"第二代民族政策"说之一（上）》，载于《中国民族报》2012年2月3日第5版。

⑥ 参见胡鞍钢、胡联合《第二代民族政策：促进民族交融一体和繁荣一体》，载于《新疆师范大学学报》（哲学社会科学版）2011年第5期，第1~12页。

⑦ 郝时远：《美国是中国解决民族问题的榜样吗？——评"第二代民族政策"的"国际经验教训"说》，载于《世界民族》2012年第2期，第1页。

础之上的，其观点既不符合这些国家的民族问题实际，更无法适用于我国民族问题的实际。

第三，族际政治民主化。2006年，王建娥撰文指出，"多民族国家社会和谐的一个重要方面是族际关系的和谐"①，而"族际政治"是多民族国家族际关系的核心与本质。纵观当代多民族国家发展轨迹可以发现，"多民族国家处理国内民族关系的方法和手段"，大致"经历了一个从'公民化'、'文化化'到政治'民主化'的演变过程"。而"当代多民族国家内围绕着族际关系产生的张力，也逐渐地从原来争取承认的斗争转向争取平等参与的斗争，即从'承认政治'转向'民主政治'"②。由此可以认为，"多民族国家采取民主的方式处理族际政治关系，不仅是主权在民原则的自然引申，也是国家公共权力合法性的题中之意，更是多民族国家创造各民族政治认同、维护民族团结、建构和谐社会的制度保障"③。而"族际政治民主作为国家政治民主的一部分，是在多民族国家内族裔和文化多样性存在的特定环境中产生的一种特殊形式的民主政治，是多民族国家为实现各民族之间和睦相处、进而维护国家统一和社会和谐而做出的一种制度安排"④。王建娥提出，希望把"族际政治民主化"作为我国民族关系的政治协调和制度完善的方向。

应该说，王建娥从国际比较的视角，通过理论和实践两个方面对当代多民族国家内部的族际政治民主化问题进行探讨，希望这种探讨有助于我国民族关系的协调和完善，这种想法的初衷是好的，而且就现象本身而言，政治民主化也的确是当代多民族国家处理族际关系，特别是族际政治关系的一种趋势。然而必须指出的是，这种观点主要是从多民族

---

① 王建娥：《族际政治民主化：多民族国家建设和谐社会的重要课题》，载于《民族研究》2006年第5期，第1页。

② 参见王建娥《族际政治民主化：多民族国家建设和谐社会的重要课题》，载于《民族研究》2006年第5期，第8页。

③ 王建娥：《族际政治民主化：多民族国家建设和谐社会的重要课题》，载于《民族研究》2006年第5期，第1页。

④ 王建娥：《族际政治民主化：多民族国家建设和谐社会的重要课题》，载于《民族研究》2006年第5期，第9页。

国家中少数民族"集体权利"的正当性入手来分析和阐述问题的，殊不知当下展现在我们面前的这个社会，是由个人所组成的社会，也正是这个存在于现代社会中的作为公民的个人，组成了不同的族群和民族。"民主化成功的重要条件在于社会基础建设，即培育一个自主、自治、自立的市民社会。"① 这一基础建设要求以"群体中的个人"或"公共权力下的个体"作为分析单位，而不是以某种人们共同体为单位。传统的、作为文化单位的民族（族群）无疑是个群体，但是作为政治民主化的单位，就不应仅仅是个群体，而更应是一个又一个具有公民意识的独立的个体。因此，只有回归作为民族成员个体的人的本性的、神圣而不可侵犯的权利，只有培养出个体的公民意识，他们所享受到的权利才会是真实的。而且，把民族直接作为民主的单位也不很妥当，我国的民族关系在本质上看，应该是一种"一体多元"的关系，而不是多党竞争的关系。由此，能否以民族身份的分界作为基础来实施民主管理或进行民主竞争，还存在诸多值得商榷的地方。

　　总之，近年国内一些学者有关解决民族问题、发展民族理论的"新思维"为我们提供了全新的视角，这些讨论是富有建设性的，是推进我国民族理论创新发展的有益尝试和大胆探索。我们认为，民族理论研究应该是围绕民族问题而展开的问题性研究，是针对民族问题实际和我国的现实国情而开展的对策性研究，其研究应该紧密联系出现在现实生活中的民族问题，并且给出可供参考借鉴的指导性意见。而且，虽然"中国民族理论的创新首先根植于国内民族问题实践，但既然是一种理论，它的普适性和宏观性要求决定了它不能将自己的视野仅仅局限于国内"②，由此，将我们的研究视角从国内伸向国外，通过对于世界范围内的民族问题的研究与把握来推进我国民族理论的创新发展，不失为一条可行的路径。推进民族理论研究的创新和发展，任重而道远。

---

① 燕继荣：《发展政治学：政治发展研究的概念与理论》，北京大学出版社，2006，第273页。
② 王希恩：《关于中国民族理论创新的几点认识》，载于《中南民族大学学报》（人文社会科学版）2004年第4期，第51页。

第二节　发展政治学：民族政治发展
研究的学科借鉴

20 世纪 50 年代以来，经济学、社会学、政治学等学科纷纷把发展中国家的发展问题——包括怎样实现社会转型、经济转轨，如何实现本国经济、政治、文化和社会的现代化发展，以及在这一过程之中出现某些带有普遍性的问题，诸如贫困、失业、腐败、社会动荡、城市化等作为自己的研究课题，由此形成了蔚为壮观的"发展问题"研究浪潮，一系列与发展问题息息相关的理论应运而生。这些理论主要包括社会发展理论、经济发展理论和政治发展理论，等等。而对于这些理论的学科化建构过程，也就促成了发展社会学、发展经济学和发展政治学这样一些新兴学科的产生。如前所述，就国外相关研究而言，由于民族政治发展问题的提出本身就是运用西方政治发展理论来分析观察民族政治现象的结果，因此，西方政治发展理论就成为民族政治发展研究的理论范式和分析工具。而基于政治发展理论的学科化发展而形成的发展政治学，也就成为本书研究的一个可以借鉴的学科。

一　学科的演进：从政治发展问题到发展政治学

第二次世界大战结束以后，随着亚、非、拉民族解放运动的高涨及其相继胜利，一系列新兴民族国家开始以独立的身份登上国际政治舞台。它们在自身发展过程中，面临着很多带有共性的问题。这些问题可以分为三大类：社会问题、经济问题和政治问题。就其中的政治问题而言，主要包括怎样解决社会分配不公、政治参与过度、政治动荡、政治腐败，以及怎样通过适当的政策安排而使本国经济得到持续增长、怎样在建立民主政治制度的同时确保社会的稳定、怎样通过外交努力来为本国争取有利的国际环境……所有这些，都属于国家发展中面临的政治问题，亦即政治发展问题。

对于政治发展问题的研究有一个渐进的过程。20 世纪 50 年代以前，一些西欧、北美和部分第三世界的学者在对殖民主义和反殖民主义的各种历史的、现实的研究之中，涉及了上述一些属于政治发展问题的内容。这些研究多是零散的和不系统的，充其量也只是相关主题研究中的一个派生物；进入 50 年代以后，自觉的、有意识的政治发展问题研究开始形成，进而出现了一个研究的高潮。出现这种状况的原因，一方面是前面提到的、开始于 50 年代的"发展问题"研究浪潮的影响，另一方面则和西方发达国家实施的、旨在对发展中国家进行发展援助的计划有关。于是，就像有学者指出的那样，"……第三世界发展研究获得了一系列成果，并使整整一代政治科学家、经济学家、社会学家、人类学家以及其他社会科学家赢得了声望"①。当然，这里还隐含着另外一个原因，那就是西方发达国家为了延续对于这些新兴民族国家曾经有过的控制和影响，使其继续从属于资本主义阵营而不会转而投靠社会主义阵营，就应该认识和研究这些国家的政治结构和政治需求，并且要行之有效地将西方的政治价值输入这些国家。为了达到这一目的，自然需要加强政治发展问题的研究。到了 20 世纪 60 年代，政治发展问题的研究日益表现出了学科化发展的倾向，作为新兴学科的发展政治学得以出现。对于这一过程，著名政治学家同时也是政治发展研究专家的塞缪尔·亨廷顿（Samuel P. Huntington）和乔治·多明格斯（Jorge I. Dominguez）指出，"政治发展的研究起源于 50 年代，但有意识地使这一研究概念化和系统化，只是 60 年代的事情"②。

而从 20 世纪 60 年代至 70 年代中期，发展政治学的相关研究成果

---

① Cabriel A. Almond, "The Development of Political Development", in Myron Weiner and Samuel P. Huntington (ed.), *Understanding Political Development*, Little, Brown And Company, 1987, p. 437.

② 〔美〕塞缪尔·亨廷顿、乔治·多明格斯：《政治发展》，载于〔美〕格林斯坦、波尔斯比主编《政治学手册精选》（下卷），竺乾威、周琪、胡君芳译，商务印书馆，1996，第 148 页。

纷纷涌现，政治发展问题研究迎来了自己"最多产的时期"[①]。至于出现这种局面的原因，亨廷顿和多明格斯指出："这一局面在很大程度上是两股学术活动潮流汇合在一起的结果。一是 40 年代末和 50 年代区域研究的发展。……第二股潮流，来自以后称之为政治学的'行为革命'"[②]。这一时期有别于此前政治发展问题研究各时期的显著特点在于，不仅研究政治发展问题的开拓性论著（论文）纷纷涌现，而且也催生了相应的学术组织。就这一时期的开拓性论著（论文）而言，主要包括加布里埃尔·A. 阿尔蒙德（Gabriel A. Almond）与詹姆斯·科尔曼（James S. Coleman）合著的《发展中地区的政治》（1960）、卡尔·多伊奇（Karl W. Deutsch）的《社会动员和政治发展》（1961）、鲁恂·派伊的《政治、人格与建国：缅甸对认同的寻求》（1962）、伦纳德·宾德的《伊朗：转变中社会的政治发展》（1962）、菲利普·卡特莱特的《国家政治发展：衡量与分析》（1963）、阿普特的《现代化的政治》（1965）、肯尼思·奥甘斯基的《政治发展的阶段》（1965）、西里尔·布莱克的《现代化的动力》（1966）、阿尔蒙德和小鲍威尔（G. Bingham Powell, Jr.）合著的《比较政治学：发展研究》（1966）、亨廷顿的《变化社会中的政治秩序》（1968）、罗斯托的《政治与成长阶段》（1971）、英格尔斯的《走向现代：六个发展中国家的个人变迁》（1974），等等。而就这一时期活跃的学术组织而言，至少应该包括哈佛—麻省理工学院政治发展联合研究会和由社会科学研究理事会（SSRC）建立的比较政治委员会。前者由亨廷顿和迈伦·韦纳共同主持，该组织在 1964 年创立之后的二十多年间，每月举行一次有关政治发展问题的会议；后者由阿尔蒙德任主席（后由派伊接任），从 1963 至 1978 年，先后完成了九卷"政治发展研究"丛书，分别就传播与政

---

① 佛兰西丝·哈葛扁（王正绪、方瑞丰译）：《重访发展政治学》，载于《开放时代》2006 年第 4 期，第 92 页。

② 〔美〕塞缪尔·亨廷顿、乔治·多明格斯：《政治发展》，载于〔美〕格林斯坦、波尔斯比主编《政治学手册精选》（下卷），竺乾威、周琪、胡君芳译，商务印书馆，1996，第 148～149 页。

治发展、官僚制与政治发展、教育与政治发展、政治文化与政治发展、政党与政治发展等问题展开了深入讨论。

到了 20 世纪 70 年代中期以后，随着比较政治委员会"政治发展研究"丛书的完成，政治发展问题研究也进入低迷阶段，没有实质性的进展。以至于"后来的发展论者只能在上述丛书所建立的发展理论中做不太重要的修补工作，或重新予以解释，或运用前人的理论架构研究和印证实际的政治现象"[1]。综观这一阶段政治发展问题的研究走向，其变化主要在于：不再把主要精力用于构建普适政治发展理论范式的努力，转而重视实证分析的重要作用；把主要的研究活动投放在对于发展中国家的公共政策的分析和研究上，强调政策研究的重要性；把"发展的新政治经济学"作为公共政策研究的新途径，试图用经济学"理性选择"的主张取代社会学的抽象理论，重新强调经济学的重要性。

二　视角的枚举：现代化、结构功能主义与目的论的发展观

自 20 世纪 60 年代发展政治学作为一门新兴学科得以确立以来，其发展已走过半个多世纪的历史。但是一个基本的事实是，在政治学的诸多分支学科之中，发展政治学长期囿于比较政治学的学科之内，哪怕它的研究内容几乎覆盖了比较政治学的所有领域，哪怕它一经产生，就成为比较政治学中最为前沿的部分。尽管如此，发展政治学还是有着自己独特的贡献，起码"在方法上，发展政治学发展了三组其他比较政治学分支没有的视角：现代化、结构功能主义、目的论的发展观"[2]。在这里，我们仅就这三组视角进行简要的说明。

（一）现代化

如果从现代化的理论范式入手，其起源至少应该追溯到马克斯·韦伯那里。该理论范式是建立在这样一种基本假设之上，即：经济发展可

---

[1]　陈鸿瑜：《政治发展理论》，吉林出版集团有限责任公司，2009，第 11 页。

[2]　佛兰西丝·哈葛扁（王正绪、方瑞丰译）：《重访发展政治学》，载于《开放时代》2006 年第 4 期，第 93 页。

以带来很多社会秩序上的变化，因此也会带来政治上的变化。这一变化过程往往被理解为从传统到现代的变迁。"就历史的观点而言，现代化是社会、经济、政治体制向现代类型变迁的过程"①，其典型表现之一是城市化进程，以及在该进程中人的现代化。城市化进程开始之后，进入城市的农民的政治取向会发生变化，哪怕这种变化是一个缓慢渐进的过程。最终，农民的政治取向会由对村庄和区域性、地方性精英的忠诚，发展成为对于民族以及国家政治体系的忠诚。而在此进程之中，大众传媒的作用是不容低估的，它将教化人民，促使他们转变为现代公民；而且，这种从传统社会的臣民成长为现代民主社会的公民的转变过程也带来了权力的重组与分配。总之，现代化理论更倾向于把社会进行传统或现代的区分，进而关注那些属于传统的社会怎样转变为现代社会。

对于现代化理论的批评主要来自如下一些方面。其一，该理论对于"传统"和"现代"这两个概念的界定及其互动关系的理解过于抽象和简单，造成一种二元对立的局面；其二，对于实现现代化的途径问题理解得过于单一，用一种"单一线性进化"的社会发展模式取代了丰富多彩的现实发展道路，把西方国家的现代化过程理解为现代化的唯一途径，进而将现代化等同于"西方化"；其三，理论表达脱离具体现实，脱离时空的界限，完全停留在抽象的逻辑论证层面，从而在指导发生在现实社会中的现代化过程时，遇到很多难以解决的困难。

（二）结构功能主义

结构功能主义从迪尔凯姆（Durkheim）提出的社会二元分类法出发，借用其对政治的结构—功能研究方法去研究政治发展问题。支撑结构功能主义得以产生的一个基本观念是：任何一种政治体系都具有其自身的政治结构，而无一例外的是，所有政治结构都承担着一定的政治功能。现代社会和传统社会之间最为根本的差别在于结构分化、功能专门

---

① 〔以色列〕S. N. 艾森斯塔德：《现代化：抗拒与变迁》，张旅平、沈原、陈育国、迟刚毅译，中国人民大学出版社，1988，第 1 页。

化的程度。进而，结构功能主义试图通过建立一些可以通约的范畴来比较研究存在巨大差异的不同社会。这里的结构不仅包括一般意义上的制度，诸如官僚体系、法庭、议会、政府等，还包括很多非正式的结构，比如政治参与的主体及其方式——政党、利益集团、亲属、社会团体，甚至街头示威和骚乱。在这种理论预设之下，要想就不同政治体系中运行的某一结构展开比较研究，首先就必须弄清每个政治体系所要行使的基本功能。具体来讲，在系统输入方面的主要功能包括政治社会化、利益表达、政治传播等；在系统输出方面的主要功能包括制定和运用规则，以及对于这一规则本身的裁决。概而言之，"结构功能主义把分析的范畴从国家转向政治体系，从权力转向功能，从政治职务转向到政治角色，从制度转向结构，从大众观念和公民教育转向到政治文化和政治社会化"[1]。

结构功能主义所代表的是发展政治学研究的一个完全不同的方法和取向，然而很多人经常把它同现代化理论混为一谈。对于结构功能主义而言，政治发展"不是现代化带来的政治上的结果，而是要使现代社会能够有效运转而必备的政治条件"[2]。然而令人感到遗憾的是，结构功能主义一直没能跻身成为比较政治学的一个基本范式。

(三) 目的论的发展观

所谓目的论的发展观，就是把政治发展设想为一种为达到某一目标（或某几个目标）的运动过程。在这一设想之下，政治发展的依据不再是变化的实际内容或内在特征，而是变化的方向，即朝着怎样的目标变化。在这方面最具代表性的观点是认为，政治发展是政治体系从一种传统形态向现代形态的过渡过程，"是现代化过程中人们期望的目标和状态的实现过程。这些期望的目标可能包括民主、平等、高效、有序、多

---

① 佛兰西丝·哈葛扁（王正绪、方瑞丰译）：《重访发展政治学》，载于《开放时代》2006 年第 4 期，第 93 ~ 94 页。
② 转引自佛兰西丝·哈葛扁（王正绪、方瑞丰译）《重访发展政治学》，载于《开放时代》2006 年第 4 期，第 93 ~ 94 页。

元化等内容"①。

目的论的发展观无疑是发展政治学研究中最具争议性的部分，从其基本观点上看，目的论的发展观认为政治也会向着更好的状态发展。然而稍加分析就会发现，对于政治发展的"好"与"坏"的判断本身就是一个极具主观色彩的价值判断，基于不同的立场往往会得出截然相反的结论。比如，在西方民主社会看来，专政和独裁统治自然是缺乏存在的合理性的，然而对于一个政治衰朽、社会动荡的国度而言，专政和独裁统治就未必不是一件好事，只要它可以让这个国家恢复政治秩序。另外，那种认为政治发展是朝向一个以上的目标运动的观点也难以立足，因为其中隐含着内在的矛盾。由于这些目标各不相同，任何一个目标的实现都难免会影响到其他目标的实现，甚至会以牺牲其他目标为代价。比如，在政治民主、政治稳定和政治平等之间是存在内在张力的，在现实的政治体系运行过程中，很难将它们统合在"政治发展"的框架之内。由此，政治发展不但不能成为一个有效的分析概念，反而会成为一个多余的、似是而非的概念。正因为如此，目的论的发展观由于自身过于理想化的追求而使得自己与现实世界的发展格格不入。

三　西方政治发展理论的矛盾和问题

在前文中，我们就发展政治学的学科演进及其研究中所包含的独特视角做了一个概要性的分析。这里还需说明的是，在西方政治发展理论中也存在着许多不容忽视的矛盾和问题。这些矛盾和问题是导致西方政治发展研究在20世纪70年代走向衰落的重要原因，也正是由于这些矛盾和问题的存在，发展政治学在回应和解决发展中国家所面临的现实政治发展问题时，总是显得力不从心、不得要领。

（一）个案剖析：以亨廷顿的"政治秩序论"为例

初版于1968年的《变化社会中的政治秩序》不仅是当代西方研究

---

① 燕继荣：《发展政治学：政治发展研究的概念与理论》，北京大学出版社，2006，第42页。

发展中国家政治发展问题的代表性著作，也是塞缪尔·亨廷顿政治发展理论的奠基之作。在这部著作中，亨廷顿提出了著名的"政治秩序论"（又称"强大政府论"），认为传统的和现代的社会都趋于稳定，而从传统到现代过渡的现代化过程，容易产生不稳定。建立一个强大的政府，是根除现代化过程中出现政治动荡和政治衰朽，保持政治秩序的唯一办法。然而，由于亨廷顿对政治秩序的过度关注，对政府拥有有效的权威过分热衷，致使他的"政治秩序论"中也存在着难以消解的内在矛盾。

1. "秩序"与"自由"的矛盾

亨廷顿强调政治秩序，并将保持政治秩序作为发展中国家在现代化过程中所要追求的重要目标，这一洞见至关重要。然而，出于对政治秩序的过分强调，"自由"似乎走到了"秩序"的对立面，似乎在发展中国家，要保持政治秩序，就必须要以牺牲"自由"作为代价。

亨廷顿指出，对于许多处于现代化之中的国家而言，"首要的问题不是自由，而是建立一个合法的公共秩序"[①]。这一观点尚可接受，特别是当用它来说明一个被政治动荡和政治衰朽困扰下的发展中国家的现实时，尤其如此。然而亨廷顿并不满足于此。他指出，"人当然可以有秩序而无自由，但不能有自由而无秩序。必须先存在权威，而后才谈得上限制权威"[②]。在这里，亨廷顿显然将"秩序"和"自由"对立起来，并将"秩序"置于"自由"之上。换句话说，在亨廷顿那里，有"秩序"而无"自由"被看成"当然可以"的事情，抑或在对两者进行非此即彼的选择时，秩序的价值压倒了自由的价值，"不能有自由而无秩序"。这里姑且不去讨论"秩序"与"自由"的同一性远比矛盾性更接近于事情的本质，单看"秩序"的价值超越于"自由"的价值这一结论本身，也是难以被我们接受的。说到底，"自由""民主""正义"以及

---

① 〔美〕塞缪尔·亨廷顿：《变化社会中的政治秩序》，王冠华、刘为译，上海人民出版社，2008，第6页。

② 〔美〕塞缪尔·亨廷顿：《变化社会中的政治秩序》，王冠华、刘为译，上海人民出版社，2008，第6页。

诸如此类，这是政治哲学最为终极的价值关怀。而"秩序"和"稳定"，则一般是为保证上述价值的实现而需凭借的手段或依赖的条件。显然，为维持"秩序"而贬低"自由"，甚至为了实现"秩序"而排斥"自由"的说法本身，是缺乏依据的。而且，保持"秩序"应该是政府和政党的责任，"自由"则是全体民众的权利。这种主体的不对等性，这种将政府和政党的利益置于全体民众利益之上的企图，导致亨廷顿的观点"具有明显的保守主义和独裁主义倾向"[①]。

2. "现代性"与"现代化"的矛盾

亨廷顿在对现代化与政治意识、现代化与暴力、现代化与腐化之间关系的比较和分析之后，提出了自己非常著名的观点——"现代性孕育着稳定，而现代化过程却滋生着动乱"[②]。应该说，这一观点洞见到了现代性与现代化的区别，以此为基础建构出的"政治秩序论"，也为致力于探索现代化道路的发展中国家提供了一种借鉴和启发。然而，亨廷顿的观点也使得现代性与现代化之间的复杂关系被过分简单化和绝对化了，以至于两者之间的关系只是"现代性带来稳定，现代化引起动乱"[③] 而已。进而，他的观点使得在发达国家与稳定、发展中国家与动乱之间也形成了一种简单而直接的联系。显然，这种简单的两分法既缺乏事实根据，也经不起逻辑推敲。比如，在比较和考查了 1955~1960 年的 70 个国家里人均国民总产值与爆发革命的频率之间的相关度、1958~1965 年这 8 年"人均国民收入与暴力冲突"的数据之后，亨廷顿得出结论："社会动员和经济发展水平高的国家在政治上更稳定、更太平。现代性与稳定性是形影不离的"[④]。这里的问题在于，无论是从 1955 年至 1960

---

① 严强：《宏观政治学》，南京大学出版社，1998，第 341 页。

② 〔美〕塞缪尔·亨廷顿：《变化社会中的政治秩序》，王冠华、刘为译，上海人民出版社，2008，第 31 页。

③ 〔美〕塞缪尔·亨廷顿：《变化社会中的政治秩序》，王冠华、刘为译，上海人民出版社，2008，第 37 页。

④ 〔美〕塞缪尔·亨廷顿：《变化社会中的政治秩序》，王冠华、刘为译，上海人民出版社，2008，第 31 页。

年，还是从 1958 年至 1965 年，在这样的时间跨度之内来研究"发展中国家的现代化"这样一个宏大命题，无论如何也过分狭窄了些。虽然亨廷顿以其惊人的洞察力，敏锐地发现了隐藏在这些数据和资料背后的不为人知的真相，指出"政治秩序混乱的原因，不在于缺乏现代性，而在于为实现现代性所进行的努力。如果贫困的国家出现动乱，那并非因为它们贫穷，而是因为它们想致富"① 这样令人震惊的事实，然而，支撑他的结论的数据和资料的时间跨度，也同样小到了令人震惊的程度。

时至今日，亨廷顿的"政治秩序论"依然被国内许多学者广泛运用于对中国政治现实问题的研究和分析中，并且取得许多学术成果，达成许多共识。这在一定意义上说明了该理论所拥有的影响力和学术价值。然而，也必须清醒地意识到，"政治秩序论"也存在着自身难以消解的内在矛盾，这些矛盾自然会在一定程度上削弱该理论的普适性和科学性。因此，在选择"政治秩序论"作为研究范式时，应对其进行必要的修正和重构。②

（二）一般分析：西方政治发展理论的内在矛盾

我们可将西方政治发展理论的内在矛盾归结为两大方面。一方面，从西方政治发展理论本身来讲，自该理论兴起以来，无论其理论流派如何层出不穷、争相斗艳，但是它们的出发点和目标都具有惊人的相似性，即"探究广大发展中国家如何由传统的政治过渡和发展到西方的自由民主政治以及在这个过程中的规律性问题"③。然而这里的问题在于，西方的自由民主政治真的就如西方学者所标榜和鼓吹的那样，是"放之四海而皆准"的真理吗？

---

① 〔美〕塞缪尔·亨廷顿：《变化社会中的政治秩序》，王冠华、刘为译，上海人民出版社，2008，第 32 页。

② 有学者注意到了这个问题，并对此进行了研究。参见王国勤《中国经验与亨廷顿"政治秩序模型"的重构》，载于《中共浙江省委党校学报》2009 年第 3 期，第 54～59 页。——笔者注

③ 韩奇：《国家建设：发展中国家政治发展的历史逻辑》，载于《深圳大学学报》（人文社会科学版）2011 年第 1 期，第 47 页。

通过对西方政治发展的各个理论流派及其主张的梳理不难发现，这些政治发展理论流派通常会先验性地和一相情愿地认为西方的自由民主政治理应是第三世界广大发展中国家谋求政治发展的唯一出路，进而把这些国家的现实政治发展道路看成为实现西方的自由民主政治的努力过程。在这种思维方式的引领和激励下，这些政治发展理论流派及其代表人物往往会把自己研究的视野集中在究竟哪些因素可以促进自由民主政治的发展，而轻易地忽视了一个重要的事实：政治发展其实只是这些发展中国家整体国家发展战略的一个组成方面，无论政治发展有多"显眼"，要想让它变成现实也总还需要其他不同领域发展的支持和配合。这种忽视直接导致在他们的理论视野里，政治发展问题被最大限度地简化了，其研究主旨也蜕变为如何在这些发展中国家实现西方的自由民主政治。

此外，这些政治发展理论流派对于发展中国家传统文化的狭隘认知也极大地削弱了其理论的普适性和解释力。这些政治发展理论流派及其代表人物有关传统与现代的观点往往"隐含着传统与现代两者之间存在着零总和（zero-sum）的关系，即现代之出现，必伴随着传统之凋谢，两者不能同时并存"①。而且，在一些政治发展理论家那里，"现代"甚至被赋予了道德的含义，认为现代的就是好的，而传统的则成为坏的，并且有意无意地把"现代"一词与"西方"一词混淆使用。由此，他们认定传统的事物总是落后的和有悖于政治发展目标的，只有批判传统文化，引进和培植西方现代的自由民族政治，发展中国家才能真正实现政治发展。这种无视发展中国家历史文化传统的重要性而片面强调西方自由民主政治的价值的观点，不仅遭到了来自第三世界学者的抵制，甚至也遭到了来自西方政治发展理论阵营内部的批评。②

另一方面，也是更为重要的方面，从西方政治发展理论在发展中国

---

① 陈鸿瑜：《政治发展理论》，吉林出版集团有限责任公司，2009，第36页。
② 参见〔美〕霍华德·威亚尔达《新兴国家的政治发展——第三世界还存在吗》，刘青、牛可译，北京大学出版社，2005，第52页。

家的实践效果来看，其表现也往往是差强人意的，遭到了普遍的质疑和挑战。任何一种理论都要观照现实，理论对于现实解释能力的强弱、适用程度的高低，以及指导效果的好坏，是判定这一理论自身价值的重要指标。显然，在西方政治发展理论的指导下，很多发展中国家并没有得到它们期待已久的东西——政治民主、经济增长、社会稳定、国家发展。相反，很多国家面临着越来越棘手的"发展困境"：这些国家民主政治建设陷于停滞且政治动乱频仍，经济发展步履维艰，贫富差距悬殊，社会动荡不安。而且，最为致命的是，"美国和发展主义都不能正确回答第三世界所面临的问题；事实上，他们的答案是错误而具有破坏性的"①。

面对这样一种局面，西方政治发展理论的弊端显露无遗。现实一再提醒我们，没有任何一种理论可以"放之四海而皆准"，在很大程度上，西方政治发展理论的贡献在于它敏锐地注意到了广大发展中国家的政治发展问题，然而在回答这一问题的时候，开出了错误的药方。任何一个国家的政治发展都必须同本国具体国情相联系，与本民族的历史文化传统相契合，只有在这一前提之下，有关政治发展问题的讨论才会是富有诚意的、切实可行的。

第三节　西方民族主义理论：民族政治
发展研究的西方视角

近年来，思想舆论界对于推进我国民族理论研究创新的呼声越来越高，民族理论研究的创新需要扩大自己研究的视域、吸纳更多相关理论研究成果，已经成为学界的共识。在这一背景下，有很多学者将自己的视线转向民族主义理论。比如，有学者指出，"中国民族理论学

---

① 〔美〕霍华德·威亚尔达：《新兴国家的政治发展——第三世界还存在吗》，刘青、牛可译，北京大学出版社，2005，第52页。

界应对世界民族主义的发轫、流变和现状进行认真地梳理……为人们正确认识世界民族主义的功能和作用提供一个可资借鉴、思考和研究的学术平台"①。在该文中，"民族主义"一词竟然出现了 30 次，这至少可以从一个侧面说明在一些学者眼中，"民族主义"对于我国民族理论研究的创新有多重要。更有学者认为，"民族主义研究在国外长盛不衰，而在国内则始终缺乏有份量的成果。民族理论学科在这方面是有责任的"②。进而有学者认为，将我国的民族理论研究与西方的民族主义研究接轨，不失为推进民族理论研究创新的一种可能进路。该学者指出，"随着世界民族主义思潮的泛起，国外，尤其是西方关于民族主义的研究一浪热过一浪……致使有人开始以'民族主义'学科来看待这一研究领域。这样，中国民族理论已至少可以与国外的民族主义研究相对应"③。我们认为，作为民族理论的分支理论，民族政治发展理论完全可以从西方的民族主义理论中吸取营养，可以将西方的民族主义理论作为建构民族政治发展理论学说的渊源之一。

一　民族主义的含义

民族主义作为一种产生于 15、16 世纪的西欧，并在 19、20 世纪影响整个世界的意识形态和社会运动，在经历了几个世纪的自身历史发展和对世界历史的巨大作用后，至今依然对人类历史进程产生着极其重要的影响。正因为如此，民族主义研究长盛不衰，目前依然是国内外学术界，特别是西方学术界研究的焦点话题。

想要给民族主义下一个可以通约的定义几乎是不可能的，虽然在"民族主义"出现至今的大部分时间里，很多学者一直在进行着这方面的努力。综而观之，西方较有代表性的观点认为，民族主义是"一种心

---

① 金炳镐、熊坤新、彭谦：《关于中国民族理论创新与发展的思考》，载于《青海民族研究》2005 年第 2 期，第 2 页。

② 王希恩：《中国民族理论发展的三个生长点》，载于《满族研究》2002 年第 1 期，第 7 页。

③ 王希恩：《关于中国民族理论创新的几点认识》，载于《中南民族大学学报》（人文社会科学版）2004 年第 4 期，第 53 页。

理学的现象，即个人在心理上从属于那些强调政治秩序中人们的共同性的符号和信仰"①；"一条政治原则，它认为政治的和民族的单位应该是一致的"②；"一个标准。简言之，该学说认为，人类自然地划分为不同的民族，这些民族由于某些可以证实的特性而能被人认识，政府的唯一合法形式是民族自治政府"③；"一种意识形态运动，目的在于为一个社会群体谋取和维持自治及个性，他们中的某些成员期望民族主义能够形成一个事实上的或潜在的民族"④；等等。显然，哪怕仅仅是从字面上来理解，我们也可以发现这些定义有多么的不同。由此，"'民族主义'就成为谁都在说但谁也不知道谁在说什么的对象"⑤。与此同时，民族主义还有多种形态，"它可以是某种情绪和情感、文化情结、思维风格、行为方式、社会和政治运动、意识形态，等等，也可以是上面几个方面的结合"⑥。

　　虽然给民族主义下定义是如此之难，民族主义又有如此之多的形态，但通过梳理和归纳还是可以找到其中的共性。在这方面，安东尼·史密斯进行了卓有成效的努力。他认为，民族主义主要围绕如下问题展开：民族的形成和发展过程；民族的归属情感或意识；民族的语言和象征；争取民族利益的社会社会和政治运动；普遍意义或特殊性的民族信仰和民族意识形态。⑦

　　而对于作为"意识形态、社会思潮和运动"的民族主义起源问题，西方学者也已经做了大量的工作。他们认为就其思想根源来看，民族

---

① 〔英〕安东尼·吉登斯：《民族-国家与暴力》，胡宗泽、赵力涛译，生活·读书·新知三联书店，1998，第141页。
② 〔英〕厄内斯特·盖尔纳：《民族与民族主义》，韩红译，中央编译出版社，2002，第1页。
③ 〔英〕埃里·凯杜里：《民族主义》，张明明译，中央编译出版社，2002，第1页。
④ Anthony D. Smith, "Nationalism: A Trend Report and Bibliography", *Current Sociology*, Volume XXI, 1973, No. 3: 26.
⑤ 徐迅：《民族主义》，中国社会科学出版社，2005，第61页。
⑥ 徐迅：《民族主义》，中国社会科学出版社，2005，第61页。
⑦ 参见〔英〕安东尼·D. 史密斯《民族主义：理论、意识形态、历史》，叶江译，上海世纪出版集团，2006，第6页。

主义是随着 18 世纪启蒙运动中的世界主义的勃兴而逐渐形成的。而从更为一般的意义出发，卡尔顿·海斯曾经就民族主义的起源做过非常深刻的分析。海斯指出，民族主义的产生主要出于人类对自己所属的群体的"忠顺心理"。"人类是社交的动物，其大部分的原因不在他不分皂白地和一切人交际，而在他特别和特殊集团的人交际。他似乎始终自然而然地给一个特殊集团吸引了去"，这种"显著的忠顺心理"就是最早的"民族主义"。①

二　西方民族主义理论的分类、主张及流派

（一）西方民族主义理论的分类及主张

就民族主义的具体形式而言，发展到了今天，必须承认它是多姿多彩的。因不同学者和流派秉持的观点和研究视角不同，可以把民族主义表述成温和民族主义、经济民族主义、公民民族主义、自由民族主义、浪漫民族主义、复兴民族主义、少数民族主义、国家民族主义、古典民族主义、扩张民族主义、离散民族主义，等等。

鉴于民族主义的具体形式如此之庞杂，对其进行分类就成为一个必须要去完成的任务。西方学术界在这个领域的代表性观点有：卡尔顿·海斯将民族主义理论按时间进程依次描述为"人道民族主义""雅各宾民族主义""传统民族主义""自由民族主义"和"完整民族主义"。②尽管作者所描述的民族主义大多发生在 20 世纪 20 年代之前，但其蕴涵的原则主张几乎涵盖了此后的所有民族主义；安东尼·史密斯将民族主义划分为以"地域"为基础的公民民族主义和以"族群"为基础的族群民族主义。在此基础上，他又将民族主义细分为四种子类型：分别是民族独立之前的旨在驱逐外族统治的领土式民族主义（反殖民的民族主

---

① 参见〔美〕卡尔顿·海斯《现代民族主义演进史》，帕米尔等译，华东师范大学出版社，2005，第 4 页。

② 参见〔美〕卡尔顿·海斯《现代民族主义演进史》，帕米尔等译，华东师范大学出版社，2005，第 4 页。

义）、民族独立后的旨在整合各族以建立一个新国家的领土式民族主义
（整合性民族主义）、民族独立之前的旨在脱离原宗主国统治的族群式民
族主义（反殖民的民族主义）和民族独立后的旨在联合族系相近的民族
建成更大国家的族群式民族主义（统一运动式民族主义）。①

　　关于民族主义的基本主张，西方最具代表性的观点有两大类。一方
面，是将民族主义的核心理念概括为"一个国家、一个民族"的"现代
主义"民族理论阵营。他们主张"政府的唯一合法形式是民族自治政
府"②，认为"民族主义是一种关于政治合法性的理论"③；另一方面，安
东尼·史密斯将民族主义的基本主张概括为如下六个方面：其一，世界
由不同的民族所组成，每个民族都有它自己的特征、历史和认同；其二，
民族是政治权力的唯一源泉；其三，对民族的忠诚超出所有其他的忠诚；
其四，为赢得自由，每个个人必须从属于某个民族；其五，每个民族都
需要完全的自决和自治；其六，全球的和平和正义需要一个各民族自治
的世界。④

（二）西方民族主义理论的主要流派

　　虽然民族主义产生至今已有几个世纪，但对它的系统研究只是最近
50 年的事情。"直至 20 世纪 60 年代……西方学术界才开始对民族和民
族主义问题进行系统的专题研究，形成了不同的理论和学派。"⑤ 下面仅
就在西方影响较大的"现代主义"民族理论、"族群—象征主义"民族
理论、公民民族主义与族群民族主义进行简要述评。

　　1."现代主义"民族理论

　　"现代主义"民族理论肇兴于 20 世纪 60 年代，目前在西方学术界依

---

① 参见宋荣超、严庆《西方话语中的民族主义解析》，载于《贵州民族研究》2010 年第 1 期，
　　第 2 页。
② 〔英〕埃里·凯杜里：《民族主义》，张明明译，中央编译出版社，2002，第 1 页。
③ 〔英〕厄内斯特·盖尔纳：《民族与民族主义》，韩红译，中央编译出版社，2002，第 2 页。
④ 参见〔英〕安东尼·D. 史密斯《民族主义：理论、意识形态、历史》，叶江译，上海世纪
　　出版集团，2006，第 2 页。
⑤ 叶江：《当代西方的两种民族理论——兼评安东尼·史密斯的民族理论》，载于《中国社会
　　科学》2002 年第 1 期，第 146 页。

然保持着巨大的影响力。该理论的代表人物包括厄内斯特·盖尔纳、埃里克·霍布斯鲍姆、安东尼·吉登斯、埃里·凯杜里等人，其主要理论观点有：其一，民族是基于一定疆域而形成的政治共同体，它与现代国家相结合，组成民族—国家。"'民族'的建立跟当代基于特定领土而创生的主权国家是息息相关的，若我们不将领土主权国家跟'民族'或'民族性'放在一起讨论，所谓的'民族国家'将会变得毫无意义"①。其二，民族和民族主义只具有现代意义，是在现代化过程中产生出来的。"民族和民族主义均是现代国家的特有属性……民族若没有形成，就绝不可能会有民族主义，至少绝不会有现代形式的民族主义"②。其三，民族是现代国际关系中主要的政治行为主体。正是假以民族之名，在民族主义运动的推动下，建立在西欧主权国家之上的国际体系才得以成为全球性的国际政治体系。时至今日，民族依然是国际关系中的一个至关重要的因素。其四，在民族共同体中，一切其他社会关系都从属于公民对于自己民族—国家的忠诚。"还有什么能够比对自己的民族国家的忠诚还要强烈的感情呢？还有什么能比民族感情更能满足人们的精神需求、填补人们的心灵呢？"③ 总之，"现代主义"民族理论重点强调民族的现代性和政治性，强调民族在现代民族国家及国际政治体系建构中的作用。

　　由于"现代主义"民族理论对于民族的论述较为中肯，主要从经验的和理性的分析出发来建构自己的理论体系，这样一种优势使得该理论自产生之日就长期占据着西方民族主义研究的主流地位。但是，由于该理论过分强调民族的现代性和政治性，忽视了民族和民族主义在世界历史中的地位和影响力，这种"疏忽"遭到了来自"族群—象征主义"民族理论的强烈批判。

① 〔英〕埃里克·霍布斯鲍姆：《民族与民族主义》，李金梅译，上海世纪出版集团，2006，第9页。
② 〔英〕安东尼·吉登斯：《民族-国家与暴力》，胡宗泽、赵力涛译，生活·读书·新知三联书店，1998，第141页。
③ 〔英〕厄内斯特·盖尔纳：《民族与民族主义》，韩红译，中央编译出版社，2002，第201页。

2. "族群—象征主义"民族理论

"族群—象征主义"民族理论的产生要稍晚于"现代主义"民族理论。该理论最著名的代表人物当属安东尼·史密斯，此外，还有约翰·哈金森、约翰·阿姆斯特朗等人。其理论观点主要包括：其一，民族得以形成的基础是族群，正是族群塑造了一个国家民族的特征，为民族国家提供了可能的疆界——而这是民族形成的最核心因素。其二，强调对于民族和民族主义的研究必须从一个历时性的文化传统着手，而族群恰好根植于悠久的历史文化传统中。"民族主义的力量恰恰来源于它的历史积淀。……民族主义的成功有赖于特殊的文化和历史环境。这就意味着，它所帮助缔造的民族也是起源于古已有之的、高度特性化的文化遗产和族裔形成过程中"①。其三，正因为民族得以形成的基础是根植于拥有悠久历史文化传统的族群，它不是现代的产物，所以民族和民族主义也因此而持久存在。安东尼·史密斯曾在自己的著作中专门列出一章来批评"现代主义的错误"，进而指出，"不错，民族主义作为意识形态和运动是开始于18世纪后期的现象，但是，超越族裔联系的民族情绪的产生，即使不会更早的话，也可以追溯到十五六世纪西欧的几个国家"②。

可以看出，"族群—象征主义"民族理论注重研究民族的族群基础、历史性及其文化传统，强调民族和民族主义具有持久的生命力和重要的历史地位。通过对于"现代主义"民族理论的批评，"族群—象征主义"民族理论逐渐确立起自己的学术地位，成为目前西方民族主义研究领域中的一个重要流派。对于"族群—象征主义"的批评主要是认为：其一，它把处于"前现代"时期的族群认同与现代民族间的关系拉得太近了，也忽视了政治机构对于民族认同的重要作用。"在机构之外产生的认同，特别是在那些能将处于范围广阔的社会和地域中的人民联结起来

---

① 〔英〕安东尼·D. 史密斯：《全球化时代的民族与民族主义》，龚维斌、良警宇译，中央编译出版社，2002，第6页。

② 〔英〕安东尼·D. 史密斯：《全球化时代的民族与民族主义》，龚维斌、良警宇译，中央编译出版社，2002，第42页。

的机构之外而产生的认同会有碎片化、间断化和易被遗忘等问题"①。其二,它同情"永存主义"观点,并且对其表现出了某种亲近关系。②

3. 公民民族主义与族群民族主义

如前所述,安东尼·史密斯认为"地域"是西方民族主义观念得以萌发的基础之一,而地域因素在政治理念层面反映出来的则是公民观念。由此,他将基于地域而形成的民族主义延伸为"公民民族主义"。公民民族主义多信奉和遵从自由主义的基本价值内核,而且,当一个国家试图构建高度"国家化"的民族共同体时,公民民族主义就不仅仅作为一种意识形态而存在了,事实上,它已经成为一种制度而在社会现实生活中发挥作用。正因为如此,"公民民族主义的利益诉求往往同爱国主义混为一谈,这种诉求通常要求国家政府所推行的文化是国家疆域内主流群体——多数公民的文化,它实际上代表了国家行为与社会主流文化之间的互动关系"③。在这里,"公民民族主义的基础是共同的政治认同"④,它更多强调的是一个社会的个体成员对于公民社会价值和公民社会政治体系的认同和皈依。

安东尼·史密斯用"族群民族主义"来描述那些非西方国家的民族主义观念,用以区别公民民族主义。对于任何一个族群来讲,族群民族主义总是涉及从前辈承继下来的一些特征,诸如共同语言、共同信仰和共同祖先,等等。族群民族主义的信条是每一族群都应拥有自决权,这种自决既可以表现为现有政治体系之内的自治,也可以表现为从现有政治体系中摆脱出去,建立自己的民族国家的诉求。这样一来,"族群民族主义脱离了以既有国家为单位的关于'民族解放'的

---

① John Breuilly, "Approaches to Nationalism", in Gopal Balakrishnan (ed.), *Mapping the Nation*, London and New York: Verso, 1996, pp. 146-147.

② 参见 John A. Hall, Book Review: Anthony D. Smith, Nationalism and Modernism, In Nations and Nationalism Journal of the Association for the Study of Ethnicity and Nationalism, Oxford: Blackwell Publishers Limited 6 (2), 2000: 295-296。

③ 关凯:《族群政治》,中央民族大学出版社,2007,第 68 页。

④ 宋荣超、严庆:《西方话语中的民族主义解析》,载于《贵州民族研究》2010 年第 1 期,第 2 页。

话语叙述，强调以族群为单位，特别是那些在民族国家架构内被忽视或被边缘化的族群应该拥有更大的力量和利益机会"①。族群民族主义建构的基础是血统与家族关系，以及基于这一关系而形成的民族认同。以上主张使得族群民族主义在很大程度上被视为排外的而非包容的、离散的而非聚合的。由此，族群民族主义一般被看成一种破坏社会秩序的力量，一种对国家和平统一的威胁而加以打击。

对于公民民族主义和族群民族主义在现实社会中的不同境遇，安东尼·史密斯犀利地指出，"公民的民族主义与自由主义相连并且因此而得到相当的尊重，而族群的'鲜血与土地'的民族主义形式则充满越轨行为；族群民族主义不改变信仰的排他主义使他们无法与'主流'政治意识形态相结合"②。

三　民族主义与民族政治发展

尽管民族主义在不同历史阶段和不同国家表现为不同形态，但林林总总的民族主义形态在本质上都是指向"民族"——这一人们共同体的共同利益，是为争取和维护本民族共同利益而形成的政治生活、政治理想和政治行为。

就其一般意义而言，一方面，民族主义是被利益推动的特定群体的认同，以及基于这一认同而导致的行动。就其基本主张来看，民族主义在本质是人类探索自身进步和幸福的一个视角、一种努力。"从思想史的角度而言，民族主义是18世纪的启蒙思想家们探索人类进步的一种途径。它与世界主义是对应的，又是相辅相成的，都属于那个时代的思想精华。"③ 然而另一方面，民族主义因其将本民族过分神圣化的心理倾向和行为取向，使得它经常会将本民族与其他民族区分开来，对本民族的

---

① 关凯：《族群政治》，中央民族大学出版社，2007，第70页。
② 〔英〕安东尼·D.史密斯：《民族主义：理论、意识形态、历史》，叶江译，上海世纪出版集团，2006，第42页。
③ 王希恩：《全球化中的民族过程》，社会科学文献出版社，2009，第159页。

历史和现实做出超出理性的颂扬和赞美；而且，民族主义也存在着自身无法消解的逻辑悖论：它在鼓吹每一个民族及其文化都具有自身独特价值的同时，又在极力追求"一个民族、一个国家"的现代神话，从而在事实上把具有同样价值的其他民族排斥在由"一个民族"主导的国家之外。

就民族主义对于民族政治发展的作用而言，上面提到的两重属性也不无遗憾地延续着。一方面，民族主义是构建民族国家、推进民族政治发展的重要力量。"在许多现代民族国家的建构过程中，民族主义都表现出一种和爱国主义相配合的气质。"① 于是我们发现，不论中欧还是东欧，或是在亚洲、拉丁美洲，在它们建立民族国家的历史进程中，都可以看到民族主义的旗帜在高高飘扬。另一方面，民族主义也正在威胁着主权国家的统一，制造和扩大着民族之间的矛盾和冲突，阻碍着民族政治发展。"20 世纪末，民族主义在全球普遍表现出一种新的演变倾向，即从服务于国家整合转向破坏国家整合的方向"②。正是在民族主义的驱动下，苏联一夜之间解体为 15 个独立国家，南斯拉夫陆续分裂为 8 个国家，捷克斯洛伐克也未能幸免。同时，巴以冲突、车臣战争、加拿大的魁北克问题……越来越多的地区冲突、领土争端、族际问题都被深深烙上民族主义的印记。

由此，民族主义被认为是 18 世纪以来最具建设性也最具破坏力的社会思潮之一，也就不足为奇了。

第四节　多元文化主义理论：民族政治
发展研究的当代视野

多元文化主义（multiculturalism）是 20 世纪 60 年代开始在西方社会

---

① 关凯：《族群政治》，中央民族大学出版社，2007，第 67 页。

② 关凯：《族群政治》，中央民族大学出版社，2007，第 67 页。

广泛兴起的一种社会政治思潮，它以尊重民族文化的多样性为重点，主张以多元文化和谐并存的方式来处理民族关系，进而成为流行于西方社会的一种解决民族问题的理论体系和政策模式。多元文化主义理论为多民族国家理解民族关系、解决民族问题、保护民族权利、维护国家统一等方面提供了一种与以往理论截然不同的思路，成为多民族国家处理民族问题的一种可供选择的政策取向。我们认为，多元文化主义理论及其指导下的多国实践，为民族政治发展研究提供了一个可资借鉴的当代视野。

一 多元文化主义的产生与发展

1915 年，美国学者霍拉斯·卡伦（Horace Kallen）在自己的论文《民主对熔炉》中首次使用了"多元文化主义"这一概念。随后，在自己的专著《美国的文化与民主》（1924）中，他用多元文化主义来描述这样一个事实，即"一块领土内部存在不同的文化和族类群体，他们和谐共存而又未形成统一的文化"[①]。卡伦认为，当时在美国大行其道的"熔炉论"并不符合民族平等原则，主张用多元文化主义来取代"熔炉论"，实现不同民族间的和谐共存。卡伦的主张在当时并没有引起更多人的关注。直至"二战"之后，随着亚、非、拉民族解放运动的高涨，新兴民族国家的独立建国以及美国民权运动、加拿大和澳大利亚等国内部不同族裔之间矛盾的加深，作为一种解决民族问题的思路，多元文化主义开始引人注目，不仅成为西方学术界讨论的热点话题，也受到西方国家特别是早期移民国家的青睐。

就西方学术界对于多元文化主义的理论研究而言，随着 20 世纪 70 年代加拿大正式宣布实施多元文化主义政策，加拿大本国的学术界也就多元文化主义展开了深入而热烈的讨论，相继涌现出了包括威尔·金里

---

① 转引自朱伦《自治与共治：民族政治理论新思考》，载于《民族研究》2003 年第 2 期，第 16 页。

卡（Will Kymlicka）、查尔斯·泰勒（Charles Tylor）、詹姆斯·塔利（James Tully）、马格利特·穆尔（Magaret Moore）等一大批具有世界影响力的多元文化主义思想家。他们的理论建树为多元文化主义的多国实践提供了源源不断的学理支撑。同样的事情也发生在美国学术界，只是在美国，有关多元文化主义的争论似乎要比其他任何地方来得更为激烈。而且值得注意的是，很多著名的政治学家都是作为多元文化主义的反对派而参与到这场旷日持久的"文化冷战"之中的，这里包括了像亨廷顿、弗朗西斯·福山这样大名鼎鼎的学者。

就西方国家对于多元文化主义的政策实践而言，1971 年，加拿大政府率先把多元文化主义提升为解决国内愈演愈烈的种族矛盾和民族冲突的指导理论，宣布实施多元文化主义政策。1973 年，时任澳大利亚移民部部长的艾尔·格拉斯比出访加拿大，回国后将多元文化主义引入本国，此举成为澳大利亚实行多元文化主义政策的标志性事件。时隔两年，瑞典正式宣布在本国国内实施多元文化主义政策，由此，瑞典成为继加拿大和澳大利亚之后的第三个采取多元文化主义政策的国家。美国虽然没有明确将多元文化主义作为本国的民族政策，但种种迹象表明，"作为一种社会实践，多元文化主义改变了美国教育（尤其是高等教育）的内容，并通过联邦政府的相关政策在一定程度上改正了历史上对少数民族和妇女在就学就业方面的体制性歧视，使'多元化'成为当代美国生活中的一个不可忽视的现实"①。到了 20 世纪 80 年代，随着西欧外来移民的纷纷涌入，怎样处理本国居民与外来移民的关系成为西欧国家面临的普遍问题，在这一背景之下，英国、法国、荷兰、比利时、丹麦等国相继在事实上采取了带有多元文化主义性质的政策来应对移民问题。

还需说明的是，近年来，多元文化主义已然超越了理论与政策的层面，跨越了国界，成为流行于国际社会的一个热门话题。1995 年，全球

---

① 王希：《多元文化主义的起源、实践与局限性》，载于《美国研究》2000 年第 2 期，第 45 页。

首届多元文化大会在澳大利亚首都悉尼成功举办，大会围绕多元文化展开了多项议题的讨论；同年，联合国教科文组织出台了重要文件《多元文化主义——应对民族文化多样性的政策》，试图对世界范围内的多元文化主义进行总体评估；2000 年 8 月，第 19 届国际历史科学大会在挪威首都奥斯陆成功举办，会议把"少数民族文化与占主导地位的民族文化的关系"这一典型的多元文化主义议题列为会议讨论的重要专题。2005年 10 月，第 33 届联合国教科文组织大会以压倒性多数通过了《保护文化内容和艺术表现形式多样化公约》①。该公约确认了"文化多样性是人类的一项基本特征"，"是人类的共同遗产"，它"创造了一个多彩的世界"等一系列有关人类文化多样性的基本主张，强调世界各国都有权利和义务"采取它认为合适的措施"来保护本国的文化遗产。② 这些迹象表明，国际社会已经成为倡导多元文化主义作为解决民族文化多样性问题的基本原则、推动各国政府与民间尊重和认可民族文化多样性的重要力量。

二 多元文化主义理论述要

要想就多元文化主义理论进行一个概要性的梳理，首先需要明确一个概念，即：究竟什么是多元文化主义？然而，在我们回顾了多元文化主义自产生以来的全部发展历史之后，仍然无法给出一个确切的答案。其原因主要在于"'多元文化主义'虽被称之为'主义'，且使用频率很高，但它始终没有一个清楚的、公认的定义"；而且更为复杂的是，"在多元文化主义的旗帜下，往往集合了一大批不同的（有时甚至相互冲突的）诉求"。③ 基于这种情况，我们更愿意把多元文化主义看成一个集合概念，可以从不同层面对其加以概括。由此，我们赞同 C. W. 沃特森对

---

① 该公约简称《文化多样性公约》。——笔者注
② 廖先旺：《联合国教科文组织通过文化多样性公约》，载于《人民日报》2005 年 10 月 22 日第 3 版。
③ 王希：《多元文化主义的起源、实践与局限性》，载于《美国研究》2000 年第 2 期，第 45～46 页。

于"多元文化主义"的概念所做的解释，他指出，"多元文化主义首先是一种文化观。多元文化主义认为没有任何一种文化比其他文化更为优秀，也不存在一种超然的标准可以证明这样一种正当性；可以把自己的标准强加于其他文化。多元文化主义的核心是承认文化的多样性，承认文化之间的平等和相互影响。其次，多元文化主义是一种历史观。多元文化主义关注少数民族和弱势群体，强调历史经验的多元性。多元文化主义认为一个国家的历史和传统，是多民族的不同经历相互渗透的结果。再次，多元文化主义是一种教育理念。多元文化主义认为传统教育对非主流文化的排斥必须得到修正，学校必须帮助学生消除对其他文化的误解和歧视以及对文化冲突的恐惧，学会了解、尊重和欣赏其他文化。最后，多元文化主义是一种公共政策。这种政策认为所有人在社会、经济、文化和政治上机会平等，禁止任何以种族、民族或民族文化起源、肤色、宗教和其他因素为理由的歧视。多元文化主义强调种族平等和宗教宽容，其最终目的并非文化平等而是社会平等。在这个意义上，多元文化主义也是一种意识形态、一种价值观，其功能在于动员社会力量，推动社会改革，追求不同群体中文化和物质上的繁荣以及人类本身的自由和尊严"①。

这大概是我们能够找到的关于多元文化主义的最为全面和细致的概括了，稍加分析不难发现，不论这一概括所涉内容多么庞杂，其现实指向都是一致的，即都是围绕着"族裔少数群体权利的实现"这一核心议题来展开，从文化观、历史观、教育理念和公共政策等层面提供了一整套旨在帮助族裔少数群体实现自身权利的原则、理念和政策。进而，把对于这些原则、理念和政策的坚守提升为意识形态和价值观。国内有学者把多元文化主义理论分成四个流派，包括自由主义的多元文化主义（以威尔·金里卡为代表人物）、激进的多元文化主义（以

---

① 〔英〕C. W. 沃特森：《多元文化主义》，叶兴艺译，吉林人民出版社，2005，出版导言第1~2页。

玛丽恩·杨及詹姆斯·塔利为代表人物)、保守主义的多元文化主义
(以亚瑟·施莱辛格等为代表人物),以及社群主义的多元文化主义
(以查尔斯·泰勒及迈克尔·沃尔泽为代表人物)。① 鉴于本书的讨论
重点与多元文化主义理论的流派划分关系不大,我们仅在这里一般
性地讨论多元文化主义理论的核心主张及观点。

首先,多元文化主义理论的出发点是对族裔少数群体权利的关注。
为威尔·金里卡赢得世界性荣誉的多元文化主义理论著作的标题就是
《少数的权利——民族主义、多元文化主义和公民》。在该书中,金里卡
围绕"族裔文化少数群体权利"展开了自己的讨论,指出"处于相对被
忽视状态几十年之后,少数群体权利问题终于走到了政治哲学的前
沿"②,以至于"在西方民主国家少数群体权利是一种潮流"③。齐格蒙
特·鲍曼(Zygmunt Bauman)则认为,"多元文化主义受到自由的宽容
这一先决条件的引导,并受到对共同体的自决权利的关注与对他们选择
的(或继承的)身份认同的公开承认的关注的引导"④,把多元文化主
义的兴起看成对西方传统自由主义思想的一种超越和反思。多元文化
主义理论家们基于现实的思考,认为人是不会像自由主义思想家所设
想的那样,成为一个孤零零的"个人"的,人是必然要生活在特定的
民族群体之中的,和他所处的群体状况及文化环境密不可分。进而,
他们通过对于"群体权利"而非"个人权利"的强调,以期实现族裔
少数群体与主体民族的平等,使族裔少数群体的利益得到国家的认可
和保护。

其次,多元文化主义理论的主要内容是对不同民族文化的承认和尊
重。多元文化主义理论家们指出,任何一种民族文化都是以本民族成员

---

① 参见常士訚《异中求和:当代西方多元文化主义政治思想研究》,人民出版社,2009。
② 参见〔加〕威尔·金里卡《少数的权利——民族主义、多元文化主义和公民》,邓红风译,世纪出版集团上海译文出版社,2005,第3~4页。
③ 〔加〕威尔·金里卡:《少数的权利——民族主义、多元文化主义和公民》,邓红风译,世纪出版集团上海译文出版社,2005,第22页。
④ 〔英〕齐格蒙特·鲍曼:《共同体》,欧阳景根译,江苏人民出版社,2003,第123页。

深厚的民族情感和稳定的文化认同为基础的，它们构成了一个民族得以维系的纽带。这一重要作用在本民族的生存和发展遭遇威胁和挑战的情况下表现得更加明显，这种稳定的文化认同和深厚的民族情感会发展成为一种强大的民族动员力量。由此，只有对不同民族的多样性文化给予同样的承认和尊重，尤其是对少数民族的文化给予承认和尊重，才有可能真正实现少数民族权利。为了更好地实现这一点，多元文化主义理论家们尝试去营造一种可以促成不同民族文化群体间交流与对话的氛围，努力寻求让处于优势地位的民族文化与处于劣势地位的少数民族文化和谐共存的机制。然而，他们的上述主张和努力遭到了来自理论界的批评。批评者认为，这一主张隐藏着狭隘的民族主义的因素，一旦国家的制度、政策和利益分配与少数民族的愿望发生冲突，这种狭隘的民族主义就有可能把少数民族动员起来，成为国家统一、社会稳定的严重威胁。塞缪尔·亨廷顿在自己的论著《我们是谁？——美国国家特性面临的挑战》中曾经忧心忡忡地表示："文化共性促进人们之间的合作和凝聚力，而文化的差异却加剧分裂和冲突"[1]。杰佛里·伯莱尼在对南斯拉夫、黎巴嫩、斐济等民族冲突频发的国家及地区进行深入考察的基础上认为，"把多样化放到至尊地位将会葬送共同的价值观"，"多样性越是突显，长远的危险就越大"[2]。

再次，多元文化主义理论的逻辑起点是民族间存在事实上的文化差异。对此国内有学者指出，"尽管流派各异，多元文化主义却拥有一个共同的逻辑起点——'文化差异'的客观事实"[3]。这里所说的文化差异，主要是指民族文化的独特性，特别是少数民族群体文化的独特性。正是这种独特性造成了不同民族间文化差异的存在。他们"证实了人类学长期坚持的一个真理，即相同的符号对象承载着不同的语义学的涵义，

---

① 〔美〕塞缪尔·亨廷顿：《我们是谁？——美国国家特性面临的挑战》，程克雄译，新华出版社，2005，第10页。
② 转引自陈云生《宪法人类学》，北京大学出版社，2005，第516页。
③ 王敏：《多元文化主义差异政治思想：内在逻辑、论争与回应》，载于《民族研究》2011年第1期，第11页。

不仅仅存在于群体和社会之间，甚至也存在于一个社会的个体之间，而且这种差异影响着实践的同时也受实践的影响"①。这一情况表明，不同民族之间的文化差异不仅产生于"语义学"上的分殊，而且还受到不同民族社会生活实践差异的影响。进而，在多元文化主义理论家们看来，对于很多少数民族群体而言，"尽管他们拥有共同的公民资格，但仍然感到自己被排除在'共同文化'之外……这些群体的成员之所以感到被排斥，不仅仅由于他们的社会经济地位，而且因为他们的社会文化身份，即他们的'差异性'"②。在论证了民族间文化差异存在的原因及其后果的基础上，多元文化主义理论家们指出，消除这种文化差异是相当困难的，现实的选择是采取一系列措施来应对这种差异：承认并尊重文化差异，赋予族裔文化群体，特别是少数族裔文化群体平等的地位；应该赋予族裔少数群体以特殊的团体权利，使他们能够充分发展和享有自身的文化传统，能够有效地参与到本国的政治经济生活之中去；应该把文化平等的诉求纳入公共领域范畴，仅仅把差异性文化限定在私人领域是无法真正获得平等地位的。

复次，多元文化主义理论在政治制度的实践中逐渐发展出了比例代表制。这种"比例代表制"为少数民族提供了表达自身利益诉求的制度平台，改变了传统的、以"多数人决定"为基石的民主模式。这种比例代表制度的确立，"既从政治制度上保证了少数民族权利的实现，也体现了对少数民族成员的尊重；既使少数民族愿意与多民族共同生活在一个共同体中，也为不同民族之间的文化融合提供了制度上的保障"③。这些多元文化主义理论家期望通过这种民主政治制度的发展和完善，来实现和增进不同民族成员之间的相互理解和平等协商。然而问题的关键其

---

① 〔英〕C. W. 沃特森：《多元文化主义》，叶兴艺译，吉林人民出版社，2005，第77页。

② Will Kymlick and Wayne Norman，"Return of the Citizen：A Survey of Recent Work on Citizenship Theory，" in Ronald Beiner（ed.），*Theorizing Citizenship*，Albary：State University of New York Press，1995，p. 302.

③ 常士闿：《民族和谐与融合：实现民族团结与政治一体的关键——兼析多元文化主义理论》，载于《天津社会科学》2007年第2期，第70页。

实并不在于协商的形式，以及建立在这一形式之上的"话语政治"，如果少数民族的合理利益诉求无法通过民主政治制度的发展与完善而得到真正的尊重与满足，那么所有形式上的努力就都失去了存在的价值。

三　多元文化主义的多国实践及其局限

毫无疑问，多元文化主义在西方社会取得了令人瞩目的成功，也为多元文化主义理论家们赢得了世界性的荣誉。而且在现今的国际社会，多元文化主义的影响力还在不断扩大，越来越多的国家、国际组织和区域性团体参与到多元文化主义的借鉴、传播和讨论中来。据此，国内有学者认为多元文化主义具有"超越时空"的价值而对它大加赞扬，"多元文化主义具有超越时空的价值蕴涵，它的价值影响所及，将惠及现时人类的一切民族、种族、文化集团，荫其子孙"[1]。我们认为，这一观点还是值得认真商榷的。至少从目前西方世界对于多元文化主义的实践情况来看，它还存在诸多问题与局限。

一方面，多元文化主义在西方世界的传播范围和影响程度上存在巨大差异，事实上，还没有哪个国家全盘照搬多元文化主义理论。加拿大是最早实施多元文化主义政策的国家，而这一政策"在总的政策体系中只是一个较次要的政策。政府支持融入的主要支柱是在授予国籍、教育及就业方面的政策——而所有这些支柱政策都发挥着作用"[2]。而且尽管这一政策取得了较好的收效，但是也应看到，"这种'双语文化结构内的多元文化主义'还是遏制不住法裔民族主义的发展势头"[3]，魁北克问题终究是影响加拿大英、法两大族裔关系走向及联邦未来发展的重要变数。澳大利亚在实施多元文化主义政策时，也增加了不少限制性条款。"在澳大利亚，多元文化主义……是制定其

---

[1]　参见陈云生《宪法人类学》，北京大学出版社，2005，第549页。

[2]　〔加〕威尔·金里卡：《少数的权利——民族主义、多元文化主义和公民》，邓红风译，世纪出版集团上海译文出版社，2005，第180页。

[3]　余建华：《论加拿大魁北克问题的历史演进》，载于《史林》2000年第1期，第99页。

他战略和政策的指导思想；它使国家的管理者更加敏感地理解社会经济结构和人民生活具有多元文化的权利、义务和需求，在社会中不断促进不同文化群体间的和谐发展，有效利用文化多元性带给全体澳大利亚人民的益处"①。近年来，虽然美国也在高等教育机构和州政府层面借鉴了一些多元文化主义的理论主张，但是至少在国家联邦的层面上还从未采取过多元文化主义政策，甚至目前的美国要比以往更加强调国家的利益和作为一个文化整体的美国的价值。新西兰虽然也采取了一系列旨在保护国内土著民族原生文化的政策措施，但这些政策措施还没有上升到法律的高度，而且新西兰对待多元文化主义的态度较为中庸，既不宣传，也不抵触。多元文化主义在西欧各国的遭遇也各不相同，它在英国和荷兰的影响力要大一些，而在德国和法国则要逊色很多。

另一方面，多元文化主义的存在和发展绝非可以"超越时空"，是需要很多客观条件来支撑的。其一，从经济条件上看，采用多元文化主义政策的国家多是西方移民国家，这些国家早已步入发达国家行列，充裕的国家财富使得这些国家在安置外来移民问题和应对国民福利问题上有着非常雄厚的资金保障。而且，由于这些国家人口出生率的下降和福利水平的普遍提高，其劳动力资源普遍匮乏，这使得很多任务繁重、条件艰苦、收入微薄的工作主要由外来移民承担。在这一背景之下，通过多元文化主义政策来维护外来移民的权利，就成为这些国家安抚和吸纳外来移民的重要政策。但是，一旦这些国家的经济发展陷入停滞、失业率上升、社会动荡时，外来移民立刻就会成为受歧视、被排挤的对象，多元文化主义政策也就因此变得软弱无力。其二，从政治条件上看，经过长期的实践和探索，西方国家业已确立了成熟的，以自由、民主为价值取向的政治制度。这一自由民主的政治制度框架为它们有效应对不同民族群体之间的情感摩擦和利益纠纷，提供了坚实的制度平台。西方国

---

① *Australian Multiculturalism for a New Century: Towards Inclusiveness*, p. 24.

家的经验表明，多元文化主义政策只有在同良性运行的民主政治制度相匹配时，才能取得预期效果。而一旦背离了良性运转的民主政治制度，多元文化主义也就成为无米之炊，难以发挥作用。其三，从文化条件上看，成熟的公民文化是西方国家政治文化的典型表征，现代公民所具有的妥协精神和宽容态度，以及他们的权利意识和法律意识，无一不在缓解民族间的冲突、解决民族间的纷争方面发挥了巨大作用。这样一种洋溢在现代社会中的公民文化氛围也为多元文化主义政策的实施创造了良好的条件。反之，一旦脱离或者缺少这种文化环境，多元文化主义就难以发挥其作用。

总之，"无论是作为一种理论还是作为一种实践，多元文化主义是时代和环境的产物。……迄今为止，这一思想无论是在理论上还是在逻辑上都存在很多问题"①。西方世界对于多元文化主义的实践用事实告诉我们，多元文化主义理论不是万能的，更不可能具有"超越时空"的价值。要想让它发挥积极作用，必须要使之与本国具体国情相结合，并对其理论主张进行必要的修正和完善。

第五节　族际政治理论：民族政治发展的族际关系解读

作为族际关系的重要内容，族际政治是在族际交往过程中逐渐产生和发展起来的。族际政治是一种族际互动的政治形态，有着自身特殊的本质和丰富的内涵。随着多民族国家内部族际交往的迅猛发展，族际政治互动也在变得更加频繁和广泛，日益成为影响多民族国家未来走向和民族政治发展的重要变量。现实政治生活中的族际政治互动迫切需要族际政治研究的开展和族际政治理论的指导，由此，族际政治理论应运而

---

① 常士间：《超越多元文化主义——对加拿大多元文化主义政治思想的反思》，载于《世界民族》2008 年第 4 期，第 7 页。

生。鉴于族际政治互动对于民族政治发展具有直接而深刻的影响，族际政治理论对于民族政治发展研究也具有十分重要的借鉴意义。

一　族际关系与族际政治的生成

自从民族形成之后，族际的交往和基于这种交往而形成的族际关系，就成为一个无法回避的基本事实。"当民族的成员相互把本族的成员视为'自己人'，把他族的成员视为'外人'的时候，族际关系就形成了"。[①] 唯一的差别仅仅在于处于不同历史发展阶段的民族，其交往的频率、范围以及族际关系的亲疏远近是不同的。随着民族形态的更迭，自发民族向自觉民族的递进，作为维系民族存在的"共同心理素质"的民族意识也在不断增强，从而，不同民族共同体之间的分界也由此变得清晰；同时，随着生产力的发展和生产方式的变迁，社会分工越发变得精细，人与人之间的合作和共事成为生产和生活的常态。在这一背景之下，族际交往开始变得频繁而广泛，建立在族际交往基础之上的族际关系也开始变得复杂。最终，伴随着机器大工业时代的到来和人口流动性的增加，族际交往开始突破了地域的界限，逐渐从最初的同一地域范围之内的毗邻民族间的交往走向跨地域的族际交往发展，而且交往方式也开始变得丰富多彩。由此，族际关系也发生了重大变化，基于族际交往的不同性质而形成了族际经济关系、族际文化关系和族际政治关系。

真正对族际政治的发展起到根本性作用的标志性事件是民族国家[②]的出现。随着民族国家的出现及其在全球的扩展，"所有民族都被纳入到国家这个政治共同体中，在这个政治空间中与他民族发生联系，结成新的交往关系"；同时，生活在这个政治共同体中的各个民族，"彼此之

[①] 周平：《论族际政治及族际政治研究》，载于《民族研究》2010 年第 2 期，第 3 页。

[②] 这里的民族国家是作为国家形态发展过程中的一种形式，是指"建立在民族对国家认同基础上的主权国家"。它既包括理论上的单一民族国家，也包括现实中的多民族国家。相关论述请参见周平《对民族国家的再认识》，载于《政治学研究》2009 年第 4 期，第 89～99页。——笔者注

间的关系不是孤立的，任意的，而是通过政治法律制度和彼此之间的经济文化交往联系在一起的"。① 由此，族际关系的政治意蕴得以凸显。一方面，民族国家的出现，使得发生在这一政治共同体之内的任何族际交往都被烙上了政治的印记。由于历史境遇、文化传统和社会经济发展程度等客观原因，生活在民族国家中的不同民族在经济状况、社会生活、文化习俗、宗教信仰、受教育程度等方面都存在差别。而国家以何种方式对待这些差异，包括国家的主流意识形态、国家的各项民族政策，都极大地影响着国内的族际关系。另一方面，民族国家内部的族际关系问题只能通过政治途径加以解决。一般而言，民族国家内部的族际关系主要受到民族构成情况和各民族占有国家公共权力资源情况的制约，后者对于族际关系的影响是非常显著的。事实上，对于国家公共权力资源的占有情况直接决定着一个民族能否有效地维护本民族的利益。这样看来，"所谓族际政治，实际上就是族际间基于民族利益并诉诸于政治权力的族际互动。族际政治与民族的利益直接相关，因此，族际政治也是民族共同体在族际关系中运用政治手段争取、实现和维护民族利益的过程"。②

还需说明的是，在国家形态发展到民族国家阶段之前，由不同民族共同体建立的国家，无论是城邦国家，还是王朝国家，它们之间的关系并不是现在意义上的国际政治关系，而只是族际政治的特殊表现形式。而到了民族国家时代，随着民族国家的全球性扩展，逐渐形成了一个以民族国家作为基本政治单位和行为主体的世界体系。这时，民族国家之间的交往及其互动关系就超出了族际政治的边界，一种新的政治形态随之确立：国际政治。由此，在民族国家时代，族际政治主要存在于民族国家的内部。一般而言，族际政治主要由如下一些层面的政治关系来构成：其一，不同少数民族之间的政治关系；其二，少数民族与主体民族

① 王建娥：《族际政治民主化：多民族国家建设和谐社会的重要课题》，载于《民族研究》2006 年第 5 期，第 5 页。

② 周平：《论族际政治及族际政治研究》，载于《民族研究》2010 年第 2 期，第 4 页。

之间的政治关系；其三，少数民族与国家之间的政治关系；其四，少数民族内部的政治关系。民族国家内部四个不同层面的政治关系，无论是对民族国家自身，还是对由民族国家构成的世界体系而言，都具有非常重要的影响。它们共同构成了民族国家时代族际政治的基本内容。

二 族际政治互动：族际政治理论的基本内容

族际政治互动形成于族际交往的过程之中，并随着民族形态的变迁和交往状况的改变而发生改变。同时，族际政治互动也深刻影响着族际交往，进而影响着族际关系。"某个特定时期族际关系的状况，就是历史上长期族际政治互动的结果。"① 随着民族国家时代的到来，特别是第二次世界大战之后新兴民族国家的迅速扩展，族际政治互动成为一种常态性的、普遍性的存在，族际政治在民族国家内部的地位和作用进一步彰显。在这一背景之下，把族际政治作为主题来进行理论研究，就显得十分必要。就目前族际政治研究的进展而言，初步形成了如下一些理论主张。

首先，族际政治是民族国家族际关系的本质。作为政治共同体的国家与作为人们共同体的民族在民族国家时代紧密地结合在一起，这使得国家在政治权力实施、政治体制设计、法律政策制定、政治决策活动等等政治过程中，必须要考虑到国内各民族在公共权力、经济利益和社会资源分配体系中的地位，以及各民族的自身文化在国家这个政治共同体框架内生存和发展的空间。国家政治体系的运作过程将直接关系到国内不同民族的利益得失，也因此直接影响着族际关系的性质和前景。正是在这种意义上，民族国家时代的民族"在很大程度上是利益群体"②，族际关系的核心内容，是国内各民族为实现自身的利益诉求而展开的政治活动，族际政治成为族际关系的本质。

---

① 周平：《论族际政治及族际政治研究》，载于《民族研究》2010 年第 2 期，第 1 页。
② Grazer N. & D. P. Moynihan （ed.），*Ethnicity*，Cambridge：Harvard University Press，1975，pp. 7-8 .

其次，冲突与整合是族际政治互动的两种基本形态。族际政治互动的方式有很多种，但所有方式都可以归结为"族际冲突"与"族际整合"这样两种基本形态。一般而言，"族际冲突"是用来表征族际政治的对抗和紧张状态的用语，其表现形式主要包括言论攻击、人身威胁、集体抗议、暴力冲突、群体性骚乱、种族（民族）清洗及屠杀等。令人颇感遗憾的是，族际冲突很有可能是今后相当一段时期内族际政治互动的常态性描述，"族际冲突最有可能成为 21 世纪的政治问题"[①]。"族际整合"则与族际冲突相反，它所描述的是多民族国家内部族际关系处于良好的状态，这种状态可以表现为民族之间的合作、和解与和谐。如何避免族际冲突，走向族际整合，是多民族国家普遍面临的重大理论与现实问题。

再次，族际政治的特征主要表现为：其一，民族是族际政治的主体。族际政治产生于不同民族之间，是族际互动的一种政治形态，由此，民族构成了族际政治的主体。其二，族际政治发端于民族的集体权利诉求。"多民族国家不同民族特别是少数民族的存在及其集体权利诉求的正当性，已逐渐成为人们的基本共识，并与公民个人权利一道成为基本的人权规范。"[②] 在民族国家的政治架构下，每个民族都拥有追求自身利益的权利，拥有参与国家公共事务管理和政治决策的权利。每个民族集体权利的实现，不仅关系到国家公共权力来源的合法性，也关系到国家政治权威的树立和国家解决族际冲突的能力。其三，族际政治聚焦于民族的根本利益。族际政治互动不论以何种方式表现出来，其核心都是要维护民族的根本利益。族际政治是民族共同体在族际关系中运用政治手段争取、实现和维护民族根本利益的过程。其四，族际政治总是与一定的意识形态相结合。族际政治互动的各方力量为了凝聚民族群众、提

---

① 〔德〕曼·科恩克：《世界很可能面临一个打内战的世纪》，德国 1993 年 1 月 11 日《世界报》（Die Welt）。转引自包茂宏《论非洲的族际冲突》，载于《世界历史》1999 年第 1 期，第 78 页。

② 王建娥：《族际政治民主化：多民族国家建设和谐社会的重要课题》，载于《民族研究》2006 年第 5 期，第 4 页。

升民族情感、动员本民族的成员采取行动，都会借助于一定意识形态的力量。宗教在传统的族际政治互动中发挥了非常重要的作用，进入民族国家时代以来，各种形态的民族主义在族际政治互动中也产生了重要影响。

复次，族际政治的具体形式主要包括：族际竞争。族际竞争是不同民族围绕着国家政治权力而展开的各种争夺，其目的是实现民族自身利益的最大化。族际战争。族际战争是族际竞争渐次升级后的最终形态，它是直接采取武力征服的方式来维护本民族利益的政治过程，这里不排除某些民族政治精英假以民族利益之名而进行的非正义战争。此外，民族间的仇杀或以民族名义进行的恐怖活动，属于族际战争的特殊形式。族际掠夺。族际掠夺是某一民族依仗自己的军事实力而针对其他民族的财富、资源和人口所进行的掠夺，它往往是伴随着族际战争而发生的，偶尔也是发动族际战争的目的。族际压迫。这是某一民族凭借自身的强势地位而从经济、政治、文化、资源等方面剥夺其他弱小民族，谋求本民族自身利益最大化的族际政治形式。殖民统治是族际压迫的典型表现。族际反抗。族际反抗是处于被压迫地位的民族采取军事的或非军事的手段，争取自身利益、反抗族际压迫的行为。殖民地民族进行的民族解放运动是其典型表现。族际分离。族际分离是一国国内的某个少数民族试图从该国政治体系中分离出去，成立或并入本民族国家政治体系的行为。该行为一旦得逞，族际分离活动即告终止，它所造成的直接后果是其母体国的分裂。族际联合。族际联合是生活在共同地域范围内的两个或多个民族基于自身民族利益的考虑，联合创建统一民族国家的行为。族际联合的结果或是建立起多民族的联邦制国家，或是在单一制国家内部实行民族自治或区域自治，这是民族国家时代族际联合的主要形式。族际帮扶。族际帮扶是多民族国家中的某一民族（主要是主体民族）在政府的倡议和政策引导下，对其他弱小民族进行帮扶的行为。族际帮扶有利于促进族际整合，实现族际关系的和谐发展。

最后，政党在族际政治中发挥着重要作用。近代西欧在创建民族国家的过程中，也创造了政党这一政治形式，进而围绕这一政治形式建立了政党制度。政党虽然是阶级斗争的产物，但是在民族国家内部，族际政治是最为基本的社会政治关系，政党要想在民族国家的制度框架内生存，就必然要与族际政治发生联系。同时，政党要为自己所代表的社会阶级（阶层）争取利益，其作用集中表现在通过竞选而赢得或捍卫政治权力，以及运用政治权力来维护和实现自己所代表的社会阶级（阶层）的利益。在这一过程之中，政党自然要照顾到国内族际政治的和谐与发展，哪怕这种做法并非出于它的本意。此外，在第二次世界大战后兴起的民族解放运动中，那些被压迫民族在争取自身民族独立的运动中，大多采纳了政党这种政治形式，并把政党制度作为新生民族国家的政治制度之一。因此，政党更加全面地"介入了族际政治，成为处于某种族际政治关系中为民族争取、实现和维护民族利益的工具"①。

三　族际政治理论的当代价值

菲利克斯·格罗斯在谈到"多元主义行之有效的必要前提"时指出，"没有一种为大多数人同时接受的程序规则和共同的最高价值核心，多元社会就无法运行"。这一论断对于近代以来在民族国家框架下运行的多民族社会而言，格外适用。进而，他给出了四点"基本前提"，即："1. 承认并尊重不同行为规范、文化及目标的权利；2. 有一套为人们普遍接受、共同遵守的行为规范；3. 对游戏规则和适当程序的普遍承认；4. 多元化行为规范的合法性。"② 我们认为，这些前提条件对于族际政治而言，也具有同样的启示。族际政治理论旨在通过对于多民族国家族际政治现象的研究，来寻求促使族际政治良性发展、由族际冲突走向族际整合的一般途径与策略，其当代价值不言自喻。

---

① 周平：《多民族国家的政党与族际政治整合》，载于《西南民族大学学报》（人文社会科学版）2011年第5期，第6页。

② 参见〔美〕菲利克斯·格罗斯《公民与国家——民族、部族和族属身份》，王建娥、魏强译，新华出版社，2003，第228～229页。

一方面，当代世界的族际政治正在趋于复杂，挑战族际整合的因素也在不断增加，这一现实境遇迫切期待着族际政治理论做出回应。由于民族人口的跨国迁徙和国际移民等，一些民族构成相对单一的国家的民族成分正在逐步走向多元，多民族国家越发成为普遍的国际政治单位。同时，随着世界范围内的民族意识觉醒，20世纪60年代以来旨在保护少数群体利益的多元文化主义理论和实践的全球扩展，以及近年来在西方兴起的"差异政治"① 思想的广泛传播，多民族国家内部少数民族群体的民族意识不断高昂、民族认同不断彰显，这对多民族国家的认同构成了严峻的挑战。对此，亨廷顿在论及苏联、英国和美国这三个"联合体"国家时不无担忧地指出，"到了20世纪90年代初，苏联不复存在了。到了20世纪90年代末，联合王国②的联合不那么强了……由几个十字构成的米字旗有分崩离析之势，联合王国到21世纪上半期某个时候也可能继苏联之后成为历史"。"最终，美利坚合众国也会遭受斯巴达、罗马等等国家的命运"。③ 显然，这种状况势必使族际政治问题研究成为格外引人注目的焦点，族际政治理论的当代价值也随之凸显。

另一方面，20世纪以来，在处理族际关系和解决民族问题的实践过程中，一些多民族国家已经探索和总结出很多独具特色的制度和政策，而这些努力在实践中被证明是成功的。比如：中国的民族区域自治制度和人民代表大会制度，以及两者的互动；南非在终止种族隔离制度之后所实施的旨在化解种族宿怨、消除种族隔阂、实现种族和解的一系列制度与政策；西班牙由1978年《宪法》所确认的、可以很好地将国家、民

---

① 差异政治思想是多元文化主义者面对"文化差异"的事实和"文化平等"的共同诉求而提出的一系列应对方案及其理论论证。相关讨论参见王敏《多元文化主义差异政治思想：内在逻辑、论争与回应》，载于《民族研究》2011年第1期，第11~21页；常士闇：《异中求和：当代西方多元文化主义政治思想研究》，人民出版社，2009，第344页。

② 指"大不列颠和北爱尔兰联合王国"，即英国。——笔者注

③ 参见〔美〕塞缪尔·亨廷顿《我们是谁？——美国国家特性面临的挑战》，程克雄译，新华出版社，2005，第10~11页。

族和地区三者整合在一起的自治制度①；等等。这些制度和政策的实践不仅为族际政治的良性运行提供了难得的范例，也丰富和拓展了族际政治理论。无疑，族际政治理论的当代价值也会随着多民族国家处理族际政治问题的成功实践而变得举足轻重。

所有这一切，都赋予族际政治理论研究以更多的期待和使命。为族际政治的意义和目标提供源源不竭的理论指导和价值观照，理应是族际政治理论的永恒追求。

---

① 相关内容可以参见胡安·巴勃罗·福西、朱伦《西班牙民族主义问题及民族和地方自治制度的建立》，载于《民族译丛》1993 年第 2 期，第 1 ~ 15 页。

第二章 民族政治发展的基本内涵

目前国内学界尚未完整系统地提出过民族政治发展的基本内涵，也未就此问题达成一般性共识。由此，廓清民族政治发展的基本内涵是推进民族政治发展研究顺利开展的基础和前提。只有解决好这一问题，才有可能避免因由概念边界的模糊而引发的误读和争论，相关研究才能规范有序地进行。本书试图从"民族政治发展的概念界定""民族政治发展的基本内容及其实质"和"民族政治发展的主要模式"这样三个方面来概括民族政治发展的基本内涵，并以此作为本书全部讨论的出发点。

第一节 民族政治发展的概念界定

如前所述，本书围绕民族政治发展而进行的全部研究和努力都是要去观照"民族"这一人们共同体。鉴于"民族"一词的包容性、多义性和含混性，我们曾在导论中专门就该词在本书中的使用边界加以说明，即：从民族不同发展阶段（原始民族、古代民族和近现代民族）的角度来分析，本书用"民族"来指称"近现代民族"，从而把民族与民族国家的构建与发展紧密联系在一起；从民族不同表述单位（政治性表述单位、历史性表述单位和文化性表述单位）的角度来分析，本书用"民族"来指称作为政治性表述单位的民族，从而把民族看成一个利益共同体，通过诉诸政治的方式来维护和协调民族内部及民族之间的利益关系。我们认为，这里关于民族的使用边界的限定也同样适用于"民族政治发展"的概念界定。此外，对"民族政治"和"政治发展"这两个概念进行解读也十分必要，因为它们构成了"民族政治发展"概念的背景和基石，为我们理解民族政治发展提供了两个基本的视角。

一　相关概念解读："民族政治"和"政治发展"

显然，中西方学界对于"民族政治"和"政治发展"这两个概念的界定和运用，为本书的研究提供了宝贵的学术资源。这里，我们试图通过对此的梳理和分析，廓清本书所使用的这两个概念的边界。

（一）民族政治

有关"民族政治"的概念性探讨蕴涵在中西方学界有关民族政治问题的相关研究之中。在这一领域，西方的研究大致经历了三个阶段，进而形成了较为成熟的、理论化、学科化的民族政治研究体系；中国对于民族政治问题的关注尽管起步较晚，但作为一个全新研究领域的拓展，其发展前景非常广阔，令人期盼。

1. 西方民族政治问题研究的三个阶段

西方学者对于民族政治问题的研究由来已久，最早甚至可以追溯到古希腊的柏拉图和亚里士多德那里。[①]　我们认为，可以根据研究的实际进展及其社会背景的变化，将近代以来西方有关民族政治问题的研究划分为初期探索阶段、理论化阶段和学科化发展阶段。

从19世纪初期到20世纪中叶，是民族政治问题研究的初期探索阶段。在这一阶段，迪尔凯姆在自己的专著《宗教生活的初期形式》中讨论了澳大利亚土著人、北美印第安人和爱斯基摩人的生活方式，韦伯在《经济与社会》等著作中对民族、国家和社会之间的关系进行了卓有见地的分析。这些讨论和分析对于当代西方民族政治思想产生了深远的影响。但从整体上看，这些研究虽然已经触及民族政治的一

---

① 参见陈建樾《种族与殖民——西方族际政治观念的一个思想史考察》，载于《民族研究》2008年第1期，第1~12页。

些基本问题，但这种研究多是零散的和不系统的，而且在 19 世纪初期的很长一段时间内，很多研究"大多充斥着优势民族论或种族歧视偏见，因而减损了参考价值"①。

从第二次世界大战结束到 20 世纪 80 年代，是民族政治问题研究的理论化阶段。伴随着"二战"后民族解放运动的兴起、人口的跨国流动以及美国黑人的民权运动的爆发，民族政治问题引起了更多学者的兴趣。这一时期的研究主要在民族政治哲学、民族关系演进、族际关系协调、民族政治行为分析及民族政治的多国实证等领域展开，形成了包括奥博特（Allport）的《偏见的性质》（1954）、巴斯（Barth）的《族群的边界》（1969）、雷克斯（John Rex）和梅森（David Mason）主编的《种族与族群关系理论》等一系列系统化的理论成果。这一阶段的研究关注民族政治现实问题，实证研究色彩浓郁，并试图用政策性的建议来影响政府的决策。

从苏联解体、冷战结束至今，民族政治问题的研究进入了学科化发展阶段。冷战结束之后，掩盖在过去两大意识形态阵营对峙之下的民族问题纷纷凸显，民族政治问题引起国际社会和各国政府的普遍关注。在这一背景之下，民族政治研究朝着学科化方向发展，进而形成了一个新兴学科——"民族政治学"或"族群政治学"。之后，西方许多著名高校相继开设了民族政治学的课程。这一阶段，民族政治研究的专门化、专业化程度不断提高，相关理论著作层出不穷。进入 21 世纪以来，考夫曼（Stuart J. Kaufman）的《象征主义民族政治学》（2002）、凯莉（Judith G. Kelley）的《欧洲民族政治学：权力的规范与动机》（2004）、珀斯纳（Daniel N. Posner）的《非洲的制度与民族政治》（2005）等著作在西方民族政治学界产生广泛影响。

2. 国内学界对于民族政治问题的阐述

国内较早注意到民族政治问题的学者是周星。20 世纪 80 年代后期

---

① 〔英〕埃里克·霍布斯鲍姆：《民族与民族主义》，李金梅译，上海人民出版社，2000，第 2 页。

至 90 年代初期，他在自己发表的一系列论文中做过很多论述。① 在稍后出版的《民族学新论》中，周星指出："民族不仅仅是经济共同体、文化共同体，同时也是一种政治共同体"；"民族政治关系正是作为政治共同体的民族之间发生的关系。"② "作为政治共同体的民族，大体上具有如下特征"：其一，"民族共同体的政治利益，以本民族的基本利益为基础"；其二，"民族共同体的政治权力，是在共同体为实现其政治利益的行为实践之中产生的"；其三，"文化整合是作为政治共同体的民族最为基本的内部特征"。③ 在此基础上，周星从 7 个方面归纳了民族共同体的政治资源。④ 此后，周星在自己的专著《民族政治学》中设专章讨论了"民族的政治属性"这一问题⑤，并以此作为出发点，深入细致地讨论了"民族政治生活""民族政治问题"和"中国民族政治"的不同层面，该书是国内学界系统分析民族政治问题的开创性著作，它的出版也标志着国内关于民族政治问题的研究正在朝着学科化的方向迈进。

到了 20 世纪 90 年代中期，宁骚在自己的专著《民族与国家——民族关系与民族政策的国际比较》中，用 50 万字的宏大篇幅深入分析了民族政治问题。该书由"理论分析"和"实例研究"上下两篇构成，从国际政治的视角出发，"对当今世界各个民族国家内部的民族关系和民族政策进行比较研究"，试图以此"为我们观察和分析冷战结束后这个新时代各民族国家内部民族关系的走向提供一种尽可能系统的理论见

---

① 这些论文主要包括：《试论政治民族学》，载于《天府新论》1988 年第 5 期；《关于博士论文的一次师生对话》，载于《中国社会科学院研究生院学报》1988 年第 5 期；《谈谈政治民族学》，载于《内蒙古社会科学》（文史哲版）1989 年第 1 期；《民族文化的政治意义》，载于《延边大学学报》（社会科学版）1990 年第 1 期；《论民族关系及其基本层面》，载于《宁夏社会科学》1990 年第 2 期；《谈谈民族英雄与民族领袖》，载于《新疆大学学报》（哲学社会科学版）1990 年第 3 期；《论民族范畴的多义性》，载于《云南社会科学》1991 年第 5 期。——笔者注

② 周星：《民族学新论》，陕西人民出版社，1992，第 36 页。

③ 参见周星《民族学新论》，陕西人民出版社，1992，第 37～42 页。

④ 参见周星《民族学新论》，陕西人民出版社，1992，第 44 页。

⑤ 参见周星《民族政治学》，中国社会科学出版社，1993，第 31～42 页。

解"。① 该书出版之后，在国内学界产生广泛影响，成为研究民族政治问题的代表性著作。值得注意的是，在这部著作中，宁骚把民族政治限定在"民族国家内部的民族关系"这一范围之内，进而指出，"民族国家内部的民族关系构成民族政治学（etho-politics 或者 ethnic politics）的研究对象"。在宁骚看来，民族政治是基于"民族国家内部族体间的价值分配"而形成的民族国家内部"诸族体间及其与民族国家间的互动"。②

进入 21 世纪以来，周平在民族政治理论研究方面取得的成绩让人印象深刻。2001 年，周平在自己的专著《民族政治学导论》中首次直接讨论了"民族政治的内涵"。他指出："民族共同体构建自己的公共权力体系，民族共同体内各种围绕公共权力形成的关系和开展的活动等，组成了民族社会或多民族社会中的一个重要的领域，这就是民族政治"③。可以看出，在周平那里，"民族政治"是被当成一个相对严格的学术名词来使用的。时隔两年，周平在讨论"民族政治的本质"时，丰富和发展了自己之前有关民族政治内涵的观点。他指出，"在现实生活中，民族政治是一种实实在在的不能被忽视的社会政治现象，'民族政治'就是反映这一现象的范畴，有着特定的和丰富的内涵。从逻辑联系上看，民族政治是民族政治属性的展开。民族的政治属性在特定的时空条件下展开来，就表现为丰富多彩的民族政治。从现实性上看，民族政治是民族共同体或民族的代表围绕公共权力形成的各种关系和开展的各种政治活动"④。具体而言，民族政治的基本内涵主要表现在构建民族的公共权力系统、运用民族的公共权力、调整族际关系、建立民族的政治组织和开展民族的政治

① 参见宁骚《民族与国家——民族关系与民族政策的国际比较》，北京大学出版社，1995，前言第 3 页。

② 参见宁骚《民族与国家——民族关系与民族政策的国际比较》，北京大学出版社，1995，前言第 2 页。

③ 周平：《民族政治学导论》，中国社会科学出版社，2001，第 12 页。

④ 周平：《民族政治学》，高等教育出版社，2003，第 32 页。

活动等五个方面。①

上述学者有关民族政治的论述和阐发是富有见地的，为我们理解和把握民族政治概念的内涵提供了宝贵的参考与借鉴。鉴于民族学和政治学在事实上构成了民族政治研究得以开展的学科背景，由此，我们认为"民族政治"具有两个最为基本的组成部分，一方面，是与民族共同体密切相关的一切政治形态、政治关系和政治行为，亦即以民族为主体而建构的政治形态、形成的政治关系及发生的政治行为；另一方面，是存在于政治生活中的带有民族因素或拥有民族背景的现象与事实，亦即政治生活的民族属性。这两个方面缺一不可、交互影响，共同构成了民族政治的基本内涵。

（二）政治发展

20 世纪中叶以来，围绕政治发展问题（主要是新兴民族国家的政治发展问题）出现了一个蔚为壮观的政治发展理论研究热潮，进而形成了"发展政治学"这一新兴学科。无论是政治发展理论研究的展开，还是发展政治学的学科建设，其核心概念都是"政治发展"。鉴于政治发展是一个极富争议的概念，这里仅就有关政治发展的代表性观点进行枚举和梳理。

1. 西方学者有关政治发展的定义性阐述

不同学者基于各自不同的研究对象、研究视角、研究方法、分析范式及其所处的不同社会历史环境，对于"什么是政治发展"这一问题的回答也各不相同。可以毫不夸张地说，有多少个政治发展理论家，就有多少种政治发展的定义性阐述。在这些有关政治发展的定义性阐述之中，影响较大又较具代表性的观点主要包括如下几种。

鲁恂·派伊（Lucian W. Pye）指出，"政治发展包括三种要素：第一是人口发生变化，从臣属地位转变到对社会有贡献的公民。随之而来的是大众参与之扩张，对平等原则逐渐增加敏感性，及对普遍法律的接受。

----

① 参见周平《民族政治学》，高等教育出版社，2003，第33页。

第二是政治系统之能力增强，政令能贯彻深入地方层级，控制人民之间的争端，应付及满足人民之需求。第三是政体组织结构的分化，功能愈趋专化，及各种制度和组织之间的整合"①。

塞缪尔·亨廷顿及乔治·多明格斯认为，政治发展这一术语"一般从四种不同的方法加以使用"：首先是地理意义的政治发展，"实际上这是关于发展中国家，即亚洲、非洲和拉丁美洲较穷或者工业化较差的国家的政治的一种简化方法。……差不多对这些国家的政治某个方面的任何研究，都可冠之以对政治发展的研究"。其次是派生意义的政治发展，这一层面的"政治发展被认为是指更为广阔的现代化进程中的政治方面和后果"。再次是目的论意义的政治发展，即认为政治发展"是朝向一个或更多目标或代表政治体系的状态的运动。……在许多情况下，朝着这些目的的运动含蓄地或者明白地被看作是较为普遍的现代化进程的一部分"。最后是功能意义上的政治发展，即"政治发展被看作是朝着现代工业社会所特有的政治的一种运动。……政治发展不是现代化的政治结果，而是一个有效发挥功能的现代社会的政治必需"②。

而在加布里埃尔·阿尔蒙德和小 G. 宾厄姆·鲍威尔看来，政治发展有两个方面的重要表现。一方面，是文化世俗化。"文化世俗化要求这些传统的倾向和看法让位于更具有能动性的决策过程，这包括收集情报、估价情报、制定可选择的行动方案，并从中作出选择，以及检验某种既定的行动方案是否正在产生预期的效果"。而这一决策过程的转变就孕育着政治发展。另一方面，是结构分化。他们指出，"政治发展在结构方面的表现就是分化。在分化中角色发生变化，变得更加专门化或自主化，出现了新型的专门角色，出现了或创造了新的专门化的结构和次体系"。在此基础上，他们讨论了政治发展与政策能力之间的内在联

---

① 转引自陈鸿瑜《政治发展理论》，吉林出版集团有限责任公司，2009，第 23 页。
② 参见〔美〕塞缪尔·亨廷顿、乔治·多明格斯《政治发展》，载于〔美〕格林斯坦、波尔斯比主编《政治学手册精选》（下卷），竺乾威、周琪、胡君芳译，商务印书馆，1996，第151～153 页。

系，主张"一个结构上分化、文化上世俗化的政治体系，将日益增强其影响国内外环境的能力。……发达的政治体系有可能采用那些能够更有效地改变环境的政策"①。

尼德勒（Martin C. Needler）指出，"假如政治发展有两个面向，一是维持宪政完整，一是参与之程度，则一个国家的政治发展程度，在原则上可由宪政和参与共同所得的单一分数来代表。那末，政治发展的分数，将是宪政分数和参与分数之间的中项（middle term）"②；达艾蒙（Alfred Diamant）则认为，"就一般形式而言，政治发展是一种过程，借此过程，政治系统获得能力，成功地和持续地维持新型的目标和要求，并建立新型的组织"。③

可以看出，以上学者对于政治发展的界定主要是在两个层面上展开，即描述性的定义和目的性的定义。前者把政治发展看成一个或一组动态的过程，注重分析在这一动态过程中发生变化的某个或某些因素。派伊、阿尔蒙德和小鲍威尔的定义就是描述性定义的典型。后者则把政治发展看成一种为达到某个或某些目的的运动，进而把研究的重点放在政治发展目标的择定上。达艾蒙的定义可以算作这方面的典型。当然，也有学者兼顾到了政治发展定义的两个层面，亨廷顿和多明格斯就是这方面的代表。

2. 我国学者关于政治发展的定义性阐述

20 世纪 80 年代中后期，国内学界开始注意到政治发展问题，相关研究"大致经历了由翻译介绍西方理论，到套用模拟西方理论，再到重读和诘问西方理论，最终走上反思本国政治发展历程并构建中国特色政

---

① 〔美〕加布里埃尔·A. 阿尔蒙德、小 G. 宾厄姆·鲍威尔：《比较政治学：体系、过程和政策》，曹沛霖、郑世平、公婷、陈峰译，上海译文出版社，1987，第 23～25 页。

② Martin C. Needler, *Political Development in Latin American*, Random House, 1968, p. 88.

③ Alfred Diamant, "The Nature of Political Development," in J. L. Finkle and R. W. Gable（eds.）, op. cit., pp. 91-96.

治发展理论的道路"①。在这一进程之中，也有很多对于政治发展定义界定方面的讨论。比如，陈鸿瑜主张，"政治发展的概念可界定为一个政治系统在历史演进过程中，其结构渐趋于分化，组织渐趋于制度化，人民的动员参与支持渐趋于增强，社会愈趋于平等，政治系统的执行能力也随之加强，并能度过转变期的危机，使政治系统之发展过程构成一种连续现象"②；闾小波指出，"综合起来看，政治发展是以政治民主化、政治现代化、大众政治参与、认同于民族国家、提高行政效率、促进经济发展和工业化为目标的一种政治变迁，它表现为一个动态的过程"③；李元书则认为，"政治发展的定义应作如下表述：通过扬弃代价，以寻求不断发挥人的政治潜能的政治体制和政治生活方式的过程，以及这些体制和生活方式的生长过程"④；俞可平认为，"一般地说，政治发展是指为实现既定政治目标而推行的所有政治变革，它是一个走向善治的过程"⑤；王沪宁则主张，"政治发展意味着建立适应一个特定社会的历史—社会—文化要求变化的稳定的政治体系"⑥。

　　国内学者关于政治发展的定义性阐述虽然各有侧重，但基本还是延续了西方学者界定政治发展的两个层面，即描述性的定义和目的性的定义。综合上述学者的代表性观点，我们认为，可以从两个不同层面来对政治发展进行界定。所谓政治发展，从其动态过程来看，是政治体系为适应经济社会环境的发展变化而进行的调整，这种调整可以表现在政治系统能力的增强、政体组织结构的分化、政治文化的世俗化等方面；从其发展目标来看，是政治形态由低级到高级、由传统到现代的变迁，这种变迁是以实现政治民主化、政治现代化、政治稳定和善治等目标为方

①　李红波、颜佳华：《国内政治发展理论研究综述》，载于《云南社会科学》2006 年第 2 期，第 26 页。

②　陈鸿瑜：《政治发展理论》，吉林出版集团有限责任公司，2009，第 26～27 页。

③　闾小波：《中国近代政治发展史》，高等教育出版社，2003，第 6 页。

④　李元书：《政治发展导论》，商务印书馆，2001，第 7 页。

⑤　俞可平：《中国政治发展 30 年》（1978～2008），重庆出版集团，2009，第 1 页。

⑥　王沪宁：《比较政治分析》，上海人民出版社，1987，第 239 页。

向的，其中既有量的积累，也有质的飞跃。

二 民族政治发展的定义性表述

在对"民族""民族政治"和"政治发展"这三个概念进行必要的解读和评析之后，我们即将对"民族政治发展"这一概念进行界定。需要说明的是，近年来，国内学界已经开始把"民族政治发展"作为较为严格的学术名词来加以运用了，并就此展开了学术探索，已取得一定的成绩。无疑，这些探索为本书对"民族政治发展"的概念界定提供了可资借鉴的学术资源。

目前，对于民族政治发展，国内学界给出了如下三种可供借鉴的定义。周星认为，"民族政治发展，意味着民族或民族社会的政治生活从传统形态向现代形态的转变或过渡，意味着民族政治生活中传统政治因素的日渐淡化和没落，以及现代政治因素的日趋强化和发达"[1]；周平认为，"民族政治发展，就是民族政治体系为了适应环境变化的要求而不断调整和变迁的过程"[2]；高永久及其带领的学术团队则认为，民族政治发展"是指在民族社会政治生活中，民族政治体系通过一定的手段来实现政治稳定、政治民主、政治权威、政治高效、政治结构合理等政治目标的动态过程"[3]。

通过分析可以发现，上面三种定义不约而同地把民族政治发展看成一种动态的过程，是"民族政治生活"（周星）或"民族政治体系"（周平和高永久）的调整和变迁。比较而言，其一，周星的定义指出了民族政治发展中最为根本的内容，即民族政治生活"从传统形态向现代形态的转变或过渡"，但他的措辞多用修饰，用语多为描述，缺少概念化所需的规范和精确。其二，周平给出的定义最为精练，但这一定义有过于宽泛之嫌。他把民族政治体系适应环境变化的任何一种调

① 周星：《民族政治学》，中国社会科学出版社，1993，第184页。
② 周平：《民族政治学》，高等教育出版社，2003，第286页。
③ 高永久：《民族政治学概论》，南开大学出版社，2008，第291页。

整和变迁都视为民族政治发展，殊不知在特定的历史时期和具体的民族共同体中，经济社会环境的恶化可能导致民族政治的衰朽，而自然生态环境的恶化甚至可能致使民族共同体的消失。更何况"变迁常用以指可以观察和追踪的个人或团体之间关系的变动，但是变迁并不一定迈向发展"①。如图4所示，变迁可以分为两种，分别是量的变化（增加或减少）和质的变化（发展或衰朽）。其中只有在质上的良性变化才可以被表达为发展，换句话说，发展只是变迁的四个可能向度之中的一个。由此，把发展等同于变迁是缺乏根据的。其三，高永久及其带领的学术团队给出的定义最为规范，他是从政治发展目标的角度来给民族政治发展下定义的，这里的问题在于，这一定义无形中把民族政治体系本身的发展与完善排斥在了民族政治发展之外，殊不知民族政治体系的发展与完善是民族政治发展的基本内容和重要组成部分。而且，民族政治体系的发展与完善同"民族政治体系通过一定的手段来实现政治稳定、政治民主、政治权威、政治高效、政治结构合理等政治目标"之间存在一种联动关系。事实上，民族政治体系的发展与完善在很大程度上构成了实现这些政治目标的重要途径。以上这三种定义都没有体现出民族共同体与民族政治发展之间的关系，以及民族政治发展对于民族共同体的关怀。事实上，随着民族政治体系的发展和完善，以及民族政治生活从传统到现代的变迁，民族共同体自身也会随之发展和变化。而且从根本上看，民族政治发展的真正主体并不是"民族政治生活"或"民族政治体系"，而是民族共同体——"民族才是民族政治的真正主体，某个具体的民族政治体系或政治形态总是由某个或某几个民族来操纵的"②。民族政治发展的最终目的，也是要去观照"民族"这一人们共同体。

综合上述三种定义及其评析，如图5所示，我们认为可以把民族政

① 陈鸿瑜：《政治发展理论》，吉林出版集团有限责任公司，2009，第16页。
② 周平：《民族政治学》（第二版），高等教育出版社，2007，第308页。

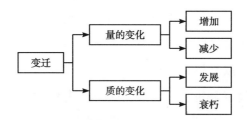

图 4　变迁与发展的概念关系示意图

治发展定义为：民族政治发展是民族政治由低级到高级的正向变迁过程，主要表现为民族政治体系的发展与完善，以及民族政治生活从传统到现代的变革，在这一进程之中，也伴随着民族共同体自身的发展。其最终目的是为民族共同体提供一种持久而深切的政治关怀。

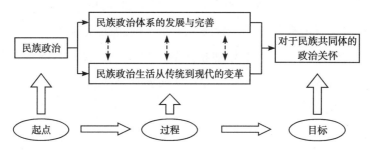

图 5　民族政治发展的逻辑演进图示

第二节　民族政治发展的基本内容及其实质

概念的界定构成了民族政治发展内涵的核心和基点，但它无法系统展现民族政治发展的全部内容及其属性。由此，要想把民族政治发展的基本内涵讨论明晰，还需要就其基本内容及其实质进行必要的说明。

一　民族政治发展的基本内容

所谓民族政治发展的基本内容，就是民族政治由低级到高级的正向变迁过程之中所涉及的基本构成方面。通过前文的分析可以发现，民族政治体系是民族政治发展的载体，民族共同体是民族政治发展的主体，这两个方面缺一不可，共同构成了民族政治发展最为基础的面向。由此我们认为，民族政治发展的基本内容包括作为民族政治发展载体的民族政治体系的发展，以及作为民族政治发展主体的民族共同体的发展。同时，鉴于民族与国家之间政治关系的状况也是影响民族政治发展未来走向的重要变量，因此，可以把这一关系的协调与发展作为民族政治发展基本内容的一种补充和延续。

（一）载体发展：民族政治体系的发展

鉴于民族政治发展的载体是"民族政治体系"，在很多情况下，有关民族政治发展的讨论都是围绕着民族政治体系来进行的，以至于有学者直接把民族政治体系的发展看成民族政治发展的本质。[①] 我们认为，民族政治体系的发展构成了民族政治发展的基本内容和重要组成部分。从民族政治发展的载体，即民族政治体系的发展层面入手，可以把民族政治发展的内容概括为两个相辅相成的方面：一是民族次级政治体系同国家政治体系的一体化发展；二是民族政治体系自身能力的不断提升。

1. 民族次级政治体系同国家政治体系的一体化

民族政治得以存在的基础是民族政治体系，民族政治发展并不研究民族政治体系本身，它所关注的关键问题在于"发展"，是民族政治体系由低级到高级的正向变迁。而"民族政治体系发展的最高形态是国家政治体系"[②]。从人类历史演进的角度来看，既有一个民族的次级政治体系发展提升为国家政治体系，从而形成单一民族国家的例证；也有一个民族的次级政治体系在其发展过程中逐渐归属于（包括自愿与强迫两种方式）其他民族建立的国家政治体系的例证；还有两个或两个以上的民族次级政治体系出于政治的、经济的、文化的、利益的考虑，最终结合在一起，共同创建统一国家政治体系的实例。当然，如果从国家内部的

---

① 参见高永久《民族政治学概论》，南开大学出版社，2008，第291页。
② 周平：《少数民族政治体系的历史演变》，载于《思想战线》1998年第7期，第50页。

民族构成角度分析，在后两种情况下所建立的国家政治体系都是属于多民族国家的政治体系。回顾中国历史可以发现，中国的少数民族是历史上各民族长期交往融合的产物，是中华民族大家庭中的一员，是中华人民共和国的国内民族。在中国的历史上，这些少数民族都曾拥有过各不相同的民族政治发展道路，"也都无例外地拥有或曾经拥有自己本民族的政治体系与政治制度。它们或者表现为国家的形态，或者表现为非国家与半国家的形态"①。而在这一进程之中，"正是通过民族政治体系所特有的整合功能、调节控制功能和利益聚合功能，才能将各民族整合、凝结为一个个稳定的共同体，建立起民族社会生活必须的秩序，维护了各民族的利益，统领着各民族登上社会历史的舞台"②。

因此，虽然并非所有的民族次级政治体系都有机遇和能力发展成为国家政治体系，但这些民族次级政治体系的发展的确是以建立国家政治体系为目标的，实现民族次级政治体系向国家政治体系的发展，是民族政治发展的应有之义。

同时还应指出，在进入现代民族政治生活之前的民族政治发展阶段，往往存在和运营着许多个相对独立、不同层次的民族政治体系，民族政治形态表现出多样性、非同质性的特征。就一般意义而言，处于这种民族政治形态的民族，其民族发展进程较为滞缓，民族政治发展水平较低，而与此相对应，该民族所处的民族社会（多民族社会）的生产力水平也较为低下，生产的工业化、商品化、社会化程度较低，人们往往生活在相对封闭的空间，民族内部以及民族之间的社会交往处于较低水平，民族生活的一体化、同质化特征并不明显。处于该发展阶段的民族，其民族政治生活中常常并立存在着多个区域性的政治权威，不同区域遵循着不同的政治制度与规则，并形成与此相对应的、多样化的政治心理与价值观念。非但如此，事实上，即使在已经建立起统一民族国家或多民族

---

① 周星：《民族政治学》，中国社会科学出版社，1993，第 264 页。
② 周平：《少数民族政治体系的历史演变》，载于《思想战线》1998 年第 7 期，第 51 页。

国家的内部，在其国家政治体系下仍然存在和运营着若干个非国家形态的民族政治体系。随着民族社会（多民族社会）生产力的不断发展，生产规模的不断扩大，民族内部以及民族之间的经济联系日益密切，民族内部以及民族之间的社会交往的深度和广度也在不断地扩大。面对这种情况，民族政治体系自身也必须进行相应的调整和变化，以适应民族政治生活的这种变化。为此，改变民族政治权威的区域性、多样化和分散化的状态，淡化以至消除国家政治体系内部的次级政治权威，强化作为统一民族国家（多民族国家）的全国性政治权威，建立统一的政治制度和行政体制，使该民族内部乃至整个民族国家（多民族国家）的政治生活趋于一体化，是民族政治发展的方向。许多新兴第三世界国家的民族政治发展过程中，都包含着这样的内容。"在保存着多种政治体系的民族中，这种一体化进程往往是在不同的层次上逐步开展的，如首先实行乡村政治的一体化，然后再实现城乡政治的一体化，最后实现国家政治的一体化"。① 由此，民族次级政治体系与国家政治体系的一体化发展，构成了民族政治体系发展的重要内容。

2. 民族政治体系自身能力的不断提升

"一般而言，能力强的民族政治体系较之于能力衰弱的民族政治体系，发展的程度更高。因此，民族政治体系能力的提升，也是民族政治发展的重要内容。"② 在不同层次的民族政治体系中，其政治能力也有着明显的差异。有的民族政治体系具有很强的能力，能够有效处理民族社会（多民族社会）内部的各种问题；而有的民族政治体系的能力则较弱，无法有效应对民族社会（多民族社会）在发展中出现的各种问题。由此，提升民族政治体系的能力，是促进民族政治发展的又一重要内容。怎样才能不断促进民族政治体系自身能力的提升，是不同层次民族政治体系本身必须回答的问题。而且，"对于每一个具体的民族政治体系来

---

① 周平：《民族政治学导论》，中国社会科学出版社，2001，第304页。
② 周平：《民族政治学导论》，中国社会科学出版社，2001，第307页。

说，各自的能力的现状不同，增强政治能力要求的迫切程度也不同，增强能力的方式和实现程度也有很大的差异"①。由此，研究和探讨各具特色、行之有效、保证民族政治体系能力能够得以不断提升的途径和方法，对于民族政治体系的发展而言，具有非常重要的现实意义。

民族政治体系自身能力的提升，"意味着民族政治体系对民族社会或多民族社会的管理能力的增强，建立起拥有权威、充满活力、富有效率的政府体系，能够有效地解决民族社会或多民族社会中出现的各种社会问题，有效促进民族社会或多民族社会的发展和进步"②。具体来说，民族政治体系能力的提升可以包括民族国家（地方）政府行政能力、制度贯彻与执行能力、社会控制与动员能力、主导意识形态能力、推进民族经济和社会发展能力等诸多方面，其中民族国家（地方）的政府行政能力居于核心地位。

总之，民族政治体系发展的重要表现之一为民族政治体系能力的提升，它和"民族次级政治体系与民族国家政治体系的一体化"两者相辅相成、缺一不可，共同构成了作为载体的民族政治发展的基本内容。而对于不同层级和形态的民族政治体系的发展与完善问题，本书将在第三章"载体发展：民族政治体系的发展与完善"中，加以详细说明。

（二）主体发展：民族共同体的发展

民族政治发展的真正主体是民族共同体，同时，民族共同体又是由具有共同民族文化心理认同和民族利益诉求的个体民族成员组成的特定民族群体。由此，需要从民族个体和民族群体两个角度来讨论作为主体的民族政治发展的基本内容。我们认为，从民族个体角度而言，民族政治发展的基本内容是公民身份和民族身份之间的协调与统一，以及承担不同政治角色的民族个体政治作用的发挥及其协同；而从民族群体角度而言，民族政治发展的基本内容是族群政治发展和族际政治整合之间的

---

① 周平：《民族政治学导论》，中国社会科学出版社，2001，第308页。
② 周平：《民族政治学导论》，中国社会科学出版社，2001，第307页。

良性互动。

　　1. 公民身份和民族身份的协调和统一

　　对于民族个体的发展而言，由于民族个体成员的身份包含公民身份和民族身份双重属性，前者多倾向于政治—法律性质，后者多倾向于文化—心理性质，因此，不同身份属性下的民族个体成员的发展也具有不同的指向：公民身份主要来自民族国家的现代性建构过程，而民族身份则多是表现为民族个体成员对自己民族身份的认同。

　　就公民身份而言，它主要用来表示个体公民作为国家合法成员的资格。公民身份存在的政治前提是民族国家的现代性建构，因为只有建立起现代公民国家，才能谈及成为这个现代国家的合法成员。正是在这种意义上，"国际法不承认国籍与公民身份之间的任何区别，国籍决定了公民身份"①，公民身份与国家的"国籍"具有相同的边界。作为一种应然的最为简单的界定，个体可以基于两种方式来取得现代国家的公民身份：继承和属地。继承，即个体一出生便从自己的父母那里继承了公民的身份；属地，则是个体出生时从自己出生地所在国家取得了公民的身份，即通过国家领土取得公民身份。无论继承还是属地，公民身份总是以民族国家的现代性建构为前提的，它标示出了个体作为现代国家合法成员的资格。同时，与现代国家成员的合法资格相联系，公民身份还表明国家既赋予自己的公民以公民权利，也规定了公民对于自己国家所应履行的公民义务。亦即"公民身份实际上是权利与义务的集合，代表了个人与国家之间的互惠关系。我们可以把权利看作是国家对公民应该履行的义务，而把义务看作是个人应当对国家承担的责任"②。

　　就民族身份而言，当今世界，绝大多数的国家都是拥有两个或以上民族的多民族国家，由此，生活在任何一个国家内部的个体成员都拥有

---

①　〔英〕戴维·米勒等：《布莱克维尔政治学百科全书》，中国政法大学出版社，2002，第122页。

②　郭忠华：《全球化背景下多元公民身份体系的建构》，载于《武汉大学学报》（哲学社会科学版）2010年第1期，第85页。

一个因其民族归属的不同而带来的作为民族成员的身份。对此,有学者指出,"对于特定民族的个体成员来说,其民族身份有两个来源,一方面为内在的自我认同意识,无论是原生的还是工具主义的,产生于血缘、家庭、语言、价值观以及社区环境和集群行为的影响之中;另一方面为外部认同,族群的外部认同来源于非群体成员对族群成员社会差异的感知,这种差异主要是在文化上,包括语言、习俗、观念与价值倾向、生活方式等"①。同时,由于不同民族在人口规模、发展程度、资源占有、文化传统、生活区域和历史沿革等方面存在着事实上的差异,这使得拥有不同民族身份的个体之间存在着程度不同的文化差异和利益分殊。比较而言,民族身份会因归属民族的不同而与公民身份之间产生不同性质的关系。"在一个存在主体民族的多民族国家中,通常国家意识与主体民族的民族意识一致性较高,因而主体民族对公民身份的认同也相对明确"②;而作为多民族国家中的少数民族,其民族身份与公民身份之间则可能存在或多或少的张力。

公民身份与民族身份之间的张力主要来自以下方面。其一,现代民族国家内部社会结构的基础是因公民身份才得以确立的,显然,包括国内各个民族在内的全部国家合法成员的共同身份都是国家公民。但是,在国家内部的不同构成民族之间,特别是在主体民族与少数民族之间,由于存在着文化差异和利益分殊,它们对于国家与公民身份认同上存在显著差异。其二,在现实的政治生活中,个人往往是通过他所归属的特定群体,特别是他所归属的民族,来和社会及国家发生关系。然而,在很大程度上由主体民族主导下的现代民族国家的社会整合,主要是通过公民身份认同的构建来完成的。这一构建有可能在观念或事实上将整个社会简单理解为个人的集群,从而否认少数民族及其民族身份的存在。其三,随着20世纪中叶以来民权运动、新移民运动和多元文化主义理论

---

① 关凯:《族群政治》,中央民族大学出版社,2007,第46~47页。
② 关凯:《族群政治》,中央民族大学出版社,2007,第84页。

与实践的兴起，少数民族的民族意识、独立意识和对自身民族身份的诉求也在普遍提升。这种对于民族身份的诉求如果局限在语言、习俗、信仰等文化权利的层面，则不会对公民身份构成威胁，但如果它所强调的是自治权甚至是自决权，情况就会发生逆转。由此，"国家作为民族共同体的政治想象正经历着亚民族……力量的撕扯，大多数民族国家都呈现出分裂的趋势，族群的政治想象日益代替了对整个国家的想象"①。

基于上述事实，如何消除公民身份和民族身份之间的张力，实现两者间的协调和统一，就成为影响民族国家和民族共同体未来走向的重大现实问题。由此，公民身份和民族身份的协调统一问题构成了民族政治发展的基本内容。

2. 不同角色民族个体政治作用的发挥及协同

在具体的民族政治生活之中，每个民族个体成员都还担当着一定的政治角色。基于每个民族个体在民族政治发展中的作用及其地位的不同，可以把民族个体在民族政治舞台上所担当的角色划分为不同的类型，比如民族政治领袖、民族政治精英和民族群众，等等。由此，完全可以从民族个体担当不同政治角色的角度来讨论作为民族政治主体的民族个体发展。

首先，民族政治领袖处于民族政治角色类型中的最高层次。民族政治领袖由极少数人构成，他们的共同特点在于引领民族共同体政治生活的现实走向，并对民族政治发展构成直接而强烈的影响。从民族政治领袖的来源上看，这些人一般都来自民族社会的统治阶层，但并不排除在特殊时期或特定背景之下，从民族社会的其他社会阶层产生民族政治领袖的可能性。而无论民族政治领袖来自哪一社会阶层，其共同特征都在于对于民族政治权力的积累和掌控。

其次，民族政治精英处于民族政治角色类型中的中间层次。民族政

①　郭忠华：《全球化背景下多元公民身份体系的建构》，载于《武汉大学学报》（哲学社会科学版）2010 年第 1 期，第 86 页。

治精英活跃于民族社会生活的各个领域，一般要比普通民族群众拥有更强的能力、更多的社会资源和更大的影响力，进而在整个民族共同体的政治生活中发挥重要作用。而且，民族政治精英往往在民族政治体系中的权力部门担任要职，掌握着一定的民族政治权力，因其身份的特殊性和掌握政治资源的有效性，他们往往可以在民族政策制定、族际关系协调、民族经济发展、民族文化传承及民族社会保障等方面发挥重要作用。

再次，民族群众处于民族政治角色类型中的基础层次。民族群众是由民族个体成员中的大多数人组成的，"大多数个体成员的集合，就构成民族与民族社会的基本群众"[①]。民族群众是民族共同体的主体部分，作为民族政治角色的民族群众，其最为本质的特征在于——他们并不掌控民族政治权力。然而，这并不意味着对于民族政治发展而言，民族群众是可有可无的，事实上，没有民族群众的民族共同体是不可想象的，没有民族群众的参与和支持，民族政治体系根本就无法正常运行，民族政治生活就难以为继，民族政治发展就成为天方夜谭。

由于不同民族政治角色类型的民族个体在掌握民族政治权力、拥有政治资源、影响民族政治生活以及自身政治能力等方面的诸多差别，他们在民族政治中发挥作用的大小也存在着巨大的差异。然而，民族共同体的发展就是在这些拥有不同政治角色类型的民族个体政治作用的发挥和协同中得以最终实现的。不同角色类型民族个体政治作用发挥的好与坏，彼此之间的关系是否协同，是影响民族政治发展的重要因素。鉴于此，不同角色民族个体的政治作用及其协同就成为作为主体的民族政治发展的又一基本内容。

3. 族群[②]政治发展与族际政治整合的良性互动

对于民族群体的发展而言，始终面临着来自民族群体自身和不同群体之间两个层面的问题，这些问题表现在政治领域，就是族群政治发展与族

[①]　周星：《民族政治学》，中国社会科学出版社，1993，第104页。

[②]　我们在这里所使用的"族群"一词仅仅用来指代民族群体自身，并不涉及国内外有关"族群"这一术语的争论。——笔者注

际政治关系的协调。这两个方面相互影响、相互触发，实现族群政治发展和族际政治整合的良性互动，是民族群体视角下民族政治发展的基本内容。

从民族群体自身来看，族群政治的存在和发展至少和如下几种因素息息相关。其一，族群发展的多维性。在发展的客观内容上，族群发展不仅表现在经济、文化、社会生活的诸多领域，也表现在政治领域。没有政治发展的民族群体自身发展是不完整的、不全面的，因而也是难以想象的。其二，族群发展具有政治属性。谈及族群发展，就不能不涉及族群对于自身发展权利的保障和对于自身利益的维护，而真正想要做到这一点，就必须诉诸政治的方式。由此，族群发展"天生"就带有政治意蕴，缺乏政治关怀的族群发展是无法实现的。其三，政治主体的多元化。现代社会，政治的主体日益朝着多元化的方向发展，越来越多的主体开始采取政治的方式，以此来维护自身权利，实现利益诉求。在这一背景之下，虽然"国家和超国家的政治力量一直试图把不同的族群结合进国家和国际政治框架，族群政治却并未从人类社会淡出或者消失，只是变换出新的面目"[1]。事实上，只要存在着特定族群的特殊利益，族群政治就必然会存在和发展下去，因为政治是实现和维护自身利益最有效的方式。

从不同民族群体之间来看，族际关系的发展走向往往会触动不同民族群体的利益，族际政治由此成为族际相互交往的常态性描述。"所谓族际政治，实际上就是族际间基于民族利益并诉诸于政治权力的族际互动。族际政治与民族的利益直接相关，因此，族际政治也是民族共同体在族际关系中运用政治手段争取、实现和维护民族利益的过程"[2]。族际政治具有两种基本形态，即族际冲突与族际整合。族际政治一经产生，就具有其相对的独立性，成为影响族际关系和多民族国家政治发展的重

---

[1]　沙伯力：《族群政治：理论之本土化与实践之全球化》，见关凯《族群政治》，中央民族大学出版社，2007，序言第 11 页。
[2]　周平：《论族际政治及族际政治研究》，载于《民族研究》2010 年第 2 期，第 4 页。

要变量。一方面，当族际政治表现为族际冲突时，民族群体之间的关系处于紧张对抗状态，这一状态势必危及多民族国家的政治稳定，甚至对国家统一构成威胁；另一方面，当族际政治表现为族际整合时，民族群体之间的关系则趋于合作、和解与和谐，多民族国家内部的族际关系处于动态平衡的良好状态，有利于多民族国家的政治发展。正因为如此，"族际政治整合是当代多民族国家面对的重大问题……各个国家都在努力探索采用更加文明的方式处理民族关系和民族矛盾，促进族际政治整合的进步与巩固"①。在对如何避免族际冲突，实现族际政治整合的探索过程中，初步形成了两种具有代表性的主张：一种是以族群权利为取向的主张，它"所强调的是族群所具有的集体性权利。这种权利实际上是现代国家给予少数民族群体的一种可以行为或不可以行为的自由"②。另一种则以"族际政治民主化"为取向，主张"通过各民族对政府权力的直接、间接控制和对政治决策过程的直接、间接参与，把某一特殊民族对权力的垄断转变为各民族对权力的共享，从而造成一种万众归心的政治局面，保证'多元社会'的'政治一体'"③。

　　族群政治发展与族际政治整合具有相互影响、相互触发的联动效应。族群政治发展是族际政治整合的前提和基础，族际政治关系的和谐与融洽则可以为族群政治发展创造良好的族际环境。实现族群政治发展与族际政治整合的良性互动，对于民族政治发展具有重要的现实意义。由此，族群政治发展、族际政治整合，以及两者之间的良性互动构成了民族政治发展的又一基本内容。

　　以上，我们简要讨论了作为民族政治发展主体的民族共同体的发展。本书将在第四章"主体发展：民族共同体的发展与瞻望"中，从民族个体和民族群体两个方面对于上述内容展开详细的探讨。图6反映了民族

① 常士间：《和谐理念与族际政治整合》，载于《政治学研究》2009年第4期，第100页。
② 常士间：《和谐理念与族际政治整合》，载于《政治学研究》2009年第4期，第100页。
③ 王建娥：《族际政治民主化：多民族国家建设和谐社会的重要课题》，载于《民族研究》2006年第5期，第9～10页。

政治发展的基本内容，可以较为直观地表现我们刚才讨论的内容。

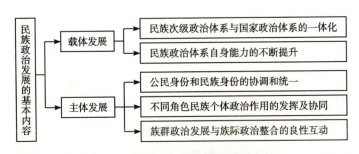

图6　民族政治发展的基本内容示意图

　　这里还需指出的是，作为民族政治发展载体的民族政治体系的发展和作为民族政治发展主体的民族共同体的发展，这两个基本内容之间并不是彼此孤立、相互隔绝的，事实上，依存与互动是两者关系的最为主要和常态的表现形式。而且，两者之间的关系是否协调，协调得好与坏，都将极大地影响到民族政治发展的前景。据此我们认为，作为民族政治发展基本内容的一种必要的补充和延续，完全可以把民族共同体与民族政治体系之间关系的协调与发展问题纳入民族政治发展理论体系的研究视野之中，进行学理性的讨论。鉴于民族国家处于民族政治体系的最高层次，同时，民族国家也是当今世界政治体系中最为重要的政治主体和国际关系的基本分界，本书对于民族政治发展的全部讨论都是在民族国家的框架之下来进行的，因此，我们决定主要从民族与国家之间政治关系的角度，来讨论民族共同体与民族政治体系之间关系的协调与发展问题。这一内容将在本书的第五章"民族与国家政治关系的协调与发展"中详细讨论，这里不再赘述。

二　民族政治发展的双重实质

　　在前文中，我们从"动态过程"和"发展目标"两个不同的层面，对政治发展的概念进行了界定。其实这种方法对于民族政治发展实质问题的讨论也是完全适用的。我们认为，可以从"作为过程的民族政治发展”和“作为目标的民族政治发展”两个层面来分析民族政治发展的实质。基于不同的视角和层次，民族政治发展表现出了复合型的双重实质。

（一）作为过程的民族政治发展的实质

正如前文所述，可以把民族政治发展理解成一个从低级到高级的正向变迁过程，作为对于这一过程的动态性描述，民族政治发展主要表现为民族政治体系的发展与完善，以及民族政治生活从传统到现代的变革。一方面，民族政治体系和民族政治生活都是一种客观存在，民族政治体系是民族政治发展得以展开的基础和前提，民族政治生活则构成了民族政治发展在现实社会生活中的存在方式；另一方面，民族政治发展并不研究固化的民族政治体系和静止的民族政治生活本身，它所关注的焦点在于“发展”，是处于“过程”之中的民族政治体系和民族政治生活。由此我们认为，作为过程的民族政治发展的实质，在于民族政治体系自身的发展与完善，以及与此相联系的民族政治生活从传统到现代的转换。

1. 民族政治体系的发展与完善

民族政治体系的构建并不是一劳永逸的，恰恰相反，自民族政治体系确立之初，它就要随着社会环境的变化而不断做出相应的调整和变革，以更好地与社会环境相适应。正是在这个意义上，“民族政治与其所处的社会环境之间的矛盾对民族政治的发展起着根本性的作用”[①]。近年来，国内有学者对民族政治发展的本质进行了讨论，其主张与本书这里所持的观点近似。该学者指出，“民族政治发展在本质上就是民族政治体系的发展，这是民族政治发展的根本反映”[②]。我们认为，这一论断虽然还有进一步商榷的必要，但从强调民族政治体系的发展与完善对于民族政治发展的重要性的角度来看，它还是可以被接受的。而且这一论断至少在一个侧面佐证了本书将民族政治体系的发展与完善视为作为过程的民族政治发展的实质的观点。

[①]　周平：《民族政治学》（第二版），高等教育出版社，2007，第308页。
[②]　高永久：《民族政治学概论》，南开大学出版社，2008，第291页。

　　从动态过程的描述角度来看，民族政治体系的发展与完善是民族政治体系从专制形态向民主形态的转化，以及民族政治体系从封闭、保守走向开放、变革的过程。而从民族政治体系内部的不同层级划分来看，可以把民族政治体系分解为民族国家政治体系、民族地方政治体系，以及非国家形态民族政治体系这样三个层面。就民族国家政治体系而言，它的发展主要包括单一民族国家政治体系的发展和多民族国家政治体系的发展；就民族地方政治体系而言，它的完善主要包括民族地方立法体系的建构、民族地方政府能力的提升、民族地方行政组织的改革、民族地方政治结构的优化、民族地方政治过程的民主等方面内容；而就非国家形态民族政治体系而言，它的发展与完善的方向主要包括民族村社政治体系的良性运行，民族政治社团的政治参与的有序和有效，民族政治性虚拟空间的秩序与活力的统合等方面。[①]

　　2. 民族政治生活从传统到现代的变革

　　国内有学者指出，"民族政治发展，在多数情形下，都须采取民族的形式，从民族与民族社会的政治遗产中汲取营养……从这个意义上讲，民族政治发展无非是在民族政治生活中不断地进行从传统到现代的变革"[②]。这样看来，民族政治生活从传统到现代的变革构成了作为过程的民族政治发展的另一实质内容。纵观目前国内学者对于民族政治发展的内容的种种讨论，一般都是在"民族政治生活从传统到现代的变革"的范围之内来进行的。有学者针对我国的情况指出，民族地区政治发展"包括在民族地区发展政治民主、维护政治稳定、巩固政治体系权威、增强政治决策能力、提高政治制度化水平、提升政治清廉度以及政治文化的世俗化"[③]。显然，可以把这些内容看成为促进民族政治生活从传统到现代的变革而进行的现实努力。

　　除此之外，民族政治生活从传统到现代变革的主要内容还可以包括：民族政治生活的世俗化，即神权至上、政教合一的传统民族政治形态被

---

　　① 关于民族政治体系发展的详细讨论，请参见本书第三章的内容。——笔者注
　　② 周星：《民族政治学》，中国社会科学出版社，1993，第185页。
　　③ 肖陆军：《论民族地区政治发展》，载于《云南社会科学》2007年第3期，第80页。

主权在民、政教分离的现代民族政治形态所取代；从传统民族政治中所强调的族群关系、血缘关系转换到强调利益集团、地缘关系和市民社会的现代民族政治；从传统的种族、族群认同发展为现代公民的国家认同；协调民族自身、民族之间、民族与国家关系的良性发展；等等。

还需说明的是，民族政治体系的发展与完善同民族政治生活从传统到现代的变革之间并不是泾渭分明、彼此独立的两种不同的民族政治发展过程，恰恰相反，它们是相伴而生、相互影响的，两者之间大体可以被看成抽象与具体、本质与现象、内容与形式的关系，两者相辅相成、相得益彰，共同构成了作为过程的民族政治发展的实质。民族政治体系的发展与完善是作为过程的民族政治发展的实质性内容，是实质中的实质；而民族政治生活从传统到现代的变革则是这一过程的表象。鉴于民族政治体系普遍存在于以民族国家为国际政治基本单位的现实世界，并对当今世界国际关系的走向、政治格局的变动以及民族共同体的存在与发展产生日益重要的影响；同时，与民族政治生活从传统到现代的变革相比较而言，民族政治体系的发展与完善对于民族政治发展的作用更为根本、关系更为密切、影响更为深刻。由此，本书在后面的研究内容中（详见第三章），将把讨论的重点放在民族政治体系的发展与完善上。

（二）作为目标的民族政治发展的实质

如果仅仅把民族政治发展的基本内容锁定在过程的描述层面，就很容易迷失在由民族政治体系的发展与完善，以及民族政治生活从传统到现代的变革所共同构成的"发展陷阱"里，看不到问题的根本。由此，我们还需要从发展目标的层面，来对民族政治发展的实质做一讨论。

1. 基本目标：民族政治现代化

事实上，无论过去、现在还是未来，无论民族政治发展所研究的具体问题有多不同，其关注的焦点和研究的指向都是一致的，就是要为实现民族政治现代化寻求可能的方法和途径。换句话说，民族政治现代化构成了民族政治发展的基本目标。显然，这也构成了作为目标的民族政治发展的实质。

就国内学界而言，"民族政治发展的目标"是民族政治发展问题研究中的一个焦点问题，很多学者就此发表了自己的看法。例如，有学者把民族政治发展的目标概括为民族政治文化的世俗化、民族政治权威的合理化、民族政治结构的区分化、民族政治的民主化和民族政治系统能力的提升。① 通过分析不难发现，这里所提出的这些目标都可以涵盖在"民族政治现代化"这一框架之内。一般而言，民族政治现代化表现为：其一，现代民主制度的确立。即能够体现民族共同体自身利益的现代民主制度得以确立并得到巩固和强化。包括现代政党制度的确立及其强化、现代行政管理制度的确立及其强化、现代法制的确立及其强化，等等。其二，现代政治权威的确立。即由单一的、世俗的、能够代表民族共同体整体利益的政治权威取代各种传统形态的（包括宗教的、宗族的和家庭的）政治权威，他们"既是民族统治集团的代表人物，也是民族政治生活中的权威人物。他们能够站在民族整体利益的高度上，动员和调配民族共同体和民族社会中的各种政治资源，发动政治过程，从而在民族共同体或民族社会中发挥广泛而巨大的影响力"②。其三，现代政治参与的确立。"现代化……还表现为潜在的权力不断向更为广泛的社会群体内扩展，直至它最终落入所有成年公民之手，从而使社会形成一个和谐的道德秩序"③。对于民族政治生活的现代化而言，情况也是如此。现代政治参与的确立意味着民族共同体的成员以国家公民的身份平等、真实、有序地参与政治生活，从而实现民族国家或多民族国家政治权力的共享，并在此基础之上形成稳定和谐、秩序井然的社会生活局面。

2. 终极目标：对于民族共同体的政治关怀

正如本书之前对国内学界所给出的三种对于民族政治发展概念的定义性表述分析的那样，无论是作为过程的民族政治发展还是作为目标的

---

① 参见高永久、王转运《民族政治发展的目标选择研究》，载于《云南师范大学学报》（哲学社会科学版）2007年第6期，第1~6页。

② 周平：《民族政治学》（第二版），高等教育出版社，2007，第185页。

③ 〔以色列〕S. N. 艾森斯塔德：《现代化：抗拒与变迁》，张旅平、沈原、陈育国、迟刚毅译，中国人民大学出版社，1988，第4页。

民族政治发展，无论这些定义所强调的是民族"政治生活从传统形态向现代形态的转变""民族政治体系"的"调整和变迁"，还是"现代政治因素的日趋强化和发达"，这些讨论都没有把民族政治发展对于民族共同体本身的关怀体现出来。我们认为，虽然"民族政治体系"构成了民族政治发展的重要载体，民族政治发展在很大程度上也是反映在"民族政治生活"之中，但民族政治发展的真正主体并不是它们，而是民族共同体本身。事实上，作为政治发展的重要表现形式之一，民族政治发展是围绕"民族"这一主体而展开的正向变迁过程，也正是由于政治发展主体的不同，才把民族政治发展同其他形式的政治发展，诸如政党政治发展、国家政治发展、地方政治发展等区别开来。此外，民族政治发展的基本目标是实现民族政治的现代化，而这一目标并不具有终极意义。归根结底，实现民族政治的现代化是要为作为政治发展主体的民族共同体服务的，是要通过民族共同体的发展来得以展现的，更是要用这一结果去实现对民族政治主体的政治关怀。

由此，我们认为，为民族共同体提供一种持久而深切的政治关怀，是民族政治发展的终极目标。这一目标也构成了作为目标的民族政治发展的又一实质内容。图7为民族政治发展实质的示意图。通过图7所示可以更为直观地反映出我们刚才讨论的内容。

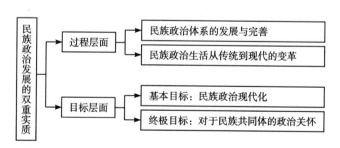

图7　民族政治发展实质示意图

第三节　民族政治发展的主要模式

目前，国内学界有关民族政治发展模式的讨论还相当罕见，很多学者似乎更加关注民族政治发展的目标问题[①]，偶有涉及模式问题的，也多是将其放置在中国少数民族政治发展这一具体的研究视域之内来展开[②]。以笔者陋见，在目前公开发表的中文文献中，仅有周玉琴在自己的博士论文《当代中国少数民族政治发展研究》中一般性地谈及了这个问题。文中，周玉琴将"国内外主要民族政治发展模式"概括为"美国的民族歧视—同化政治实践""加拿大、澳大利亚的文化多元主义政治"及"我国的民族区域自治政治模式"。[③] 显然，周玉琴是从多民族国家处理国内民族问题的政策/制度实践的角度来讨论民族政治发展模式的。我们认为，不论上述多民族国家的典型性有多强，仅以这四个国家的民族政策/制度实践来概括"国内外主要民族政治发展模式"的做法本身就是值得商榷的；此外，多民族国家处理国内民族问题的政策/制度实践自然会在很大程度上影响该国民族政治发展的走向，但对于民族政治发展而言，民族政治体系要比民族政策/制度更具决定意义，民族政策/制度要依托特定的民族政治体系才能发挥作用，而且在很多时候，民族政策/制度的实践仅仅是作为民族政治体系发展和完善的重要途径之一来体现其自身价值的。"政治发展意味着建立适应一个特定社会历史—社会—

[①]　这方面的代表作包括高永久、王转运《民族政治发展的目标选择研究》，载于《云南师范大学学报》（哲学社会科学版）2007 年第 6 期；巴拉吉、黄岩：《民族发展政治的目标探析》，载于《中央民族大学学报》（哲学社会科学版）2008 年第 6 期；等等。——笔者注

[②]　这方面的代表作包括周平《少数民族政治发展论》，载于《思想战线》1997 年第 1 期；马尚云：《关于少数民族政治发展的思考》，载于《内蒙古大学学报》（人文社会科学版）2004 年第 5 期；杨明伟：《我国少数民族政治发展目标模式分析》，载于《中共成都市委党校学报》2002 年第 6 期；等等。——笔者注

[③]　参见周玉琴《当代中国少数民族政治发展研究》，中央民族大学博士学位论文，2009，第47～56 页。

文化要求变化的稳定的政治体系"①，对于民族政治发展而言，情况也是如此。鉴于"民族政治发展是以民族国家的建立为指向的"，即使"不能达成单一民族国家的确立，也要求多民族国家对外以民族国家的姿态出现"②；"在民族政治学的视野中，民族国家和多民族国家，都是民族的国家政治体系。在民族政治体系的系列中，国家政治体系处于最高的层次，对其他各种非国家的政治体系具有包容性和统辖性"③。由此，我们试图从民族政治体系的最高层次，即民族国家④及其构建⑤这一角度来讨论民族政治发展的主要模式。

对于民族国家及其构建的主要类型，国内外已有不少学者进行了讨论。就国外学者而言，比如安东尼·吉登斯指出，"根据工业与军事力量的强弱"可以把民族国家划分为"核心的/霸权的""毗邻的/附庸的""中心的/结盟的""中心的/不结盟的""边陲的/结盟的""边陲的/不结盟的"六种类型；而"根据原初的国家形成的不同方式"则可以把民族国家划分为"古典的""殖民化的""后殖民的""现代化的"四种类型。⑥ 而吉尔·德拉诺瓦则根据几次"民族主义浪潮"性质的不同而将民族国家的创建分为五个阶段，即以美国革命和法国革命为发端，进而在北美洲和拉丁美洲兴起的旨在摆脱宗主国殖民统治的"共和主义的浪潮"；以法国模式"作为参照或衬托"而建立"民族认同民族国家"的"浪漫主义"浪潮；以德国和意大利的统一，以及爱尔兰和波兰的独立

---

① 王沪宁：《比较政治分析》，上海人民出版社，1987，第237页。

② 参见周星《民族政治学》，中国社会科学出版社，1993，第185页。

③ 周平：《民族政治学》（第二版），高等教育出版社，2007，第315页。

④ 在更多情况下，本书所使用的民族国家并不是指单一民族国家，而是指建立在一个或多个民族对国家认同基础之上的主权国家。从民族国家内部掌控国家政权的民族数量的多少来划分，可以把它细分为单一民族国家和多民族国家。详细内容请参见本书第三章第一节有关"民族国家及其基本形式"的讨论。——笔者注

⑤ 本书所使用的民族国家构建既不简单等同于民族国家的建立，也区别于近年学界讨论的"国家建设"问题。我们认为，民族国家的构建由"外观构建"和"内核构建"组成，就民族国家的外观构建而言，主要是指民族的独立和国家的统一；而就民族国家的内核构建而言，则主要是指民族对国家的认同的形成，即国家得到了国内民族的忠诚。——笔者注

⑥ 参见〔英〕安东尼·吉登斯《民族-国家与暴力》，胡宗泽、赵力涛译，生活·读书·新知三联书店，1998，第316~325页。

为代表的"政治独立的浪潮";以中国、印度和非洲为代表的"尽管有过殖民化,重又获得自治和昔日的边界"的"非殖民化的浪潮";以及发生在"20世纪最后十年中",以"共产主义的突然坍塌"而产生的"独特的""前所未有"的新浪潮。①

就国内学者而言,比如宁骚认为,基于历时性特征而把民族国家划分为欧洲民族国家、美洲民族国家、三大帝国解体而形成的民族国家、亚非民族国家和欧亚三个民族联邦制国家解体而形成的民族国家这样几种类型;而基于共时性特征则可以把民族国家划分为"发达的民族国家""中等发达的民族国家"和"发展中民族国家"。② 贾英健则把民族国家的建构方式区分为"否定性建构"和"肯定性建构",进而"从历史的角度"把民族国家构建的形态划分为"原生形态的欧洲民族国家""衍生形态的主要由欧洲移民组成的民族国家"和"传统社会根基深厚,在摆脱殖民统治后建立起的民族国家"三种类型。③

本书在综合这些学者观点的基础上,尝试把民族政治发展的主要模式概括为如下三个基本类型。

一 原生形态的民族政治发展模式

民族国家是当今世界政治体系中最具普遍意义的主体,是讨论国际关系的基本分界;同时,民族国家也是民族政治体系的最高层级,是民族政治发展最为重要的载体和分析单位。民族国家不是人类社会发展史中唯一出现的国家形态,从国家形态的历史演进来看,其"基本线索是从古希腊城邦国家开始,经过罗马帝国、中世纪普世世界国家、王朝国

---

① 参见〔法〕吉尔·德拉诺瓦《民族与民族主义:理论基础与历史经验》,郑文彬、洪晖译,生活·读书·新知三联书店,2005,第12~13页。

② 参见宁骚《民族与国家——民族关系与民族政策的国际比较》,北京大学出版社,1995,第281~317页。

③ 参见贾英健《全球化背景下的民族国家研究》,中国社会科学出版社,2005,第77~81页。

家，最后发展为近代民族国家"①。民族国家初创始于欧洲，随着资本主义经济一体化和全球化的发展，作为一种全新的国家形态，也在全球范围内不断扩展。在此过程之中，虽然民族国家的构建方式和结构形式等诸多方面都发生了显著变化，但这些变化并不妨碍民族国家最终发展成为一种具有世界意义的、普遍存在的国家形态。

回顾民族国家的构建及其全球扩展的历程不难看出，"民族国家首先出现于西欧，是欧洲国家形态演进过程中的一种形式"②。鉴于西欧是民族国家的发源地，西欧民族国家的建立既为其他地区树立了学习效仿的榜样，也为这些地区民族国家的构建提供了经典范式。由此，我们把基于西欧民族国家构建而出现的民族政治发展类型称之为"原生形态的民族政治发展模式"。

（一）西欧民族国家的初创与巩固

西欧民族国家兴起于 13 世纪中叶到 15 世纪下半叶。到了 17 世纪中叶，以 1648 年欧洲主要国家签订的《威斯特伐利亚和约》（*The Peace Treaty of Westphalia*）为标志，国家主权原则得以确立，西欧在国家的外观上形成了以民族国家为分界的国际体系。在这四百年的历史发展过程之中，西欧社会生活中出现了一系列带有共性的变化，正是这些变化最终促成了西欧民族国家的初创与巩固。

首先，资本主义萌芽开始出现并逐步发展起来。虽然这一时期的资本主义经济形态还处于工场手工业阶段，但它的存在和发展促成了封建市民等级向近代资产阶级的转化。而且，同封建庄园的割据局面截然相反的是，资本主义经济发展要求在一个国家内部形成统一的市场及其制度框架。显然，这是一种促进国家独立和统一的力量。

其次，封建国王在资产阶级的支持下建立起了中央集权的君主专制国家。随着资本主义萌芽的出现以及以近代资产阶级为代表的市民阶级

---

① 周平：《论中国民族国家的构建》，载于《当代中国政治研究报告》Ⅵ，社会科学文献出版社，2008，第 93 页。

② 周平：《对民族国家的再认识》，载于《政治学研究》2009 年第 4 期，第 89 页。

的形成，统一国内市场及制度的产生成为历史发展的必然。由此，封建国王们纷纷开始巩固自己的权力，最终，"代表民族的王权在形成中的近代资产阶级的支持下完成了国家的独立与统一"①。正如马克思主义经典作家所言，"王权依靠市民打败了封建贵族的权力，建立了巨大的、实质上以民族［Nationälität］为基础的君主国"②。这一时期，西班牙在15世纪末期取得了收复失地运动的最后胜利，并且在王权的带领下实现了民族的独立和国家的统一；法国在1302年确立了等级君主制，不断扩大王室领地，1453年收复了除加来港（Calais）以外英国在本国的全部领地，并将行政、司法、军事、货币等权力集中在中央的统辖之下，到1500年前后，基本形成了统一的法兰西民族和法兰西国家；葡萄牙在13世纪中叶排除了阿拉伯人在当地的势力之后，终于在1640年前后成功地摆脱了西班牙的统治。需要说明的是，虽然这些统一的君主国还不是现代意义上的民族国家，但它"却形成了一种将国家共同体内的居民凝聚为民族共同体的力量，开启了一个重新塑造民族的历史进程"③，从而朝着民族国家迈出了决定性的一步。

再次，统一民族语言的形成及其在国家范围内的通用。作为民族产生的重要特征之一，统一的民族语言逐渐取代了部族语言、地方性语言（方言）及外国语言，成为在国家范围内通用的语言。比如，"在英国，这一变革完成于1500年；在法国，1539年的维莱尔—科特雷救令第110和111条规定从此必须用法语而不再是拉丁语来撰写各种司法文件，这就等于宣告了法语为国语"④。同样的事情也发生在西班牙、荷兰、丹麦和葡萄牙等欧洲国家。西班牙在15世纪末期实现国家统一之后，在卡斯蒂尔方言的基础上逐步形成了通行全国的西班牙语；在尼德兰资产阶级

---

① 宁骚：《民族与国家——民族关系与民族政策的国际比较》，北京大学出版社，1995，第283页。

② 《马克思恩格斯选集》（第4卷），人民出版社，1995，第261页。

③ 周平：《对民族国家的再认识》，载于《政治学研究》2009年第4期，第93页。

④ 宁骚：《论民族国家》，载于《北京大学学报》（哲学社会科学版）1991年第6期，第86页。

革命（1566～1609）胜利之后，荷兰语成为荷兰全体居民和官方行政的通用语言；自 1536 年国王克里斯蒂安三世（Christian Ⅲ）宣布进行宗教改革之后，丹麦语开始取代拉丁语而成为丹麦的宗教语言及官方语言；葡萄牙则是在 13 世纪中叶收复被阿拉伯人侵占的领地之后，在波尔图方言的基础上形成了全国通用的葡萄牙语。统一的民族语言对于民族的构建及其身份的认同起到非常重要的作用，因为现代民族国家"缔造民族过程的一个最重要的目的，是在其居民中间确立民族特性，创造居民彼此之间的相互认同，以及对国家的政治认同。这就需要整合疆域上的居民的文化，创造一种共同的文化特征。其中的一个重要的内容，就是创造一种共同的语言，通过共同语言的纽带把居民联系在一起，使之获得一种确定的身份特征"①。

最后，民族主义意识形态在西欧各国的普遍兴起。当这些中央集权的君主专制国家建成之后，伴随西欧新的民族共同体形态的出现，民族主义意识形态也在西欧兴起。在这些君主专制国家把原本分散的居民整合成民族共同体的过程之中，也逐步形成了共同的民族意识和稳定的民族情感。比如，百年战争（1337～1453）唤醒了英格兰、法兰西两大民族的民族意识，而在排除阿拉伯人在当地的势力和摆脱西班牙统治的过程中，葡萄牙人民的民族意识也被前所未有地激发出来。"这些正在形成中的民族感情和民族意识经过民族精英的加工，尤其是经过在当时明显占有文化霸权和话语霸权的民族知识分子的概括整理和理论论证从而系统化、理论化后，就逐步演变成为完整的思想体系——民族主义"②。这种民族主义意识形态一经产生，便成为一种强大的精神力量，促使民族从自在状态走向自觉状态，也加强了民族成员对于自身民族身份的认同。显然，这一转变对于西欧民族国家的创建至关重要。

1648 年《威斯特伐利亚和约》的签订，标志着西欧民族国家的确

---

① 王建娥：《国家建构和民族建构：内涵、特征及联系——以欧洲国家经验为例》，载于《西北师范大学学报》（社会科学版）2010 年第 2 期，第 25 页。
② 周平：《民族政治学》（第二版），高等教育出版社，2007，第 237 页。

立。然而需要指出的是，"这个时期形成的民族国家，从经济基础到上层建筑，都还不是民族国家的现代形态"①。在接下来的近两个世纪的时间里，西欧民族国家普遍发生了以"资本主义改造"为实质内容的巨大变革，资本主义生产方式以其特有的开放性摧毁了旧时封闭保守的经济体系，国家的主权也从专制君主手中转移到了西欧各国君主立宪制或民主共和制的代议机关——国民议会手中，进而，资产阶级上升为民族国家的统治阶级。这种主权的转移开始于英国资产阶级革命，之后随着法国大革命的到来而掀起高潮。这一过程在比利时开始于1830年，在瑞典开始于1809年，在德国和意大利开始于1870年，在卢森堡和荷兰则开始于1848年。至此，西欧民族国家现代转换得以最终完成。

（二）原生形态民族政治发展模式的基本特点

必须承认，最早建立起民族国家的西欧各国，其民族国家构建的历史起点、具体途径、完成时间等方面都还存在着很大的差异。但是通过分析和比对不难发现，其中也包含着诸多带有普遍性和规律性的共性。我们认为，正是由于这些共性的存在，才使得西欧各国的民族政治发展形成了鲜明的西欧特色。同时，这些共性也构成了"原生形态的民族政治发展模式"的基本特点。

首先，中央集权的君主专制国家的存在是西欧民族国家构建的历史前提。回顾西欧民族国家的构建过程可以发现，民族国家是建立在中央集权的君主专制国家的基础之上。作为从封建王朝国家向民族国家过渡过程中的一种国家形态，在中央集权的君主专制国家里已经孕育和出现了许多民族国家的特征。这些特征主要包括"作为现代国家重要标志的国家主权原则得到了确认""资本主义得到了空前的发展""通过在全国设置各种公共机构和专业官僚，不断集中和扩张自己的权力"，以及"基本形成了现代西方国家形态的框架"。②显然，这些特征为西欧民族

---

① 宁骚：《民族与国家——民族关系与民族政策的国际比较》，北京大学出版社，1995，第287页。

② 参见贾英健《全球化背景下的民族国家研究》，中国社会科学出版社，2005，第65~66页。

国家的构建提供了难得的基础性条件。安东尼·吉登斯把这种中央集权的君主专制国家称为"绝对主义国家",在谈及绝对主义国家对于民族国家构建的意义时,他指出:"伴随着绝对主义的产生,国家体系发生了巨大的转变,首次开始形成了现代意义上的明晰可辨的'欧洲'";"绝对主义……并未导致一个新的统一欧洲的出现。……不过,尽管如此,欧洲依然成为一种同后来产生的民族—国家体系具有明晰可辨的联系的政治秩序"。①

其次,资本主义生产方式的发展是西欧民族国家构建的根本动力。如前所述,在西欧民族国家初创的四百多年间,资本主义商品经济的萌芽开始出现并逐步发展起来。资本主义的生产方式具有强烈的扩散性和渗透性,自其出现以来便有力地推动了社会分工的发展,强化了不同经济活动主体之间的联系和相互依赖,并且在客观上"要求有广阔的、联合为国家的统一地域,要求在这样的地域内有统一的政府、统一的法律、统一的关税、统一的语言和同质的文化、统一的度量衡、统一的交通和通信系统、统一的国民教育体系,等等。在所有这些要求中,形成统一的民族市场是基本的要求"②。为此,新兴的资产阶级借助王权的力量,通过采取同质性的民族语言和文化、打击地方割据力量、驱除国外占领势力等一系列措施来为资本主义生产方式的发展扫清障碍,其直接后果是中央集权的君主专制国家在西欧的普遍确立。然而,"绝对主义国家依然是传统国家",在这些国家里"依然保有此前的封建秩序的大部分要素"③;这些国家的"政治统治只是在商品经济发展阶段为保持封建统治及剥削方式而产生的新政治形式"④ 而已。显然,这种局面并不能满

---

① 参见〔英〕安东尼·吉登斯《民族-国家与暴力》,胡宗泽、赵力涛译,生活·读书·新知三联书店,1998,第106~107页。

② 宁骚:《民族与国家——民族关系与民族政策的国际比较》,北京大学出版社,1995,第280~281页。

③ 参见〔英〕安东尼·吉登斯《民族-国家与暴力》,胡宗泽、赵力涛译,生活·读书·新知三联书店,1998,第116页。

④ 参见〔英〕佩里·安德森《绝对主义国家的系谱》,刘北成、龚晓庄译,上海人民出版社,2001,第19页。

足资本主义生产方式发展的需要。于是，通过发动资产阶级革命来推翻绝对君主的统治、建立民族国家就成为新兴资产阶级的必然选择。总之，"资本主义生产方式和贸易的不断发展，成为新兴的资产阶级起来推翻封建生产关系和封建制度，建立能够满足资本主义生产方式发展要求的民族国家的深厚根源"①。

再次，启蒙运动及其倡导的理性主义是西欧民族国家构建的思想武器。启蒙运动肇始于 17 世纪，在此后的接近两个世纪的时间里，启蒙运动在欧洲产生了广泛而深刻的影响。启蒙运动的思想家们把理性看作人的本质，把理性作为衡量万事万物的尺度，对以往一切传统观念、社会形式和国家形态都进行了深刻的批判。同时，他们以人权反对神权，揭露专制君主"君权神授"的荒谬，倡导建立"理性国家"。启蒙运动及其倡导的理性主义对于西欧民族国家的构建具有重要意义。一方面，"在这个理性的国家里，最高权威的合法性不是来自于超自然的力量，而是来自于公民的认可，来自于对民族意志的体现，因而这一合法性应基于对民族负责"②；而另一方面，理性主义还把民族的独立、生存和发展同国家的利益紧密联结在一起，把民族个体成员对于国家的忠诚建立在这些成员对社区、家庭、村落以及宗教忠诚的基础之上，这就使得民族对国家的认同具有了稳定的情感根基。由此，"启蒙主义理性与国家之间这种密切的联系，使它为民族国家形成提供了观念上的支持"③。

最后，宗教改革运动也对西欧民族国家的构建产生了重要影响。在漫长的中世纪，宗教拥有至高无上的权力，它既是社会伦理，也是政治信仰，并且承担了对于社会秩序进行整合的全部功能。政教合一的传统国家无法作为一个完整的政治单位来独立行使自己的权力，更对社会成员进行现代意义上的政治整合无能为力。在这一背景之下，

---

① 贾英健：《全球化背景下的民族国家研究》，中国社会科学出版社，2005，第73页。
② 宁骚：《论民族国家》，载于《北京大学学报》（哲学社会科学版）1991年第6期，第87页。
③ 贾英健：《全球化背景下的民族国家研究》，中国社会科学出版社，2005，第75页。

欧洲很多国家纷纷要求进行宗教改革，以谋求国家的政治权力。于是，
"在欧洲大部分地区，宗教改革运动是一场旷日持久的、隐蔽的或公开
的内战，但内战导致的结果则在每个国家不尽相同"①。西班牙的宗教
改革运动遭到了残酷的镇压；荷兰和德国的宗教改革运动则使这两个
国家经历了数十年的战争，并最终导致了分裂；法国爆发了长达半个
世纪的战争，但战后建立起了强大的国家；而英国则因其君主谋求独
立主权的要求而使国家长期处于内战的边缘。宗教改革运动对于西欧
民族国家构建的重要影响在于，一方面，经过宗教改革运动的洗礼，
西欧各国的民族意识普遍增强了。比如，"到伊丽莎白统治结束之时，
英国民族意识形成的进程实际上已经完成。17 世纪发生的内战也未能
动摇这一进程"；"15 世纪末期，民族意识已经深深扎根于法兰西人民
之中"；而 "德意志民族意识的兴起是与宗教改革运动同步的"。② 另
一方面，"西欧各民族国家的形成虽然经历过不同的发展道路，但其共
同点无疑是作为天主教世界的对立面，在与周围民族的竞争中，逐渐成
长为民族国家的"③。

　　综上所述，西欧民族国家的构建经历了一个较长的历史时期，民族
国家的构建也因此而成为这一时期西欧民族政治发展的主旋律和基本线
索。而伴随着西欧资本主义国家的全球性殖民扩张的兴起，民族国家这
一典型的资产阶级国家政权组织形式也开始超越其阶级属性的界限而不
断在全球范围内扩展。这也使得民族国家这一原本囿于欧洲地域范围之
内的民族政治发展经验获得了普世性的价值。

二　衍生形态的民族政治发展模式

　　从民族国家全球扩展的历史进程来看，其发展的第二个阶段当属崛

---

① 〔英〕休·希顿-沃森：《民族与国家——对民族起源与民族主义政治的探讨》，吴洪英、黄群译，中央民族大学出版社，2009，第 23 页。
② 〔英〕休·希顿-沃森：《民族与国家——对民族起源与民族主义政治的探讨》，吴洪英、黄群译，中央民族大学出版社，2009，第 23~25 页。
③ 张跃发、刘养洁：《民族国家与世界经济》（1500~1900），时事出版社，1999，第 15 页。

起于北美洲、拉丁美洲和大洋洲上的那些以欧洲移民为主要成员的民族国家。这些民族国家是在试图效仿西欧模式的基础上形成的，这也使得这些国家的构建过程带有或多或少的西欧痕迹。同时，这些国家在面对与欧洲截然不同的自然环境、历史条件和社会背景时，也形成了自身民族国家构建的鲜明特色。鉴于这些民族国家在自身构建过程中所带有的既效仿西欧而又不同于西欧的特点，我们将这些民族国家称之为"衍生形态的民族国家"，进而将基于这些民族国家的构建而出现的民族政治发展类型概括为"衍生形态的民族政治发展模式"。

（一）衍生形态民族国家构建的历史性回顾

自美洲及大洋洲相继被来自欧洲的航海家"发现"以后，西欧建立不久的民族国家就依凭强大的经济实力和军事实力，陆续踏上了对于这些地区进行征服和统治的征程，相继在这里建立起很多殖民地国家。而随着宗主国对这些国家殖民掠夺和民族压迫的加剧，生活在这里的人们逐渐形成了共同的民族意识，最终携起手来共同反抗宗主国的殖民统治，从而走上了争取民族独立、构建民族国家的道路。

1. 北美洲民族国家的构建：美国和加拿大

从 1607 年英国殖民者在北美洲的东海岸建立起自己的第一块殖民地，到 1776 年大陆会议正式通过《独立宣言》（*United States Declaration of Independence*），宣布北美 13 个殖民地脱离英国独立，美利坚民族国家的构建经历了 170 年的时间。可以把这一历史时期划分为如下三个阶段。

第一个阶段是从 1607 年至 1689 年。1607 年，英属北美的第一个殖民地——弗吉尼亚得以确立，在此后的很长时间里，最初建立的几个殖民地基本处于自给自足的自然经济状态，经济发展及人口增长缓慢。但其间也出现了两个有利于国家构建的因素：一个是新英格兰利用其丰富的自然资源而在造船、皮革、毛纺织等方面迅速发展起来，为美国后来的经济发展积累了最初的物质基础；另一个是相继发生了以 1676 ~ 1677 年弗吉尼亚的培根起义和 1689 年纽约长岛的莱斯勒起义为代表的一系列反英起义。前者是由英国颁布的一系列航海条例给北美南部殖民地带来的普遍灾难引发的，后者则是受到 1689 年英国政变消息的刺激。由于这些起义都带有明显的反英倾向，美利坚的民族意识开始形成。

第二个阶段是从 1689 年至 1763 年。这一阶段发生的两件事情都预示了北美殖民地人民从分散走向联合的可能性。其一是在 1690 年成立了一个由马萨诸塞、罗得岛、康涅狄格、马里兰等州共同参加的旨在防范法国人的 "大陆联盟"；其二是在 1754 年 6 月，宾夕法尼亚、罗得岛、纽约、马里兰等 7 个州在纽约州的阿尔巴尼召开了殖民地代表会议，来商议由本杰明·富兰克林提出的旨在促进各殖民地政治联合的 "阿尔巴尼联盟计划"（Albany Plan of Union）。在这一阶段，英法两国对于北美殖民地的争夺日趋激烈，终于在 1756 年爆发了 "七年战争"。在这场战争中，"北美殖民地人民站在英国一边对法作战……通过战争，锻炼了人民，培养了一批指挥官，这就为以后的民族独立战争，无论在人力上、军事技能或精神上，起了重要的准备作用"[①]。此外，这一阶段北美的经济、交通、邮电和科教事业都得到了长足的发展，移民大量涌入，各殖民地之间的交往频繁，这一切都为美利坚成为独立统一的经济实体创造了条件。

第三个阶段是从 1763 年到 1776 年。1763 年，英国虽然取得了 "七年战争" 的最后胜利，但北美各殖民地同英国之间的矛盾日益激化。一方面，英国在北美所采取的一系列高压政策遭到殖民地人民的强烈反对，客观上促进了北美各殖民地之间的团结协作以及殖民地人民民族意识的普遍觉醒和不断高涨。克里斯托弗·加兹顿在一次演说中宣称，"在这个大陆上，不应当有人称为新英格兰人、纽约人等，我们所有的人都是美利坚人"[②]。另一方面，为讨论和解决由英国的高压政策所造成的一系列问题，1774 年 9 月，北美殖民召开了首次 "大陆会议" 进行 "有限的反抗"，试图在英帝国允许的范围内谋求可能的自治。然而英王乔治三

---

① 颉普：《关于美利坚民族的形成问题》，载于《兰州大学学报》（社会科学版）1981 年第 2 期，第 37 页。

② 转引自何顺果《美国史通论》，学林出版社，2001，第 41 页。

世将殖民地人民的请愿看作"叛乱",对北美采取了更为激烈的政策,战争一触即发。在这一背景之下,北美独立战争于 1775 年 4 月 19 日在莱克星顿打响,1776 年 7 月 4 日,大陆议会通过了著名的《独立宣言》,这标志着美利坚民族终于取得了国家的独立。

然而,《独立宣言》的发表虽然使得美利坚拥有了民族国家的外部形态,但美利坚民族国家的统一还未真正完成。1787 年通过的美国联邦宪法正式确认以联邦制的方式把 13 个州统一为一个国家,同时宣布各州不再拥有主权,联邦是唯一合法的主权单位,美利坚合众国才真正成为统一的民族国家。

比较而言,加拿大民族国家的构建之路要比美利坚平缓许多,从 1608 年法国人塞缪尔·德·尚普兰建立魁北克殖民地,到 1867 年正式摆脱殖民地地位,加拿大民族国家的形成用了两个半世纪。在这两百多年里,加拿大分别经历了"新法兰西"时期和英属加拿大时期,随着自治领(Dominion)的正式成立,作为民族国家的加拿大得以真正建立。

首先,是从 1608 年到 1763 年的"新法兰西"时期。1608 年尚普兰初建魁北克殖民地,这是法国在加拿大展开殖民活动的关键步骤,也标志着"新法兰西"时期的正式开始。由于新法兰西的主要居民多来自法国本土,使得新法兰西不仅移植了法国的行政机制,也因循着法国的宗教信仰。天主教及其领导的教会、法国殖民政府、领主制构成了支撑新法兰西社会的三种力量。到了 18 世纪,从社会形态上看,新法兰西已经发展成为一个信奉天主教、保守的、以农耕为主要经济生产方式的传统社会;从地域范围来看,新法兰西的领地已从北美大西洋沿岸扩展到内地心脏地区的辽阔疆域;从人口数量上看,来自法国的早期移民已经在这里繁衍了至少六万名后代。这些法兰西后裔依然保持着同大洋彼岸的宗主国一致的语言、信仰和风俗习惯,但在他们许多人眼中,法国已经是一个相当陌生的国度,比较而言,他们更愿意相信自己是北美人;并且,他们也不同于南部的英属北美殖民地人,而是"加拿大"人。

英法两国在北美开拓殖民地的时间大体相当,因殖民活动导致双方基于利益争夺而产生的摩擦与冲突也愈加频繁。从 17 世纪中叶开始的一百年里，双方为争夺北美殖民地而导致的战争时有发生，但波及范围较为有限，规模尚小。1756 年，两国之间终于爆发了一场持续七年之久的、旨在争夺北美殖民地的大规模战争，史称"七年战争"。[①] 战争以"新法兰西"的覆灭和英属加拿大的建立而结束，双方于 1763 年签订《巴黎条约》（Treaty of Paris），法国人经营了 150 年之久的北美殖民地完全落入英国人手中。

然而，一个由六万名法兰西后裔构成的法裔加拿大人共同体已然存在，而他们聚居的"魁北克不只是新法兰西的政治首府，它还是精神、文化和地理的中心。在它的内部和周围形成了种族的、文化的、宗教的和语言的坚强传统，这些传统是法属加拿大人的向心力量"[②]。这个依靠法兰西后裔自身力量而成长起来的社会非但不可能被消灭，相反，英国的征服和统治会使这些法裔加拿大人比以往任何时候都团结，一种强烈的、建立在传统天主教价值观之上的认同感开始生成[③]，这预示着一个全新的加拿大民族正在形成。

接下来，是从 1763 年到 1867 年的英属加拿大时期。英国在取得加拿大统治权以后，大力推行英国的代议制度、法律、宗教及语言，试图把英国式的政治体制和文化移植到这里，并希望通过不断向加拿大输入英裔新教移民的方式，来淡化法裔加拿大人对天主教的认同感，进而用英国文化去同化他们。[④] 1763 年英国王室颁布的《皇室公告》（Rnyal Prodamation）可以看成为实现这一目标而进行的努力。《公告》鼓励英属北美十三殖民地的英裔居民移居加拿大，可事实证明，不仅当地的英裔居民对此毫无兴趣，而且此举遭到法裔加拿大人的坚决抵制。无奈之

---

① 王绳祖主编《国际关系史》，法律出版社，1986，第 23 页。

② 〔加〕格莱兹·布鲁克：《加拿大简史》，山东大学翻译组译，山东人民出版社，1972，第 60 页。

③ David V. J. Bell ed. , *The Roots of Disunity: A Study of Canadian Political Culture*, New York: Oxford University Press, 1992, p.95.

④ W. L. Morton, *The Canudiun Identity* (second edition), p.16.

下，英国议会于 1774 年通过了《魁北克法案》（*Quebec Act*），放弃在魁北克建立代议制度的尝试，承诺要成立一个由英裔加拿大人和法裔加拿大人共同组成的政府，赋予法国民法与英国刑法同等的法律地位，把法语和英语同时作为魁北克官方语言。对于法裔加拿大人而言，这部法案的通过是一个巨大的胜利，他们的民族意识因此受到鼓舞，此举也初步奠定此后加拿大社会的二元性特征。

真正使得加拿大的社会性质和人口结构得到改变的，是北美独立战争。其间，四万多名同情英国而反对美国独立的"效忠派"成员移居到加拿大，来到魁北克和新斯科舍。他们的到来彻底改变了魁北克法裔居民一统天下的局面。但是，让英国政府感到棘手的是，这些"效忠派"很快就提出与法裔魁北克省相分离的要求，并希望建立起自己的代议制政府。最终，英国政府在 1791 年通过一项新法案，将魁北克划分为以英裔居民为主的上加拿大省和以法裔居民为主的下加拿大省，此举缓和了英裔居民和法裔居民之间的矛盾，却也使得两者之间的差异被固定下来，加拿大社会的二元性特征得以确立。此后的五六十年间，随着来自英国本土的移民不断增加，加拿大的社会性质和人口结构被进一步改变，英裔居民的数量明显超过了法裔居民。

还需说明的是，在英属加拿大时期，加拿大曾经遭到来自美国方面的两次入侵，分别发生在 1775 年和 1812 年。这两次入侵行为非但没有使加拿大并入美国版图，相反，它使得加拿大的民族主义意识被激发出来，也促使原本心存芥蒂的英、法裔居民携起手来，共同抵抗美国的入侵，为加拿大而战。由此，加拿大走上了一条独特的，有别于美国的建国道路。1775 年北美独立战争期间，加拿大与北美十三殖民地在政治、经济、文化诸方面存在的巨大差异使得它不可能与之形成反英同盟，而美国对此熟视无睹，执意要以武力兼并加拿大。美国的侵略行径激起加拿大人强烈的反美情绪，也正是这种基于反美情绪而产生的民族主义意识确保了加拿大的独立。而 1812 年美国的入侵则进一步激发了加拿大人的民族主义意识，促使加拿大内部紧密联合起来。总之，共同的反美情绪激发了加拿大人的民族主义意识，促成了加拿大人民族认同感的形成，这为加拿大民族国家的建立提供了可能。

在随后的半个多世纪，加美关系进入一个相对稳定的时期。加拿大在与宗主国英国的矛盾和斗争中，逐渐孕育出了联合的因素，加之此时的英国采取了退却政策，到了 1867 年，英国议会最终通过了《英属北美法案》(*British North America Act of 1867*)，宣布魁北克省、安大略省、新斯科舍省、新不伦瑞克省共同组成了统一的联邦国家，定名为加拿大自治领。这样，加拿大在脱离殖民母体国、确立独立民族国家身份方面迈出了决定性的一步。

基于美利坚和加拿大两个民族国家的形成，北美洲民族国家的构建得以完成。

2. 拉丁美洲民族国家的构建

北美独立战争的胜利，不仅使得北美洲的第一个民族国家由此诞生，而且更为重要的是它所形成的示范效应。在美利坚民族国家独立建国的鼓舞和激励下，18 世纪末至 19 世纪初，拉丁美洲殖民地的人民掀起了声势浩大的民族独立运动，开始了艰难曲折的民族国家构建历程。从 1804 年至 1828 年的二十余年间，先后有 19 个国家摆脱了西班牙、葡萄牙和法国等宗主国的统治，相继获得了民族的独立。这 19 个国家分别是海地（1804）、委内瑞拉（1811）、巴拉圭（1811）、阿根廷（1826）、智利（1818）、巴拿马（1821）、哥伦比亚（1821）、秘鲁（1821）、哥斯达黎加（1821）、洪都拉斯（1821）、尼加拉瓜（1821）、萨尔瓦多（1821）、危地马拉（1821）、多米尼加共和国（1821）、墨西哥（1821）、厄瓜多尔（1822）、巴西（1822）、玻利维亚（1825）和乌拉圭（1828）。[①] 同北美洲比较而言，拉丁美洲民族国家的构建具有如下几个方面的特点。

---

① 参见宁骚《民族与国家——民族关系与民族政策的国际比较》，北京大学出版社，1995，第 294 页，注释③。

　　首先，殖民地时期，在拉丁美洲出现了以种族为分界的社会等级制度。由于拉美独立运动基本没有触及社会经济结构，这种以种族为分界的社会等级制度在独立后的拉美各国依然普遍存在、影响广泛。一方面，这一制度造成了不同种族集团在社会经济地位上存在着明显的差异，这使得建国之后的拉美各国普遍面临着严重的两极分化及由此造成的社会动乱。直到今天，拉美各国大部分的重要职务和自由职业均由白人和西班牙人与印第安人混血的后代担任。这些"上层人物控制着财产和权力，享尽荣华富贵，而广大民众却处于贫困和失业之中"①。这一局面的后果是严重的。正如弗朗西斯·福山分析的那样，"这样高度的不平等已经给这一地区的长期经济增长和政治稳定带来了极为严重的后果。不平等使政治体系丧失了合法性，引发了反体系的社会运动和政治行动者，也为两极化的社会冲突与零和的'份额之争'搭建了舞台"②。另一方面，虽然不同种族集团的社会经济地位存在显著差异，但是他们在语言、文化和宗教信仰方面则基本是趋同的，即以殖民地时期原宗主国的语言、文化和宗教信仰为基础，并多少吸收了拉美原住民的文化成分。这使得在 18 世纪末至 19 世纪初期拉美民族独立运动兴起时，"在多数国家里形成了以混血种人为人口的主体、以土生白人为国家的统治阶级、以原宗主国的语言为民族语言、以国名为族名的新兴民族"③，这种国族文化的同质性和民族意识的同一性有利于拉美各国民族国家的构建，也为建国之后这些国家虽历经磨难却鲜有分裂提供了可能的解释。

　　其次，殖民地时期，在拉丁美洲形成了以大庄园制为基础的封建制度。这一制度并未随着拉美各国的独立而退出历史舞台，相反，它还得到了进一步的发展。这种局面势必造成拉美各国在民族国家构建的过程中要将民主共和的政治体制建立在封建主义的经济基础之上，

---

① 韩琦：《论拉丁美洲殖民制度的遗产》，载于《历史研究》2000 年第 6 期，第 132 页。

② 〔美〕弗朗西斯·福山：《贫困、不平等与民主：拉丁美洲的经验》，张远航编译，载于《经济社会体制比较》2009 年第 4 期，第 11 页。

③ 宁骚：《论民族国家》，载于《北京大学学报》（哲学社会科学版）1991 年第 6 期，第 89 页。

这使得拉美各国在民族国家确立之初普遍面临着由于两者间的"相互排异"而造成的动荡和混乱。在对拉丁美洲的三百余年的殖民统治中，西班牙、葡萄牙将中世纪欧洲兴起的大庄园制移植到这里，从而对拉美经济发展产生了重要而深远的影响。虽然这种大庄园制更多是"通过为城市和矿区生产而间接地为资本主义世界市场服务……庄园劳动力中也有了微弱的雇佣劳动的成分。但是，从大庄园主占据土地和不完全占有劳动力的角度看，大庄园的封建性仍是明显的"①。这种封建主义的经济制度是与中央集权的君主专制相联系的，而拉美各国所构建的民族国家政治体制却是民主共和制的，无疑，这种局面为拉美民族国家的构建增加了难度。

再次，殖民地时期，罗马教廷的势力在拉丁美洲得到了持续的扩张和发展，天主教的影响深深嵌入拉美各国的民族文化之中。由此，拉美各国的民族国家构建是在浓郁的宗教氛围和缺乏理性主义民族文化支持的情况下进行的，这一局面势必造成这些新建民族国家制度理想实践的扭曲和变形。天主教影响下的拉美与新教影响下的北美形成了鲜明的对比。其原因主要在于，"天主教和新教尽管都属于基督教的范畴，但却具有不同的伦理观。正是这种根本的区别，成为造成南北美洲以后经济发展出现巨大差异的主要因素之一。新教伦理居于主导地位的美国发展迅速，与天主教伦理占据优势的南美洲的落后状况形成鲜明的对比"②。委内瑞拉学者卡洛斯·兰赫尔也把取得民族独立的拉美各国与北美国家在经济社会发展上的巨大差距归结为不同的宗教文化。在谈及西班牙的天主教文化对于拉丁美洲造成的影响时，该学者指出："被一个国家殖民化是拉丁美洲的命运，这个国家尽管在许多方面是令人钦佩的，但是从一开始就拒绝正在出现的现代化精神，设置了抵制理性主义、经验主义和自由思想的围墙，也就是说，设置了

---

① 韩琦：《论拉丁美洲殖民制度的遗产》，载于《历史研究》2000 年第 6 期，第 129 页。
② 王晓德：《试论拉丁美洲现代化步履维艰的文化根源》，载于《史学集刊》2004 年第 1 期，第 68 页。

抵制现代工业和自由革命以及资本主义经济发展的基础的围墙"①。

最后，北美民族国家在获得独立的同时，很快就在国际政治体系之中取得了平等成员身份。然而拉美各国遭遇到了不同的境遇。在它们获得独立之后，这些拉美国家非但长期没有取得这一资格，相反很快沦为西欧和北美新兴民族国家角逐利益的场所和掠夺资源的对象。在这一背景之下，军事力量很快发展成为拉美各国国家权力再分配的主宰者，军事政变取代民主选举而成为这些拉美国家政权更迭的惯常手段，那些掌控军事力量的集权人物和独裁者成为国家权力的实际拥有者。这一切不仅造成拉美各国政治生活的混乱和政治局面的动荡，也阻碍了国民经济的正常运转及国内统一市场和国际经贸关系的形成。进而，软弱无力的中央政权机构缺乏足够的权威和能力把地区性的、行业性的、利益集团和不同社会阶层的各种特殊利益统合为全民族的利益。西蒙·玻利瓦尔曾对拉美的混乱局面惋惜道，"条约只是一纸空文，宪法被束之高阁，选举只是互相残杀，自由就是无政府混乱，生活就是活受罪。在美洲，惟一能做的就是移居异国他乡"②。

所有这一切，都使得拉美各国的民族国家构建之路走得步履维艰、困难重重，也使得这些国家在建国之后，普遍面临着比西欧和北美民族国家更为严峻和棘手的现实问题。这一境遇在客观上也造成了在北美洲、大洋洲多是由发达国家构成，而同样是由移民国家来构成的拉丁美洲迄今为止依然是一个以发展中国家为主体的社会。但"无论如何，拉丁美洲国家在总的历史趋势上还是朝着形成民族国家的方向发展的。到1917年，墨西哥第一个成长为稳定的民族国家。第二次世界大战后，拉美大

---

① Carlos Rangel, *The Latin Americans: Their Love-Hate Relationship with the United States*, New York and London: Harcourt Brace Jovanovich, 1977, p. 182.

② 转引自〔美〕塞缪尔·亨廷顿《变化社会中的政治秩序》，王冠华、刘为等译，上海人民出版社，2008，第23页。

多数国家越来越多地具备了民族国家的特征"①。

3. 大洋洲民族国家的构建

和涌入北美及拉丁美洲的大批欧洲自由移民不同的是，最早进入澳大利亚的移民多是被流放的犯人。这一状况一直延续到19世纪中叶才得以根本改观：宗主国废除了向新南威尔士和维多利亚流放犯人的制度，自由移民的数量也开始首次超过了那里的流犯数量。而与此同时，淘金热（Gold Rush）使得澳大利亚的经济发展、政治地位和人口结构在接下来的不到50年的时间里发生了巨大而深远的变化，由黄金的开采所带来的巨额财富也促成了澳大利亚民族经济的发展和资本主义生产关系的建立。这一切就像澳大利亚政治家温特沃斯指出的那样，淘金热"促使我们从殖民地过渡到一个国家的时代"②。澳大利亚作为民族国家的物质基础和生产关系已经形成。

然而，澳大利亚民族国家构建的道路并非一帆风顺，概括起来，其阻力主要来自以下几个方面：首先，六个殖民地区虽然都是英属殖民地，其居民、语言和文化也都是同质性的，但是这六个殖民地区分别隶属于相互平行的不同政治体系，其经济发展水平具有明显的不平衡性。这种状况构成了澳大利亚统一的障碍。其次，远在大洋彼岸的宗主国把澳大利亚看作一个永久的殖民地，不希望澳大利亚统一，更不希望澳大利亚独立，在经历了北美独立战争的失败之后尤为如此。而且由于澳大利亚的经济发展对宗主国的投资、工业产品和技术的依赖非常明显，这也使得澳大利亚在谋求自身统一和独立的道路上顾虑重重。再次，不同殖民地区的资产阶级不愿放弃自己业已取得的利益而去寻求彼此之间的贸易合作和政治互信。甚至，为了更好地确保自身利益，他们还通过保护关税政策来提高关税壁垒，在各自的区域范围内采用不同的铁路轨距，

---

① 宁骚：《论民族国家》，载于《北京大学学报》（哲学社会科学版）1991年第6期，第89页。

② 转引自〔澳大利亚〕戈登·格林伍德《澳大利亚政治社会史》，北京编译社译，1960，第533页。

等等。

最终促成澳大利亚统一和独立的因素主要包括：宗主国出于维护自身利益的考虑，放弃了对澳大利亚的防御责任。这就迫使各殖民地区的政府组建起自己的防御军队，而组建统一的武装力量来进行共同防御，成为一种客观上的需要；随着澳大利亚工人阶级力量的壮大，愈演愈烈的工人运动已经开始危及各殖民地区资产阶级的统治。由此，建立统一中央集权的资产阶级国家来镇压工人阶级的反抗成为迫切的愿望；此外，19世纪下半叶，在资本主义生产方式的推动下，澳大利亚日益形成了统一的国内市场，并且出现了悉尼、墨尔本这样的大都市，它们既是澳大利亚经济的中心，又是文化和政治的中心。统一国内市场的发展和完善迫切要求民族的独立和国家的统一。正是在这些因素的共同影响下，澳大利亚各殖民地区之间很快消融了彼此间的芥蒂，终于在19世纪80～90年代迎来了澳大利亚统一和独立运动的高潮。随着1900年澳大利亚通过全民公决而最终决定建立一个统一的联邦国家，以及1901年1月1日澳大利亚联邦的正式成立，澳大利亚国家统一的任务得以完成。到了1931年，英国议会通过《威斯敏斯特法案》（*Statute of Westminster*），澳大利亚取得内政外交的独立主权，成为英联邦成员之一。至此，作为民族国家的澳大利亚得以确立。

作为大洋洲的另一个以欧洲移民为主的国家，新西兰民族国家的构建也有和澳大利亚相类似的经历。1840年2月6日，毛利人和英国王室在岛屿湾的怀唐伊镇签署了《怀唐伊条约》（*The Treaty of Waitangi*），该条约标志着新西兰正式成为英国的殖民地。同时，这个条约也被认为是新西兰的建国文件，因为该条约许诺在新西兰建立一个自治政府，并确认新西兰人享有英国公民的权利。到了1907年9月26日，英国王室被迫同意新西兰独立，新西兰成为英国的自治领地。1947年，英国议会通过《威斯敏斯特法案》，新西兰获得了完全的独立，以主权国家的身份，成为英联邦成员之一。

（二）衍生形态民族政治发展模式的共性特征

与西欧民族国家构建的特点相比较，这些以欧洲移民为主的民族国家的形成历程具有自己鲜明的特色。我们认为，这些内容构成了衍生形态民族政治发展模式的共性特征。

首先，来自西欧的宗主国对这些移民国家的民族国家构建具有重要影响。西欧宗主国在当地的殖民统治构成了这些国家民族政治发展的历史背景，我们很容易在这些国家的民族国家构建历程中发现宗主国的痕迹——从经济基础到政治制度，再到宗教文化，无一不深深烙上了宗主国的鲜明印记。一方面，随着来自宗主国的移民的大量涌入，宗主国民众的文化传统、行为习惯和生活方式也在美洲和大洋洲生根发芽，逐渐成长为这里的主流文化；另一方面，宗主国为巩固自身的殖民统治，必然会在殖民地进行一系列的制度建构和政策输出，以确保可以稳固而长久地攫取殖民地的自然资源和生产资料。"美洲目前存在着两种不同的文化体系，一种是以新教伦理观为核心的文化体系，另一种是以天主教伦理为核心的文化体系"①。需要指出的是，这两种文化体系都是从宗主国那里移植过来的：前者主要来自英国的盎格鲁新教传统，这一传统在北美洲发扬光大；后者则主要来自西班牙根深蒂固的天主教文化，这一文化在拉丁美洲产生了巨大影响，哪怕这一影响对拉美民族国家的构建而言主要是负面的。

其次，如前所述，这些以欧洲移民作为主要组成人口的国家里，由于它们早在作为殖民地时就由来自西班牙、英格兰的信仰基督教不同教派的移民及其后裔占据着当地文化的主导地位，而那些从其他国家和地区迁移过来的移民及其后裔也在很短时间里就接受了这一文化。如此一来，那些实施殖民统治的民族的文化体系也就顺理

---

① 王晓德：《试论拉丁美洲现代化步履维艰的文化根源》，载于《史学集刊》2004 年第 1 期，第 68 页。

成章地成为这些殖民地新形成的民族本身的文化体系。由此，当这些新形成的民族取得民族独立、构建民族国家时，只需在政治上割断与宗主国的依附关系就可以了。美国、加拿大、澳大利亚、新西兰以及在拉丁美洲新形成的一系列民族国家在解决民族独立问题时，也都具有这样的特点。也正是在这个意义上，"原统治民族的民族文化理性化的程度，对这些新兴的民族国家的政治发展有着直接的影响"①。以至于可以认为，新兴于北美洲和大洋洲的这些民族国家，之所以能够不经过资产阶级民主革命就可以坐享胜利果实，也正是由于这一原因。

再次，与西欧民族国家构建形成显著区别的是，这些以欧洲移民为主要成员的国家的民族政治发展一般道路是：它们从宗主国的殖民统治下解脱出来，获得了国家的主权和民族的独立，进而建立起统一的民族国家。同时，作为世界早期移民运动的重要体现和经验总结，这一时期"移民运动的主要趋势是从旧大陆移往新大陆，是从现代资本主义发轫的欧洲核心地区向美洲、澳大利亚等边缘地区的迁移，带有资本主义殖民扩张的性质。……这时的移民活动本身就是现代民族国家世界体系构建过程的一部分"②。而且，与西欧民族国家内部具有较高同质性和一体化的国家民族相区别，这些以欧洲移民为主要成员的民族国家内部的民族多是在宗主国的殖民统治者、移民与当地土著居民的矛盾与冲突中形成的，这种带有种族排斥性的国家民族性质使得这些国家在确立之后，不得不长期面临着国内族际关系紧张和种族矛盾的张力。由此，如何实现国族整合就成为这些民族国家必须加以解决的带有共性的问题。

还需说明的是，以上衍生形态民族政治发展模式的共性特征在不同

① 宁骚：《民族与国家——民族关系与民族政策的国际比较》，北京大学出版社，1995，第293页。

② 王建娥：《移民地位和权利：对现代民族国家及其政治制度的严峻挑战》，载于《民族研究》2002年第5期，第26~27页。

民族国家的具体实践中，也表现出了不同的特点。就此，宁骚教授指出，"这些特点的形成在美国是民族国家的缔造者们将他们独特的政治理想付诸实践的产物，在拉丁美洲则是民族国家的缔造者们的政治思想在实践中被扭曲的产物"①。比如，在谋求民族独立的战争中，拉美殖民地人民表现出了高度的团结与一致。玻利瓦尔等独立战争的领导者们也以建立统一的中央集权国家作为自己的追求。但是，"客观的历史进程粉碎了民主共和国缔造者们的理想。当北美由分散走向统一的时候，拉丁美洲却由统一走向了分散"②。面对这样一种现实，我们只能说，鲜活的历史现象永远比抽象的理论概括来得丰富多彩。

三 后发形态的民族政治发展模式

如前所述，民族国家在西欧获得了自己最为初始的形态，之后，随着西欧资本主义生产方式和资产阶级殖民统治在北美洲、拉丁美洲和大洋洲的扩展，民族国家这一体现民族共同体与国家政治结构有机结合的国家形态也在这些新大陆获得了长足的发展。在此过程中，民族国家的活力被极大地激发出来，优势不断彰显，进而产生了示范效应，成为其他国家纷纷效仿的对象。由此，民族国家全球扩展的第三个阶段也就随之到来。鉴于在这一阶段生成的民族国家多是发展中国家，其民族国家构建及国内民族构成、民族认同状况与民族发展形态等方面均与西欧民族国家具有较大差异，我们把这类民族国家称之为"后发形态的民族国家"，而将基于这些民族国家构建而形成的民族政治发展类型概括为"后发形态的民族政治发展模式"。比较而言，在这一阶段生成的民族国家，其民族国家构建的情况更为复杂，形式更为多样。从整体上看，可以把这些民族国家的构建情况归结为如下三种。

---

① 参见宁骚《论民族国家》，载于《北京大学学报》（哲学社会科学版）1991年第6期，第88页。

② 参见宁骚《论民族国家》，载于《北京大学学报》（哲学社会科学版）1991年第6期，第88页。

（一）沙皇俄国、奥斯曼土耳其和奥匈三大帝国的解体

从 13 世纪到 16、17 世纪，在中欧、东欧和小亚细亚等地逐渐确立起沙皇俄国、奥斯曼土耳其和奥匈三大帝国的统治。伴随着第一次世界大战的战败，奥斯曼土耳其和奥匈两大帝国土崩瓦解，而俄国"二月革命"则推翻了沙皇俄国的专制统治。进而，随着三大帝国相继退出历史舞台，30 多个①民族国家得以形成。概括而言，这些民族国家的构建具有以下几点共性。

首先，与西欧、北美等地民族的形成与民族国家的构建基本是同步完成的情况有所不同的是，这里很多国家的民族形成是要先于民族国家建立的。这些国家的民族形成过程大致开始于 16 世纪早期，受到来自西欧资本主义生产方式和启蒙运动的影响，在反抗三大帝国专制统治和民族压迫的过程中，这些国家被压迫民族的民族意识得以产生和确立，从而为民族的形成奠定了基础。此外，这些民族的形成过程也受到来自三大帝国专制统治的巨大阻碍。正如有学者指出的那样，"在西欧纷纷建立民族国家的时代，广大的中、东欧及小亚细亚地区正在进行着一个旷日持久的民族形成过程。但三大帝国的民族统治，严重地阻碍了这一地区民族的成长和民族国家的形成"②。但无论如何，到 20 世纪初期三大帝国纷纷瓦解的时候，这里的很多民族已经成长为现代民族了。由此，可以将这里的民族国家构建过程看作这些现代民族把维护和确保自身利益诉诸政治体系的一种努力。

其次，在三大帝国长期居于主导地位的经济基础，即农奴制和封建土地制度严重阻碍了这里资本主义经济的萌芽和发展，也使得这里缺乏西欧启蒙运动及其倡导的理性主义文化存在和普及的土壤。由此，在封建经济制度和非理性文化氛围的重重阻隔之下，这些地区新建的民族国家普遍遭遇了来自落后传统的挑战。巴兹尔·戴维逊（Basil Davidson）

---

① 参见宁骚《民族与国家——民族关系与民族政策的国际比较》，北京大学出版社，1995，第 299 页。

② 周平：《对民族国家的再认识》，载于《政治学研究》2009 年第 4 期，第 96 页。

在对比当代非洲民族国家与建立于第一次世界大战之后的东欧民族国家的情况时指出，东欧国家那些代表落后传统的"'掌权者'施展暴力和欺骗手段维持其手中的政权。革命者在狱中遭受折磨，改良派则枉费口舌。任何办法也无法使民族国家体制像先驱者预言的那样运转起来"①。同时，无休无止的民族冲突、内部动乱和铁腕独裁也让这些新建的民族国家饱受困扰。

再次，三大帝国及西欧资本主义强国在这些地区的利益角逐和势力范围的争夺，成为阻碍这一地区现代民族形成和民族国家构建的另一个重要因素。"没有欧洲大国的干涉和镇压，波兰、匈牙利、捷克等民族在 19 世纪中期就能够建立自己的民族国家，同样地，如果没有英、法的瓜分与占领，在奥斯曼帝国解体之后，阿拉伯各民族建立民族国家的进程也要顺利得多"②，类似的情况也发生在了巴尔干半岛。由于该半岛位于三大帝国势力范围的交界地带，也因此成为三大帝国争夺势力范围的焦点。三大帝国在该半岛施加的不同影响，导致这里的居民在其民族文化构成方面表现出了错综复杂的局面。就宗教信仰而言，当地的斯洛文尼亚人、克罗地亚人信仰天主教，黑山人、马其顿人和塞尔维亚人信仰东正教，而阿尔巴尼亚人和波斯尼亚人则信仰伊斯兰教。显然，不同的宗教信仰和基于这种信仰而形成的不同宗教文化，妨碍了这些有着共同生活地域的民族结合成更大规模的民族共同体，这一状况也使巴尔干半岛的民族国家构建遭遇重重困境。

（二）亚非殖民地、半殖民地的民族解放运动

在西欧各国纷纷孕育着资本主义的萌芽，建立起早期民族国家的时代，作为人类文明发源地的广袤的亚洲和非洲，却依然停留在较为原始、封闭和落后的状态。而且更为讽刺的是，在西方列强通过殖民扩张而建

---

① 〔英〕巴兹尔·戴维逊：《现代非洲史：对一个新社会的探索》，舒展译，中国社会科学出版社，1989，第 336 页。

② 宁骚：《论民族国家》，载于《北京大学学报》（哲学社会科学版）1991 年第 6 期，第 90 页。

立起世界性殖民体系的过程中，亚洲和非洲的绝大部分地区都成为这个殖民体系的一部分，沦为西方列强的殖民地或半殖民地。然而让西方列强颇感意外的是，在垄断资本输出，以及民族资本主义在这些地区悄然发展的共同刺激之下，亚非各国的政治体制与社会经济结构也发生了革命性的变革。就此，奥地利著名经济学家鲁道夫·希法亭（Rudolf Hilferding）指出，"资本主义本身在慢慢地为被征服者提供解放的工具和手段。于是他们也就提出了欧洲民族曾经认为是至高无上的目标：建立统一的民族国家，作为争取经济自由和文化自由的工具"①。在这一背景之下，两次世界大战之间，特别是第二次世界大战之后，亚非许多国家通过进行民族解放运动而最终获得了民族的解放和国家的独立，由此建立了一大批民族国家。综而观之，这些民族国家构建的共性主要有如下几个方面。

首先，对于很多亚非民族国家而言，通过民族解放运动而获得国家的统一和民族的独立的确意义重大，但是也应该看到，民族解放运动的胜利仅仅使得这些国家拥有了民族国家的外观，其民族国家内核的构建则还需要假以时日。比如，作为非洲面积最大的一个国家，苏丹在1956年通过民族解放运动而获得了自身的独立，拥有了民族国家的外观。但是，获得民族独立的苏丹各族人民无论在内心情感、文化传统、宗教信仰还是在经济社会发展上均存在巨大的差异，而且这些民族开始交往的时间还不到一个世纪，很难形成稳定的国族认同。因此，"独立后的苏丹尚不具备民族国家发展的一些基本条件，如：有效的国家制度、统一的国民经济体系、各族体经过长期共同生活与交流而形成的具有现代意义的国族，以及各族体对国家的忠诚、对新国家合法性的认同，等等"②。显然，要想让以苏丹为代表的这些亚非国家真正拥有民族国家的内核，还有很多艰巨的任务要去完成。就此有学者指出，"对那些只具

---

① 转引自《列宁选集》（第2卷），人民出版社，1995，第839页。

② 刘辉：《苏丹民族国家构建初探》，载于《世界民族》2010年第3期，第24页。

备了民族国家外表而没有实现对民族国家的认同超越其他认同的国家而言，缔造或者深化民族主义在其未来的发展中显得尤为重要"①。我们同意这一观点。

其次，如果说西欧、美洲和大洋洲的民族和民族国家的形成是同步的，而中欧、东欧和小亚细亚的民族多是先于民族国家形成的，那么，在亚非很多国家里，民族的形成则要晚于民族国家。我们知道，共同的民族意识是民族形成的重要环节，然而在亚非很多民族国家那里，往往最为缺乏的正是这种民族意识。一般而言，民族意识是在共同文化传统、历史疆界、经济生活的基础之上得以产生的。但是，这些新兴亚非民族国家的疆界并不是对于历史疆界的继承（甚至一些非洲国家根本不存在历史的疆界），而是来自西方列强不同势力范围的分割。这种隔断了历史文化联系的疆界势必造成生活在同一国家之内的不同民族之间具有异质性的民族文化。而想要让这种异质性的国民文化转变成同质化程度较高的国民文化，并不是一朝一夕的事情。因为"从国家形态来说，亚非新兴国家已经具备了民族国家的基本特征；但是从国民文化的同质性来说，多数亚非国家还处在民族国家的初步阶段，甚至有些尚属于民族国家的萌芽状态。如果说在东欧是民族要求'具有国家的外貌'，那末在亚洲和非洲，特别是在撒哈拉以南非洲，普遍的情况则是国家要求具有民族的外貌"②。这一点在尼日利亚表现得十分明显。当 1960 年尼日利亚宣布建国时，国内的"200 多个民族并没有聚合成'尼日利亚民族'这样一个新的民族共同体……相反，这 200 多个民族相互间的矛盾与文化差异，构成了这个新国家稳定发展的严重障碍"③。

再次，作为前一点共性的某种延续，很多亚非民族国家面临着国内民族对于国家认同的缺失或淡漠，显然，这种情况不利于这些国家的民

---

① 王文奇：《民族主义与民族国家构建析论》，载于《史学集刊》2011 年第 3 期，第 104 页。

② 宁骚：《论民族国家》，载于《北京大学学报》（哲学社会科学版）1991 年第 6 期，第 91 页。

③ 刘鸿武：《撒哈拉以南非洲民族国家统一构建进程》，载于《西亚非洲》2002 年第 2 期，第 19 页。

族政治发展。从这些亚非新兴民族国家的民族构成上来看，绝大多数都属于由多个民族组成的国家。其中每个民族都有自身独特的利益诉求和权力要求，而一旦这些诉求和要求无法从国家那里得到满足，这个民族就有可能产生被剥夺感，进而对国家的权威及其政治合法性产生怀疑。如果这一趋势得不到有效的缓解和控制，其最终结果就是过度强化的民族认同超越了国家能够容忍的范围，危及国家的统一和地区的稳定。通过对于这些亚非民族国家建国之后历史的考察不难发现，这种状况似乎带有某种普遍性；从这些亚非民族国家的历史文化渊源上来看，由于很多亚非国家在历史上并未存在过，或者是存在时间较短，没有形成稳定而厚重的国家历史文化积淀，这种"先天不足"对于构建国家认同而言，自然是一个难以弥补的遗憾。这方面的典型国家为尼日利亚："由于历史上从来没有过尼日利亚这个国家，现在在尼日利亚国家的构建过程中，很多人就缺乏国家认同感，也不将尼日利亚视同为一个统一民族。"① 此外，很多国家内部的种族问题和宗教矛盾也在日益严重地威胁着这些新兴非洲民族国家的民族国家认同。震惊世界的卢旺达大屠杀（1994）就是由卢旺达国内种族问题与宗教矛盾相交织和相促发而酿成的惨剧。

最后，与西欧和北美民族国家的建立很快就为本国经济的发展注入强大活力不同的是，亚非新兴民族国家在获得民族独立之后，其发展本国经济的能力往往差强人意。由此，这些国家普遍面临着建立民族经济体系、促进民族经济发展的艰巨任务。在历史上，由于西方列强对于这些国家或地区长期实行殖民统治，这些昔日殖民地的经济发展从根本上说，是为其宗主国服务的，而且这种经济的发展也高度依赖于宗主国。这就使得广大亚非国家在获得政治独立之后，其经济发展却往往难以在短期内真正获得独立。同时，长期的殖民统治造成了这些国家的产品结

---

① 李伯军：《非洲民族国家建构中的"失败国家"与国际法》，载于《求索》2010 年第 2 期，第 135 页。

构单一、经济基础脆弱，国家的经济命脉在其获得政治独立之后，依然被操纵在帝国主义的垄断资本手中。这一切都使得这些国家在建立独立自主的民族经济体系、发展民族经济的道路上举步维艰。

这里还需说明的是，脱胎于亚非殖民地、半殖民地的民族解放运动的民族国家之中，也存在着少量与上述第二、三点共性相反的例证。比如，在中国、印度和埃及这三个国家，其民族的形成是早于民族国家出现的；而且，这些国家国内各个民族也并不缺乏对于国家的认同。作为东方文明古国的某种延续，"这些国家内的各个民族，已有在同一个古代国家机体内或在一个王权统治下长期共处生存的历史经历与交往过程了，相互间已形成……经济上、文化上、社会生活上的联系与依存关系，并且因此在各民族间逐渐形成了某种共同的国家观念意识与情感，一种对某个中央集权的统一政治实体的认同"①。

（三）苏联解体、东欧剧变的后果

20 世纪 90 年代初期，伴随着苏联的解体和东欧的剧变，欧洲又一次成为孕育新兴民族国家的重要地区。由于苏维埃社会主义共和国联盟、南斯拉夫社会主义联邦共和国和捷克斯洛伐克联邦共和国的相继解体，一系列新兴民族国家纷纷建立。到 1993 年年初，获得国际社会承认的新兴民族国家有 21 个②；而与此同时，在部分新兴民族国家（包括俄罗斯联邦、乌克兰、格鲁吉亚、南斯拉夫联盟共和国等）的国境之内，还陆续出现了数十个自称拥有主权甚至自行宣布独立，而没有得到所在主权国家及国际社会承认的"准民族国家"。

基于这些民族国家成立的时间还非常之短暂，民族国家构建过程之中的历时性特点尚未明确显现。就目前而言，这些新兴民族国家及"准

---

① 刘鸿武：《撒哈拉以南非洲民族国家统一构建进程》，载于《西亚非洲》2002 年第 2 期，第 18 页。

② 参见宁骚《民族与国家——民族关系与民族政策的国际比较》，北京大学出版社，1995，第 306 页。

民族国家"的数量仍处于变动之中①，我们在这里仅就其"建国"这一现象的共性进行一般性梳理。其一，从国家主权归属的转换来看，这些民族国家的身份在其所归属的联邦体制之内已经得到确认，只是在当时，这些民族国家把属于自己的国家主权以一定的法律程序让渡给了中央联邦政府，其结果是：联邦以主权国家的身份成为国际政治体系中的平等一员，而联邦之内的这些国家则变为"准民族国家"。由此，当联邦解体时，这些准民族国家只需收回曾经让渡给中央联邦政府的主权就可以成为民族国家了。其二，从政治经济制度性质的转变来看，伴随着联邦的解体，曾被中央联邦政府普遍采取的社会主义政治、经济制度也随之退出历史舞台。从目前的情况看，这些民族国家普遍引入了资本主义国家政治体制和资本主义市场经济。而且，这种政治、经济制度性质的转变给这些国家带来了诸如政局动荡、经济衰退、社会矛盾尖锐等一系列问题。能否顺利地解决这些问题，直接关系着这些民族国家的民族政治发展走向。其三，从主流意识形态的颠覆与重建来看，马克思列宁主义意识形态在联邦解体之前曾经长期处于主流地位，其影响力已经广泛渗透在社会生活的方方面面。随着联邦的解体，这一意识形态的主流地位随之消失，然而它在普通民众中的影响不会在短期内消除。与此同时，以自由主义为代表的西方社会意识形态在这些国家普遍遭遇到了适应不良的尴尬。种种迹象表明，消除马克思列宁主义意识形态的影响，实现西方主流意识形态的本土化，是一个长期而曲折的过程。

总之，基于不同民族国家构建的方式和特点，我们把在此基础上形成的不同民族政治发展类型归结为三种，即原生形态民族政治发展模式、衍生形态民族政治发展模式和后发形态民族政治发展模式。需要说明的是，对于民族政治发展基本模式进行概括和总结是将民族政治发展问题研究理论化、系统化的必然要求，这些带有规律性的一般经验总结可以帮助我们透过具体纷杂的现象而直视问题的本质。然而也要看到，当今

---

① 比如，黑山共和国在全民公决之后，于 2006 年 6 月 3 日正式宣布独立，而科索沃则于 2008 年 2 月 17 日单方面宣布独立。

世界有 200 余个民族国家，由于每个民族国家构建的时代背景、历史前提、经济基础、民族构成、文化传统等方面存在着巨大的差别，所以我们必须要承认这样一个基本的事实：当今世界，没有任何两个民族国家的构建道路是完全相同的，更没有哪一个民族国家能够通过完全照搬照抄他国的经验而获得本国自身的民族政治发展。

第三章 载体发展：民族政治体系的发展与完善

　　民族政治体系不是一成不变的，自民族政治体系确立之初，就要随着社会环境的变化而不断做出相应调整和变革，由此，民族政治体系的发展与完善构成了民族政治发展的重要内容之一。民族政治体系的发展与完善可以表现在民族政治体系的不同层级上，包括处于最高层级的民族国家政治体系、次级的民族地方政治体系，以及并立于前两者之外、却又对民族政治生活同样构成重大影响的非国家形态的民族政治体系。就民族国家政治体系而言，它的发展与完善主要包括单一民族国家政治体系的发展与多民族国家政治体系的发展，两者发展的趋向分别是国族多元化和国族一体化，在此过程之中，单一民族国家与多民族国家间基于主体民族数量的差异将逐渐变得模糊；就民族地方政治体系而言，它的发展与完善主要包括民族地方立法体系的建构、民族地方政府能力的提升，以及民族地方行政组织的改革、民族地方政治结构的优化、民族地方政治过程的民主等方面内容；就非国家形态民族政治体系而言，它的发展与完善的方向主要包括民族政治社团政治参与的有序和有效、民族村社政治体系的良性运行，以及政治性民族虚拟空间的活力与秩序的协调，等等。

第一节　民族国家政治体系的发展

正如有学者指出的那样，"国家形态的民族政治系统在民族政治体系中居于主导地位，是民族政治体系发展的最高形态，也是最重要的民族政治现象"[1]。民族国家按其国族数量的不同，可以划分为单一民族国家和多民族国家。民族国家政治体系的发展构成了民族政治发展的重要内容之一。

一　民族国家及其基本形式

我们认为，在对民族国家政治体系的发展进行具体讨论之前，很有必要对"民族国家"这一概念及其基本形式进行简要的说明和界定，因为在很大程度上，这一内容构成了民族国家政治体系发展问题得以展开的基础和前提。

（一）不同学科视野中的民族国家

就现实情况而言，"到目前为止，民族国家仍然是惟一得到国际承认的政治组织结构"[2]；就学科视域而言，民族国家一直是政治学、民族学及其相关学科研究的重要对象。然而令人遗憾的是，学界对于民族国家这一基本"政治组织结构"的认识尚未达成共识，时至今日，民族国家依然是一个充满争议、莫衷一是的概念。我们试图在对政治学、民族学视野中的民族国家进行粗略对比的基础上，给出本书所使用的民族政治学视野中的民族国家定义。

1. 政治学视野中的民族国家

政治学所使用的"民族国家"这一概念，一般是从国家主权、国家政治结构及其作为国际政治生活主体的角度来看待民族国家的，往往更

---

[1]　高永久、秦伟江：《论民族政治体系的建构》，载于《西南民族大学学报》（人文社科版）2007 年第 6 期，第 8 页。

[2]　〔英〕安东尼·D. 史密斯：《全球化时代的民族与民族主义》，龚维斌、良警宇译，中央编译出版社，2002，第 122 页。

加注重这一概念中的"国家"因素。正因为如此，政治学视野中的民族国家概念被有意无意地等同于"主权国家"，而民族国家内部的民族构成情况则被忽视了。在政治学看来，"民族结构并不是民族国家的本质内容。构成民族国家的本质内容的，是国家的统一性和国民文化的同质性，是国民对主权国家的文化上、政治上的普遍认同"①。这里的问题在于，这种对于民族国家的理解会使民族国家中的"民族"成为一种可有可无的存在，进而用"主权国家"替代和否定了民族国家。殊不知"国家需要'民族'这样一种概念，即用民族来确定疆土、人口和主权"②。虽然民族国家是以政治单位的面目出现的，但它内在地包含着要"通过共同的价值、历史和象征性行为表达集体的自我意识"③，由此，民族国家也可以被视为某种集体身份的象征。这种集体身份既能代表国家，又能因其来源的合法性而得到人们的普遍认同。"能够代表这种身份的一定是这样一种概念，这种概念既要具有一定的普适性，又要有公认的共同的文化传统，以及国家公共权力的适用域，只有民族能满足这样的条件。"④ 而且，"从功能上看，民族这一概念是使国家这种政治权力统治合法性和对社会控制合法化"的来源，因为"民族"规定了怎样的集体在怎样的范围之内以何种形式行使国家政治权力。正是在这种意义上说，"如果没有'民族'这一概念，世界上所有的国家权力都不可想象"⑤。

2. 民族学视野中的民族国家

与政治学相反，民族学在界定和使用"民族国家"这一概念时，往往以"民族"和"国家"在形式上的结合为视角，进而注重这一概念中的"民族"因素。从国家内部的民族成分和民族结构来对民族国家进行界定，是民族学界通常的做法。在民族学那里，民族国家被看成"由单

---

① 宁骚：《民族与国家——民族关系与民族政策的国际比较》，北京大学出版社，1995，第269页。

② 徐迅：《民族主义》（修订版），中国社会科学出版社，2005，第40页。

③ 徐迅：《民族主义》（修订版），中国社会科学出版社，2005，第40页。

④ 贾英健：《全球化与民族国家》，湖南人民出版社，2003，第54页。

⑤ 徐迅：《民族主义》（修订版），中国社会科学出版社，2005，第44页。

一民族组成的国家"①。不难发现，它所强调的是民族国家内部民族构成的单一性，以及民族与国家的一致性。这种"一个民族，一个国家"的定义从其形式上看似乎是合理的，而且也比较符合西欧民族国家初创时期的历史事实。马克思主义经典作家也曾就此指出，"西欧各民族形成的过程同时就是它们变为独立的民族国家的过程，英吉利、法兰西等民族同时就是英吉利等国家"②，而且认为这是"典型的正常的国家形式"③。然而必须看到，随着民族国家的全球扩展、族际交往的普遍化、经常化，以及民族人口的频繁流动，民族学意义上的民族国家正在被当代世界国际政治体系之中的多民族国家所取代。与此同时，从世界范围来看，那种纯而又纯的、由一个民族来组成的单一民族国家也是并不存在的。这种局面使得民族学的民族国家概念面临无法为现实提供合理解释的尴尬，民族国家被视为一种从来也没有实现过的理想，甚至被称为是一场虚构。④ 总之，"在民族学的学科范围内，从对民族国家的涵义进行明确界定出发，却走向了将民族国家虚幻化的方面，最终导致了对民族国家的否定"⑤。

3. 民族政治学视野中的民族国家

通过分析可以发现，政治学和民族学基于不同的学科研究取向（前者侧重于"国家"，后者侧重于"民族"）而对民族国家作出了不同的理解和阐释，并由此形成了两个彼此难以通约的民族国家概念体系，这一状况是造成民族国家歧义纷呈的重要原因。那么，有没有一种可以兼顾"民族"与"国家"两种取向，既能照顾到作为主权国家的民族国家的集体身份，又能为现实世界中存在的由多个民族构成的国家提供合理解

---

① 王天玺：《民族法概论》，云南人民出版社，1988，第 129 页；陈永龄：《民族辞典》，上海辞书出版社，1987，第 351 页。

② 《斯大林选集》（上卷），人民出版社，1979，第 69 页。

③ 《列宁全集》（第 25 卷），人民出版社，1988，第 225 页。

④ 相关讨论可参见宁骚《民族与国家——民族关系与民族政策的国际比较》，北京大学出版社，1995，第 265～266 页。

⑤ 周平：《民族政治学》（第二版），高等教育出版社，2007，第 51 页。

释的定义？我们认为，作为政治学与民族学交叉学科的"民族政治学"，可以为我们提供一种可能的答案。

20世纪90年代，基于民族政治问题研究的学科化发展而逐渐形成了民族政治学这一学科。[①] 作为民族政治学研究的重要对象之一，民族国家及其概念界定问题也成为该学科关注的重点内容。目前，国内已有一些学者从民族政治学的学科背景出发，给出了民族国家的概念界定。其中尤以周平教授的观点最具典型性。他主张，"从本质上看，民族国家就是以民族对国家的认同为基础的主权国家"，民族国家的基本特征主要有："民族国家是主权国家"，"民族国家是民族认同与国家认同相统一的国家"，"民族国家是人民的国家"。[②] 不难看出，周平对于民族国家本质及其特征的讨论，既揭示出了民族国家的政治本质（主权国家），也兼顾到了民族国家的民族集体身份（即民族国家是以民族对国家的认同为基础的国家），而且，他把"人民的国家"作为民族国家的基本特征，这就使得民族国家作为现代国家的典型特征得以彰显，同时也将民族国家与之前的国家形态（如城邦国家、中央集权的君主专制国家等）区别开来。需说明的是，这里的"民族对国家的认同"既可以表现为单一民族对国家的认同，也可以表现为多个民族对于同一国家的认同。由此，这一表述在事实上把民族学视野中的单一民族国家和多民族国家都纳入了民族国家的范畴，从而极大地提升了这一定义的现实解释力。

（二）民族国家的基本形式：单一民族国家与多民族国家

按照一般性的学理分析，"国家政治体系，就其民族构成而言，无非有民族国家和多民族国家两种基本形式"[③]。很明显，这里的民族国家是指由单一民族构成的国家，多民族国家则是由两个或两个以上民族构成的国家。然而，正如前文所分析的那样，纯粹由一个民族构成的单一民族国家在现实世界中并不存在。由此产生一个问题：在讨论民族国家

---

① 相关内容可参见本书第二章第一节关于"民族政治"的讨论。——笔者注
② 周平：《对民族国家的再认识》，载于《政治学研究》2009年第4期，第91~92页。
③ 周星：《民族政治学》，中国社会科学出版社，1993，第88页。

政治体系的发展问题时，是不是只考虑由两个或两个以上民族构成的国家，即多民族国家就可以呢？对此，我们更愿意借鉴周平的观点，依然把民族国家的基本形式划分为单一民族国家和多民族国家，只是这里的划分标准不再是直观的国内民族构成情况，而是依据"执掌和控制国家政权的民族的数量"①，即国族的多少。所有民族国家都有自己的国族，区别之处在于国族可以是一个，也可以是多个。我们认为，基于这一标准而区分出来的单一民族国家和多民族国家，其民族国家政治体系发展的内容是不相同的。

按照这样的划分标准，可以对单一民族国家和多民族国家做如下理解。在单一民族国家中，只存在一个国族，即国族是单一的；而在多民族国家中，则存在多个国族，即国族是多元的。一方面，就单一民族国家而言，它意味着这个国家的国家政权被一个民族单独执掌，这个民族是该国的主体民族，无论是其人口占全国人口的比重，还是其人口的绝对数量，都在这个国家处于绝对优势地位。在单一民族国家中通常还生活着其他民族，但是这些民族无法以民族的名义来执掌或分享国家权力，更缺乏支配国家政治生活的能力。从根本上看，单一民族国家的国家及其中央政府是该国主体民族利益的忠实代表，是维护这个民族利益的政治组织结构。比如，英国早在17世纪就建立起了民族国家，并且通常被看作现代民族国家的典型。按照本书采用的划分标准，英国也可以被视为典型的单一民族国家，其原因在于英国的国家政权是被该国的主体民族——英格兰人垄断着的，其他民族如威尔士人、苏格兰人、北爱尔兰人等，并不参与和分享（起码不以民族的名义参与和分享）国家政权。再比如，日本也是单一民族国家的典型。虽然除主体民族大和民族之外，在日本至少还生活着朝鲜人、华人、菲律宾人、印度人、美国人、英国人，以及生活在北方的土著居民阿伊努人。但是，日本政府从未承认他

---

① 周平：《民族政治学》（第二版），高等教育出版社，2007，第53页。

们是一个民族，至多将其作为一个语言文化共同体。① 自然，他们也无法分享国家政权，更无法成为国族。应该说，这种意义上的单一民族国家在目前的国际社会并不罕见。

另一方面，就多民族国家而言，它意味着执掌该国国家政权的民族不止一个，而是由两个或两个以上的民族共同分享。多民族国家的国家及其中央政府代表和维护着这些民族的利益，并努力在这些民族之间寻求着利益的平衡与均势。这些民族要么都是该国的主体民族，要么分别为该国的主体民族和少数民族，其共同点在于，无论这些民族是主体民族还是少数民族，他们都掌控着国家政权。以中国为例，虽然中国的汉族占全国人口的比重非常之高，甚至远远高于许多单一民族国家的主体民族，但是中国依然是一个多民族国家。其原因在于，"中国是各民族共同缔造的国家，国家肯定了各民族的政治地位，尊重各少数民族的政治权利，主张各民族一律平等，国家政权是由各民族共同掌控和分享的"②。再比如，在加拿大，虽然法裔和英裔两大建国民族之间的矛盾由来已久，但是这一情况并没有妨碍以这两大民族为代表的加拿大主体民族共同享有国家政权这一基本事实。而且，通过实施旨在确保和尊重国内多民族文化差异的"多元文化主义政策"，加拿大的多民族国家性质变得更加巩固。

还需说明的是，以上关于单一民族国家和多民族国家的划分是依据不同国家国族数量的多少来进行的，而没有去考虑不同国家的自我宣称。事实上，很多国家出于各自不同的考虑，诸如宗教因素、历史因素以及维护政治统治秩序的实际需要，其自我宣称的国家形式与事实上的国家形式之间存在着明显的差异。本书在讨论民族国家政治体系的发展问题时，是按照事实上的国家形式来进行的，而不是某些国家的自我宣称。

综合以上分析，我们倾向于对民族国家及其基本形式做如下理解，即：民族国家是建立在一个或多个民族对于这一国家认同基础之上的主

---

① 参见周平《民族政治学导论》，中国社会科学出版社，第50页。

② 周平：《民族政治学》（第二版），高等教育出版社，2007，第55页。

权国家。这里所指称的民族国家，是作为国家形态历史演进中的一种具体类型而言的，与民族国家相对的是城邦国家、中央集权的君主专制国家（王朝国家）等，而不是多民族国家。以掌控国家政权的民族数量的多少为分界，可以把民族国家区分为单一民族国家和多民族国家两种基本形式。

二　单一民族国家政治体系的发展

单一民族国家政治体系的发展是同单一民族国家的内在特点紧密相关的。我们认为，正是由于这些特点的存在，才使单一民族国家在其民族政治发展的道路上面临一系列问题，从而对于单一民族国家政治体系提出了发展和完善的要求，进而，这些要求决定了单一民族国家政治体系发展的方向和目标。

（一）单一民族国家的特征

就当今世界现实存在的单一民族国家来看，各国从人口数量、民族结构、经济社会发展程度到国家结构形式、政权组织形式、国家机构设置等方面，都存在着相当大的区别。但是作为单一民族国家，其共性特征也是非常明显的。这些特征主要包括如下几个方面。

第一，国族的单一性。根据前文的分析，单一民族国家就是国家政权由一个主体民族单独执掌的民族国家，由此，国族的单一性就成为单一民族国家最为显著的特征。国族的单一性意味着单一民族国家就是该民族的政治体系，是取得了国家形态的民族政治体系。在这种国家形式之下，"民族与国家的界限及利害多是相互一致的，民族的愿望可以直接成为国家政策的基础"[1]。而且，由于建立起了本民族的国家政治体系，该民族的各种利益就得到了最为充分和全面的政治保障，整个民族国家的发展在很大程度上就直接体现为国族的发展。正是由于这个原因，近代以来的民族主义者多以建立本民族的单一民族国家作为自己的理想，

---

[1]　周星：《民族政治学》，中国社会科学出版社，1993，第89页。

对于民族利益的不懈追求成为建立单一民族国家的动力来源。

第二，国族与少数民族的政治地位存在显著差别。这一特征也构成了单一民族国家内部民族问题的直接来源。与国族执掌国家政权并充分享有各项政治权利形成鲜明对比的是，单一民族国家之中的少数民族群体无法分享国家政权，其政治地位也因此受到严重影响。少数民族的个体成员可以参与国家政治生活，甚至可能担任国家政治体系中的重要职务，但是这些少数民族个体成员的身份是国家公民，而不是少数民族群体的代表。作为群体的少数民族至多只能获得非常有限的自治权利，甚至这种情况也并不普遍，由此，少数民族的利益往往得不到很好的保障。这一境遇在印度尼西亚华人那里表现得相当明显。这类"民族国家中的民族关系突出地表现为国族与少数民族的关系，各个少数民族之间的关系往往并不突出"①。

第三，少数民族政策的不平等性和歧视性。如前所述，单一民族国家之中往往存在着少数民族，而且其数量也不止一个。为了处理好国内的少数民族问题，这些单一民族国家一般要制定和实施针对少数民族的政策。就世界范围来看，虽然各国的"少数民族政策各有特色，但基本的政策倾向却是一致的，即都不能将少数民族作为一个民族整体来加以对待，更不能将它们与国族平等地加以对待"②。具体而言，单一民族国家的少数民族政策取向可以分为两种，即否定性政策和肯定性政策。前者强调民族的一致性，淡化国内不同民族间的分野，甚至不承认少数民族的存在。比如，土耳其长期拒绝承认库尔德人为独特民族，哪怕这一民族的人口已经超过1000万人③；后者肯定国内少数民族存在的客观事实，但往往采取同化或孤立的政策来对待少数民族群体。无论哪种政策，其不平等性和歧视性都是较为明显的。

---

① 周平：《民族政治学导论》，中国社会科学出版社，第49页。
② 周平：《民族政治学》（第二版），高等教育出版社，2007，第68页。
③ 参见李红杰《论民族国家及其选择的多向性》，载于《民族研究》2003年第5期，第18页。

（二）单一民族国家政治体系发展的方向：国族多元化

一般而言，"在单一民族国家中，国家仍然执行民族功能，它克服地方主义，提高民族整合程度，维护民族的独立和统一，并以国家为单位强化族际的分野"①。与此相联系，单一民族国家政治体系的发展也主要是围绕这样一些任务而展开的，并为其服务。政治体系的发展总是与现实政治生活中的实际问题紧密相关，正是在这种意义上，完全可以把政治体系的发展看成对于这些实际问题的回应。对于单一民族国家政治体系的发展而言，情况也是如此——只是在其现实政治生活中的实际问题，往往集中表现为民族问题。

通过对于单一民族国家的特征分析不难发现，这类民族国家国内民族问题的产生，主要来自国族与少数民族之间享有政治权利的不平等。国族的单一性使得这些国家的国家政权掌握在主体民族手中，其他少数民族则难以分享。这直接导致国族与少数民族的政治地位存在显著差别，进而，少数民族政策的不平等性和歧视性也加剧了对于少数民族政治权利的相对剥夺感。随着少数民族经济状况的改善及受教育程度的提高，这些民族的民族意识也在不断觉醒，为争取和维护本民族的利益，势必把拥有平等政治权利作为本民族的政治追求。由此，单一民族国家普遍面临着如何对待少数民族对于平等政治权利的诉求这一问题。正是在这种意义上，"从根本上说，民族国家的民族问题实质上就是一个如何对待少数民族的政治权利的问题"②。

为了获得与国族相同的政治权利，单一民族国家的少数民族进行了一系列努力。这些努力包括：要求实现民族自治、要求以民族群体的身份参与国家政权，直至要求脱离主体民族而建立本民族的单一民族国家。在一些国家，甚至爆发了少数民族要求平等政治权利的民族运动，与主体民族掌控的中央政府发生了尖锐的冲突。当简单粗暴的打击和镇压变

① 周星：《民族政治学》，中国社会科学出版社，1993，第91页。
② 周平：《民族政治学导论》，中国社会科学出版社，第51页。

得于事无补，反而招致少数民族更加激烈的反抗及国际社会的普遍谴责时，赋予少数民族以平等的政治权利，同意少数民族来分享国家权力，就成为这些国家的主体民族并非情愿却能够唯一奏效的选择。非常明显，只有这些国家的主体民族将自己手中的一部分权力让渡给国内的少数民族来分享，才能从根本上化解国内民族矛盾，解决民族问题。

于是我们发现，当单一民族国家的主体民族不得不把自己手中的部分权力交由少数民族来分享的时候，也就在事实上承认了少数民族对于国家政权的掌握；同时，无论这些少数民族在其人口数量上与主体民族的差距有多大，他们都因此而成为这个国家的国族。这样一来，单一民族国家的典型特征——国族的单一性就被打破了，国族的多元化成为这些民族国家为摆脱民族问题而必须付出的代价。由此，赋予少数民族以平等的政治权利，让少数民族分享国家政权是单一民族国家政治体系的发展方向，而这种发展的结果就是国族的多元化。而且，这种分析是同现实情况相吻合的。有学者指出，"当今世界非但没有一个多民族国家……实现同质化，而且即便原被认为是单一民族的国家也因各种因素而在民族成分和文化上变得多元化起来"①。

三　多民族国家政治体系的发展

与单一民族国家相类似，多民族国家政治体系的发展也和多民族国家的固有特征紧密相关。这些"与生俱来"的特征构成了多民族国家民族政治发展的"原罪"。作为对于多民族国家面临民族政治发展问题的一种回应，多民族国家政治体系的发展和完善具有某种必然性。

（一）　多民族国家的特征

首先，国族的多元性。由于在多民族国家中，执掌国家政权的民族并不仅限于一个，国族的多元性也就凸显出来，成为这些多民族国

---

① 王希恩：《论"民族建设"》，载于《中国社会科学院研究生院学报》2004 年第 3 期，第60～61 页。

家的鲜明特征。具体而言，从多民族国家内部的民族构成情况进行划分，既包括那种拥有一个主体民族的多民族结构（如中国是以汉族为主体民族的多民族结构，俄罗斯则是以俄罗斯族为主体民族的多民族结构），也包括拥有两个主体民族的多民族结构（如比利时是以弗拉芒人和瓦隆人为主体民族的多民族结构，卢旺达则是以胡图族和图西族为主体民族的多民族结构），还包括拥有多个主体民族的多民族结构（如尼日利亚是以豪萨—富拉尼族、约鲁巴族、伊博族为主体民族的多民族结构），以及无主体民族的多民族结构（如坦桑尼亚就是无主体民族的多民族结构的典型）。无论多民族国家的民族构成情况怎样，国家政权由多个国族共同分享是其典型特征。

其次，民族关系主要表现为不同国族之间的竞争关系。国族的多元性虽然标志着国家政权被不同国族共同享有，但就其具体内容而言，不同国族之间受其人口占全国的比重、经济社会发展程度、掌控社会资源和自然资源数量质量差异等因素的影响，不同国族享有国家政权的程度是不同的。由此，不同国族之间围绕着国家政治权力而形成了竞争性的民族关系。"在多民族的国家政治体系中，民族关系每每表现为各民族与国家政治体系的关系，各相关民族都会为影响国家政治体系而尽可能动员各自的民族政治资源"[1]。而那些国族之外的少数民族因其族群的弱小及自身发展程度的落后，无法分享到国家政权，从而事实上被排斥在了国家政治体系之外，往往被看作一种文化共同体或宗教共同体而存在。在这种情况下，少数民族与国族之间的关系对于多民族国家而言，不具有典型意义。

再次，民族分离主义成为影响多民族国家未来走向的核心因素。从民族国家构建的角度来看，多个民族共处于多民族国家这一政治结构之下，既是各个民族的共同选择，也是在特定条件下的历史选择。然而，这种选择并不会一劳永逸，随着时间的推移和条件的变化，某

---

[1]　周星：《民族政治学》，中国社会科学出版社，1993，第90页。

些民族或者这些民族中的部分成员（往往是其中最为激进的那一部分）很有可能不再安于现状。对于国族而言，他们可能不愿再与其他国族共同分享国家政权；对于少数民族而言，他们对自己被排除在国家政权之外的事实越来越愤怒和不满。基于这种，脱离多民族国家而去建立本民族的国家政治体系，就成为改变现状的"最好"选择。"事实上，多民族国家在某些特定条件下，常常会受到国内的个别民族或一些民族中滋生出来的分离主义情绪或思潮的困扰，甚至受到民族分离主义的严重威胁。"① 于是，民族分裂就成为多民族国家可能面对的最大威胁。

（二）多民族国家政治体系发展的目标：国族一体化

如前所述，可以把政治体系的发展看作对存在于现实政治生活中的实际问题的回应。对于多民族国家而言，国家政治体系的发展则是对其民族问题的回应。必须指出的是，多民族国家因其民族构成的多样化及其国族的多元性，国内民族问题的表现也明显要比单一民族国家来得复杂。其一，"在多民族国家中，国家的宪法或者会对国内各民族的利益做出保障，但在民族利益与国家利益之间也会出现不相一致之处"②。由此，怎样弥合基于不同利益诉求而形成的民族认同与国家认同的张力，就成为多民族国家必须加以解决的问题。其二，多民族国家内部的民族关系主要表现为不同国族之间围绕国家政权而展开的竞争关系。不同国族对于国家政治权力的角逐一旦超过国家政治体系可以容忍的范围，就势必成为一种破坏国家统一和政治稳定的力量。由此，怎样在不同国族之间寻求权力的制衡与均势，确保国族间的竞争不会危及国家的存续，也是一个颇为棘手的问题。其三，鉴于民族分离主义是统一多民族国家面临的又一严峻考验，很多多民族国家都在致力于将国内的多个民族共同体整合在国家政治体系之内，从而最大程度地消除国内民族分离主义

---

① 周平：《民族政治学》（第二版），高等教育出版社，2007，第99页。
② 周星：《民族政治学》，中国社会科学出版社，1993，第89页。

的威胁。而且，以上各个方面的问题具有彼此叠加、相互促发的倾向，这一切都使得多民族国家的民族问题及其发展前景变得扑朔迷离、难以预料。

面对这样一种局面，当代世界为数众多的多民族国家都在寻求着解决问题的方式。其中族际政治整合被认为是维护国家统一的有效方式。所谓族际政治整合，就是"在承认国内族群多样性的基础上，国家在一定的政治框架内按照一定的规则组织和建立起一种多族群和平共存和相互接受、不同文化相互补充的多元有序状态。其本质是多元共存与政治一体"①。族际政治整合的多国实践及其经验表明，它"是多民族国家维持自身存在和正常运行的重要机制"②。由于族际政治整合是在多民族国家政治体系的框架下展开的，族际政治整合在很大程度上构成了多民族国家政治体系发展的主要内容。

那么，这种以族际政治整合为主要内容的多民族国家政治体系发展的目标将会是什么？我们倾向于把这一目标描述为国族一体化。一方面，多民族国家显然应"执行着一定的民族功能，它不仅致力于各民族在政治上的统一，也致力于它们在经济、文化与族体等各个方面的一体化努力"③。由此，可以把这种一体化努力称之为"国家一体化建构"。作为"多民族国家政治现代化建设的一项基本任务"，"这种国家一体化建构的指向……是尽可能地将国民对各自族群的忠诚转变为对民族国家的忠诚，将多元的族群（民族）认同转变为国家认同"④。而在国家一体化建构的进程之中，不同国族之间的民族政治利益分野将逐渐被统一的国家利益所包容，国族间的差异性利益诉求将不断朝着同质化的方向发展。

---

① 常士闾：《族际政治整合的多维构成分析》，载于《马克思主义与现实》2010 年第 2 期，第 94 页。

② 周平、贺琳凯：《论多民族国家的族际政治整合》，载于《思想战线》2010 年第 4 期，第 3 页。

③ 周星：《民族政治学》，中国社会科学出版社，1993，第 91 页。

④ 参见沈桂萍《对多民族国家一体化建构若干问题的思考》，载于《中央社会主义学院学报》2004 年第 3 期，第 34 页。

另一方面，"族际政治整合的根本目标，是多民族国家政治共同体的统一和稳定，而具体表现是族际政治关系得到有效的协调，国族的整体性得到有效提高，不存在民族分裂主义运动"①。为此，多民族国家需要明确各个民族（包括国族和少数民族）在国家政治生活中的地位、协调处理各民族之间的利益关系、妥善化解民族矛盾，从而营造并维持较高水平的国家认同。在此过程之中，不同国族之间的差异将进一步消除，国族的"整体性"及其一体化趋势将更加明显。

于是我们看到，单一民族国家由于不断向国内的少数民族让渡国家权力，其国家政治体系发展的方向是国族的多元化；而与此相反，多民族国家政治体系的发展却以国族一体化作为自己的目标。由此，随着民族国家政治体系的发展，单一民族国家和多民族国家基于主体民族数量的差异将逐渐变得模糊。国族的一体多元性将成为民族国家政治体系发展过程中的一个显著特征。

第二节　民族地方政治体系的完善

民族地方政治体系作为多民族国家政治体系之中的次级体系，它自身的完善问题也是民族政治发展的重要内容之一。从国家结构形式的两种基本类型，即联邦制和单一制入手，可以把民族地方政治体系区分为联邦制下的民族联邦体系和单一制下的少数民族自治体系。民族地方政治体系的完善是民族政治发展的重要内容，就其内容而言，一般可以包括民族地方立法体系的建构、民族地方政府能力的提升，以及民族地方行政组织的改革、民族地方政治结构的优化、民族地方政治过程的民主等方面。受本书篇幅所限，这里只重点讨论民族地方立法体系的建构和民族地方政府能力的提升。

---

① 周平、贺琳凯：《论多民族国家的族际政治整合》，载于《思想战线》2010年第4期，第7~8页。

一　民族地方政治体系的基本类型

依本书之前的讨论，按照国族数量的不同，可以把民族国家划分为单一民族国家和多民族国家。通过学理分析不难发现，由于单一民族国家是由国家的主体民族来单独掌控国家政权的，由此，国内主体民族与少数民族的政治地位存在显著差别。非但如此，主体民族还往往通过不平等的少数民族政策来巩固自己的国族地位。这种局面使得单一民族国家很难成为孕育民族地方政治体系的土壤。而多民族国家则不同，为了防御民族分离主义对于国家统一的威胁，这种类型的国家一般都制定和实施了一系列旨在实现族际政治整合的民族政策。这一局面自然会为国内少数民族谋求自身政治权利、建立民族地方政治体系创造了条件。事实上，在多民族国家内部，往往存在着数量不同、形式各异的民族地方政治体系。鉴于这种认识，本书将在"多民族国家"的范围之内来讨论本节所要研究的问题，并把"民族地方政治体系"界定为：它是统一国家政治体系内部的次级政治形态，一般存在于多民族国家内部少数民族聚居的地方，是少数民族为巩固、维护和行使自身政治权利而建立的特定政治体系，其目的是实现自身民族利益的最大化。

通过对于当今世界多民族国家内部现实存在着的民族地方政治体系的考察可以认为，民族地方政治体系的基本类型主要有两种，即联邦制国家内部的民族联邦体系和单一制国家内部的民族自治体系。

（一）联邦制国家内部的民族联邦体系

就其一般意义而言，联邦制国家是由两个以上的政治实体组成的国家，其政治实体可以表现为州、共和国、省、邦、地区等具体形式。比如，美利坚合众国是由 50 个州、1 个联邦特区和 7 个地区组成的，俄罗斯联邦是由 49 个州、21 个共和国、6 个边疆区、10 个自治区、1 个自治州和 2 个联邦直辖市组成的，加拿大是由 10 个省和 3 个地方组成的，而印度则由 28 个邦和 7 个中央直辖区构成，等等。从世界范围来看，目前的联邦制国家只有 20 多个，但其人口占世界人口 1/3，面积更是占到世界总面积的 1/2 左右。需要说明的是，联邦制国家内部的政治实体并不必然带有民族的性质，在更多情况下，它们是在历史上存在过的小型共和政治体的基础上联合而成的，也有通过政治改革将以往的单一制国家分解或重构成联邦制国家。只有当采取联邦制的多民族国家在某一民族聚居的地方建立特定的政治单位，并由该民族来掌控这一政治单位时，才构成了我们这里所讨论的民族联邦体系。正如有学者指出，"在多民族的联邦制国家中，以民族为基础的联邦成员单位或联邦主体成为以一定领土为基础的民族政治单位，是事实上的民族政治体系"①。

在存在于联邦制国家内部的民族联邦体系中，尤以俄罗斯、印度和瑞士最为典型。在俄罗斯，"非俄罗斯族在总人口中所占的比例不大，但他们所拥有的自治州、自治区域却占俄联邦版图的 53% 以上"②。在俄联邦的 89 个联邦主体中，有 32 个属于少数民族联邦主体，其中包括 1 个民族自治州（犹太自治州）、10 个民族自治区和 21 个民族自治共和国。在印度，"由于长期分散的历史文化特征和强烈的宗教热情，语言承载了过多的种姓、宗教族裔甚至政治职能，并最终成为现代印度国家形成和发展过程中的重要政治筹码"③。由此，"不同语言的地区在印度历史文化大框架下形成了各自不同的文化，并随着地区经济的发展，逐渐向形成不同的近代民族的方向演进。语言的统一成了一定地区内的居民维系内聚力、促进地区发展的重要纽带"④。以 1953 年 8 月 27 日人民院通过建立安德拉邦的法令为标志，印度的第一个语言邦得以诞生。之后，经过近 20 年"语言建邦"的努力，印度基本完成了建立语言邦的过程，28 个语言邦⑤得以建立。而"这些所谓的语言邦，实际上就是民族的联邦成员体，或者说是民族的联邦主体"⑥。而在瑞士，通过在全国

---

① 周平：《民族政治学》（第二版），高等教育出版社，2007，第 105 页。
② 王国杰：《俄罗斯历史与文化》，陕西人民出版社，2006，第 336~337 页。
③ 高子平：《语言建邦与印度半联邦制的形成》，载于《史林》2008 年第 5 期，第 147 页。
④ 林承节：《印度史》，人民出版社，2004，第 439 页。
⑤ 这其中所谓的"阿鲁纳恰尔邦"未被中国政府所承认。——笔者注
⑥ 周平：《民族政治学》（第二版），高等教育出版社，2007，第 106 页。

范围内广泛建立民族联邦的方式，使得"异质性被转化成联邦成员单位的高度同质性。换言之，'不一致的联邦制'使较小的地域单位的性质趋于单一，从而降低了社会多元化程度"①。而且，这种联邦制经过几百年的磨合，已经形成了稳固的历史文化根基。由此，瑞士往往被认为是民族联邦制的成功典范。

概括而言，联邦制国家内部的民族联邦体系具有如下两个特点：其一，这一政治体系是以某一特定民族的聚居区域为基础而建立的。虽然这一民族在该聚居区域之外也有分布，而这一聚居区域之内也往往生活着其他民族，但这一民族的主体多生活在这一区域，并占该区域人口的绝大多数。其二，民族联邦的联邦权力由该联邦的主体民族所掌控，并且在事实上或者宣称上代表主体民族的利益。联邦权力成为捍卫该主体民族利益的重要手段，也成为地方与中央博弈的政治工具。生活在该联邦的其他民族则成为该联邦内部的少数民族，它们一般无法从民族联邦分享到权力，自身的利益也难以得到有效的保障。

（二）单一制国家内部的民族自治体系

作为一种国家结构形式，单一制是指由若干个不享有独立主权的地方行政区域共同组成统一主权国家的制度。当今世界的绝大多数国家都是单一制国家。在单一制国家中，不同行政区域的划分往往是根据国家统治的实际需要而做出的制度安排，它们不是独立的政治实体，不具有主权特征。地方政府实际拥有的各项权力，来自中央政府的直接授权。在采用单一制的多民族国家中，为了更好地解决国内民族问题，往往会在少数民族聚居的地区建立民族自治体系，实行民族自治制度。列宁曾经指出实行民族自治的重要性，他认为，"如果不保证每一个在经济和生活上有较大特点并且民族成分不同等等的区域享有这样的自治，那么现代真正的民主国家就不可能设想了"②。从当今世界采取单一制的多民

---

① 〔美〕阿伦·利普哈特：《民主的模式》，陈崎译，北京大学出版社，2006，第142页。
② 《列宁全集》（第24卷），人民出版社，1990，第150页。

族国家的实际情况来看，这种少数民族自治的形式，"根据其范围和实施情况，大体分为两种类型，即民族地方自治和民族文化自治。其中，民族地方自治只针对区域而不管其居民内部的差异；而民族文化自治则以特殊的族裔、宗教和语言群体为对象，而不论他们的出生或原籍所在"①。

西班牙的民族自治共同体和中国的民族区域自治，可以视为民族地方自治的典型。就前者而言，除主体民族卡斯蒂尔人之外，在西班牙还生活着三个规模较大的族体——加泰隆人、巴斯克人和加利西亚人。这三个民族在历史上都曾经为争取本民族的政治权利而进行坚持不懈的斗争。几经波折，到了1978年，西班牙新宪法终于明确承认这三个民族享有自治权，并允许其建立民族自治共同体；就后者而言，除主体民族汉族之外，中国经由民族识别工作而确认了55个少数民族。在这些少数民族之中，很多民族在历史上都曾建立过自己的民族政治体系，有些还曾建立过自己民族的国家。在社会主义新中国建立的进程之中，中国共产党把民族区域自治作为处理国内民族问题的基本政策，进而使其成为国家的一项基本政治制度。目前，中国拥有5个自治区、30个自治州和120个自治县，已经发展和形成了一个由自治区、自治州（盟）、自治县（旗）、民族乡（镇）和民族村（居委会）共同构成的民族区域自治行政体系。就民族地方自治的共性而言，一方面，这种自治是一种"有限自治"，"民族自治地方的自治机关有立法权和行政权，但是自治机关隶属于中央的立法机关和行政机关，必须在国家宪法的范围内活动，中央政府对民族自治机关的决策享有依法否决的权利"②。另一方面，这种自治强调自治地方与中央政府的协调与互补，而不是博弈。防止民族矛盾和冲突、维护国家主权的统一和领土的完整是自治地方与中央政府共同的

---

① 李红杰：《由自决到自治——当代多民族国家的民主政治经验教训》，中央民族大学出版社，2009，第311~312页。

② 宁骚：《民族与国家——民族关系与民族政策的国际比较》，北京大学出版社，1995，第396页。

目标追求，在这一前提之下，自治地方才有可能致力于本民族利益的最大化，国家才有义务保持国内的民族多样性。

与此同时，很多国家把民族文化自治作为处理本国国内民族问题的重要制度，并以法律的形式将其固定下来。比如，拉脱维亚的《民族与族群自由发展及其自治权法》、爱沙尼亚的《少数民族文化自治法》、斯洛文尼亚的《族裔共同体自我管理法》、克罗地亚的《人权、自由与民族、族群或少数人权利基本法》，等等。此外，挪威、瑞典、芬兰的萨米会议（Sami assemblies）也可视为一种文化自治的模式。与民族地方自治相比较，民族文化自治的特点可以概括为："一是文化事务的管理针对的是文化上不同的集团而与区域集团无关；二是这只适用于文化方面；三是只适用于属于该文化群体的人"①。

二 民族地方立法体系的建构

民族地方立法体系的建构是民族地方政治体系发展的重要内容。一方面，民族地方政治体系的发展与民族社会的发展密切相关，"民族社会的发展与变化，要求民族社会成员的政治、经济、文化、社会生活必须走上法制化轨道"②，而通过民族地方立法体系的建构，用法律来规范民族社会成员的社会生活行为是实现这一要求的重要保证；另一方面，"民族立法是处理民族问题的重要方法"③，而为了处理民族联邦体系和民族自治体系框架之内的民族问题，民族地方立法，以及建构一个较为科学完备的民族地方立法体系就显得尤为重要。

如前所述，民族地方政治体系的基本类型主要有两种，即联邦制国家内部的民族联邦体系和单一制国家内部的民族自治体系。在这里，我们将主要以联邦制国家中的俄罗斯和单一制国家中的中国为例，对于这

---

① Gananapala Welhengama, *Minorities' Claims: From Autonomy to Secession*, Ashgate, 2000, pp. 102–103.
② 高永久等：《民族政治学概论》，南开大学出版社，2008，第 295 页。
③ 施文正：《论民族立法》，载于《西南民族学院学报》（哲学社会科学版）2002 年第 7 期，第 67 页。

两种民族地方政治体系的建构进行讨论。

（一）民族联邦主体立法体系的建构：以俄罗斯为例

俄罗斯是当今世界拥有最多联邦主体的联邦制国家，而且，其 32 个民族联邦主体的复杂性和非均衡性也是世界罕见的。综而观之，俄罗斯民族联邦主体的立法体系可以从以下两个层面加以说明：

一方面，从民族联邦主体立法体系的基本形式上看，既包括民族共和国、民族自治区的立法体系，也包括民族自治州的立法体系。这里需要指出的是，不同形式立法体系的立法权限有着明显的差异。《俄罗斯联邦宪法》第五条第二款明确规定，"共和国（国家）拥有自己的宪法和法律。边疆区、州、联邦直辖市、自治州、自治区拥有自己的规章和法律"。该规定意味着共和国（包括民族共和国）在法律地位、制定宪法的权利上明显超越了其他联邦主体，相比之下，自治州只能制定自己的规章和法律，而"由于自治专区设立在边疆区或州之内，它既受俄联邦中央管辖，也受所在的边疆区或州管理，它并没有与同为联邦主体的边疆区和州处于平等的地位"①。此外，共和国（包括民族共和国）还有权规定自己的官方语言，其公民除拥有俄罗斯联邦国籍之外，还拥有自己共和国的国籍；共和国（包括民族共和国）对俄罗斯联邦财政的贡献率很低，但它们从联邦得到的经济优惠和援助比较多。比较而言，自治州和自治区对联邦的贡献很高，但它们没能享受到共和国所得到的优惠和援助。

另一方面，从民族联邦主体立法体系的发展历程上看，它们大致经历了由独立到非独立、由与联邦法律相背离到与之相符合的转变。20 世纪 90 年代中后期，曾经短暂地存在过独立于俄罗斯联邦法律之外的联邦主体法律体系。"这不仅是由于联邦立法和地区立法（联邦主体立法）之间的激烈冲突造成的，而且是由于就联邦和联邦主体共同管辖对象所

---

① 范建中：《俄罗斯联邦制度的现实矛盾和未来走向》，载于《当代世界与社会主义》2004年第 1 期，第 89～90 页。

制定的联邦立法的薄弱所造成的。"① 而且，在这一时期也出现了大量联邦主体的法律文件与俄罗斯联邦的法律相背离的情况。② 而进入 21 世纪以来，俄罗斯联邦通过不断强化俄罗斯联邦的司法机关、检察机关对各个联邦主体立法的监督和检查，制定和实施一系列带有宪法性质的法律来限制各个联邦主体独立立法的可能性等方式，来保证俄罗斯各个联邦主体的立法符合联邦的立法。目前，俄罗斯联邦已经不存在独立于联邦法律体系之外的区域法律体系了，各个联邦主体的立法已被纳入联邦立法体系的框架之内，作为其区域性立法单位而存在。而"俄罗斯联邦法律体系区域组成部分的存在，是建立在个别俄罗斯联邦主体立法具有其特点的基础之上的"③。

目前，在俄罗斯民族联邦主体的立法体系中存在的问题主要表现为：俄罗斯民族联邦主体的地方性立法与民族性立法之间的关系还不协调，甚至还存在很多彼此矛盾的地方，这一局面显然不利于民族联邦主体对于本地民族权利的保障和实现；民族联邦主体对于通过立法来保障少数民族的权利、切实解决少数民族面临的现实问题的重要意义认识不足，对于关涉少数民族的问题重视程度不够，法律意识存在欠缺，执法本身也存在诸多问题。比如，"很少有人关注俄罗斯联邦北方、西伯利亚和远东地区小民族的权利。然而，他们的状况却可用'危急'一词来描述"④；俄罗斯不同民族联邦主体立法机构在权能大小上也存在很大差

---

① 〔俄〕奥列克·彼得罗维奇·李奇强（刘向文译）：《论区域法律体系——以俄罗斯联邦和中华人民共和国的经验为视角》，载于《河南省政法管理干部学院学报》2010 年第 1 期，第 3 页。

② См.：Н. М. Беленко. Историко-правовой анали сразвития Федеративных отношений в современной России//Вестник Российского государственного торгово-экономического университета（РГТЭУ）. 2007. №2. С. 135.

③ 〔俄〕奥列克·彼得罗维奇·李奇强（刘向文译）：《论区域法律体系——以俄罗斯联邦和中华人民共和国的经验为视角》，载于《河南省政法管理干部学院学报》2010 年第 1 期，第 5 页。

④ 〔英〕亚力山大·莎夏吉（廖敏文译）：《俄罗斯联邦法律中的土著民族权利——以北方、西伯利亚和远东地区小民族为例》，载于《西南民族大学学报》（人文社科版）2007 年第 9 期，第 73 页。

别，民族共和国的立法权能要明显超过民族自治区和民族自治州。而且，不同联邦主体立法权能的大小并未同其明确的义务担当联系起来。

为改变俄罗斯民族联邦主体立法体系中存在的上述问题，推进民族联邦主体的政治发展，进行民族联邦主体立法体系的建构不失为十分必要的选择。

首先，应认真研究民族联邦主体通过立法来保障和实现本地民族权利的必要性。用法律的手段来保障和实现国内少数民族的权利具有某种必然性，其学理基础在于把国内的少数民族看作一个拥有不同于主体民族的特定民族利益的共同体，其民族利益集中表现在语言、文化、风俗习惯、宗教信仰等多个方面享有同主体民族同样的权利。国家只要承认国内存在着少数民族，也就意味着它也要承认和尊重少数民族拥有不同于主体民族的利益。进而，既然国家是国内全体人民利益的代表者（哪怕仅仅是在名义上），它也就具有了用法律的手段来保护少数民族权利的必要性。一些俄罗斯学者对此表示了关注。比如，俄罗斯政府立法和比较法研究所所长、功勋法学家哈布里耶娃（Т. Я. Хабриева）教授认为，包括民族联邦主体在内的俄罗斯立法机构很有必要进一步研究少数民族群体权利的主要内容，以及通过立法来对其进行调整的可能性与必要性。此外，对于少数民族权利的保障和土著少数民族权利的实现问题，也应进一步加以研究。[1]

其次，通过立法和司法的手段来解决俄罗斯民族联邦主体的地方性立法与民族性立法之间的矛盾。民族联邦主体既是俄罗斯联邦的地方性政治体系，同时又拥有其他地方性政治体系所不具有的民族性。正是这一政治身份的特殊性造成了上述矛盾的产生。我们认为，在解决这一矛盾的过程中，民族联邦主体的宪法法院起着重要的作用。在进行民族联邦主体基本法律的审查时，要在充分考虑到本联邦主体的民族特殊性、

---

① Васильева ЛН Регулирование правнациональных меньшинствикоренных малочисленных народовопыт Россий федерации журнал Российского права. . №6-2005. С. 153–158.

地区特殊性的基础上，努力引导和促进地方性立法与民族性立法相一致，并且，在俄罗斯联邦宪法允许的范围之内，适当倾斜和照顾到民族性立法。同时，还可以考虑通过出台规范性法令的方式来明晰民族联邦主体地方性立法和民族性立法之间的关系，规范地方性立法和民族性立法的范围、程序、形式和内容。此外，积极探索关于俄罗斯民族联邦主体立法层面上的调解机制、议事程序，并把它纳入旨在克服民族联邦主体立法机构内部分歧和争议的法律之中，也是一个非常有效的途径。

再次，努力营造尊重法律、依法办事的社会氛围，培养宽容、谅解的民族关系。一方面，"培育对法和法律的尊重，这是能够保障俄罗斯社会稳定和平稳发展所必须着力解决的重要任务"①，而努力营造一个尊重法律、依法办事的社会氛围，对于俄罗斯多民族社会生活的法制化具有重要意义，显然这一氛围也有利于民族联邦主体立法体系的建构。归根结底，民族地方立法领域内任何一种美好的愿望和理性的设计都要到民族社会（多民族社会）生活中加以运作并得到检验。社会氛围对于法律尊严的尊重与捍卫是民族地方立法得以有效实施的重要保证。另一方面，在多民族社会培养和达成彼此宽容、相互谅解的民族关系，也是减少民族地方立法实施成本、建构民族地方立法体系的重要构成方面。这样一种民族关系状况会极大地增进民族地方立法的实际效益，为以法律的手段来保障和维护当地各个民族的切身利益提供有力的支撑。

（二）民族自治地方立法体系的建构：以中国为例

中国是单一制的国家，基于本国的具体国情，中国"独创了一种'一元、两级、多层次'的立法体制"②。这里的"一元"，指的是中国的立法体制是一元的，即只存在统一的、一致的立法体制；这里的"两级"，指的是中国的立法体制由中央立法（国家层面）和地方立法（地区层面）两个层级来构成；这里的"多层次"，则是指中国的立法体制

---

① 张俊杰：《俄罗斯解决民族问题法律机制的现状及改进》，载于《法治论丛》2009年第6期，第71页。

② 张文显：《法理学》，法律出版社，1997，第342页。

是由权限不同、多个层次的立法机关所组成的。① 具体到民族自治地方的立法体系，至少应由民族自治区、自治州、自治县的立法机关（即各级人民代表大会及其常务委员会）组成。"民族自治地方的立法机关，作为一级地方立法权力机关，不但享有依据《中华人民共和国立法法》（下文简称《立法法》）所具有的地方立法权，同时又享有依据《中华人民共和国民族区域自治法》（下文简称《自治法》）而具有的民族自治立法权"②。对此，《立法法》第63条规定，"省、自治区、直辖市的人民代表大会及其常务委员会根据本行政区域的具体情况和实际需要，在不同宪法、法律、行政法规相抵触的前提下，可以制定地方性法规"；《自治法》第19条规定，"民族自治地方的人民代表大会有权依照当地民族的政治、经济和文化的特点，制定自治条例和单行条例。自治区的自治条例和单行条例，报全国人民代表大会常务委员会批准后生效。自治州、自治县的自治条例和单行条例报省、自治区、直辖市的人民代表大会常务委员会批准后生效，并报全国人民代表大会常务委员会和国务院备案"。

还需说明的是，中国民族自治地方的立法权在很大程度上是作为地方立法权的重要组成部分而存在的，但相对于一般意义上的地方立法，民族自治地方的立法权也具有自身的特殊性。这种特殊性集中体现在"实行民族区域自治地方的立法机关，同时享有自治立法和地方立法的双重立法权"③。就其地方立法权而言，虽然中国整个国家的法律制度具有较高的统一性（即前文提到的立法体制中的"一元"），但"在立法权的职权划分上，遵循在中央的统一领导下，充分发挥地方的主动性、积极性的原则，赋予地方一定的立法权"④；就其自治立法权而言，它是基

---

① 参见吴宗金、敖俊德等《中国民族立法理论与实践》，中国民主法制出版社，1998，第219～220页。

② 王幽深：《论民族立法中的扩张权、限缩权与排除权》，载于《西南民族学院学报》（哲学社会科学版）2002年第7期，第102～103页。

③ 王幽深：《论民族立法中的扩张权、限缩权与排除权》，载于《西南民族学院学报》（哲学社会科学版）2002年第7期，第102页。

④ 施文正：《论民族立法》，载于《西南民族学院学报》（哲学社会科学版）2002年第7期，第68页。

于《自治法》而享有的民族地方的立法权，该立法权主要包括扩张权、限缩权和排除权三种权能，"正确的行使自治立法的扩张权、限缩权和排除权，是完善民族立法，充分行使民族自治权的基本前提"①。

当前，中国民族自治地方立法体系中存在的问题主要有：其一，将民族自治地方立法权混同于一般地方立法权。事实上，民族自治地方立法权与一般地方立法权在诸如行使立法权的依据、立法目的、立法内容、法律法规的适用对象、行使立法权的主体等方面都存在着显著的差异。然而，在中国的立法实践中，往往"把民族自治地方的自治机关当作一般地方国家机关，把民族自治地方当作一般地方"②。这种"一刀切"的思维习惯和行为取向致使民族自治地方立法往往被混同于一般地方立法，而"'混同'导致的空间缺失一直困扰着民族立法的健康发展"③。其二，存在民族自治地方立法上的严重空缺。比如，《自治法》颁布至今已有二十多年，然而中国五个民族自治区的自治条例迟迟没有出台。而这五个民族自治区的面积占全国总面积的 45.57%，占民族自治地方总面积的 70.9%④，这种立法上的空缺极大地影响了民族立法工作的开展，也势必影响到这些地方的政治发展。同时，中国也缺少保障散居少数民族权益的专门法律。中国散居少数民族占少数民族总人口的 1/3，法律是保障这些散居少数民族各项权益的最好武器，然而，中国"散居少数民族的立法工作仍然比较滞后，还没有形成一套完善的散居少数民族权益保障的法律体系"⑤。其三，民族自治地方立法还存在很多制度上的缺

---

① 王幽深：《论民族立法中的扩张权、限缩权与排除权》，载于《西南民族学院学报》（哲学社会科学版）2002 年第 7 期，第 102 页。

② 敖俊德：《民族自治地方立法问题》，载于吴大华主编《民族法学讲座》，民族出版社，1997，第 72～73 页。

③ 牛文军：《论民族立法存在的基础与空间》，载于《广播电视大学学报》（哲学社会科学版）2005 年第 2 期，第 84 页。

④ 这里的数据可参见戴小明、黄木《论民族自治地方法》，载于《西南民族学院学报》（哲学社会科学版）2002 年第 7 期，第 75 页。

⑤ 徐曼：《试论完善我国散居少数民族立法》，载于《中央民族大学学报》（哲学社会科学版）2005 年第 3 期，第 47 页。

陷。比如，立法制度体系尚不完整，基本法的实施细则、配套法规尚不健全。前文提到的《自治法》和《立法法》，需要实施细则、配套法规来加以细化和具体化才能转变为便于执行的行为规范，然而现有的配套法规已很难适应形势发展的需要，这一问题构成了民族自治地方立法的"瓶颈"。比如，民族自治地方立法的立法周期过长。有研究表明，中国的"民族地方立法的周期最短也得一年的时间，如果上下级之间存在利益冲突的话（实际情况往往如此），立法过程中的难产现象就在所难免"①。再比如，民族自治地方立法中的权力救济制度、立法程序制度、立法监督制度等方面还不同程度地存在着缺失或欠缺的问题。这些问题自然要影响到中国民族自治地方立法体系的建构。

在中国民族自治地方立法体系的建构过程中，至少有以下几个方面的问题需要加以考虑。

首先，明确区分和规范民族自治地方立法与一般地方立法之间的关系。其实，两者之间的区别是非常明显的，有学者详尽列举了这些区别②，更有学者指出两者之间存在"质的差异"，即：一般地方立法只具有《立法法》中所规定的"职权立法权"，而民族自治地方除具有"职权立法权"外，还具有《自治法》中所规定的"授权立法权"。这种"授权立法权"主要体现在"立法扩张权、立法限缩权和立法排除权"。③这样看来，能否明晰一般地方立法同民族自治地方立法两者之间的关系，凸显民族自治地方立法的特殊性，关键在于能否用好《自治法》赋予民族自治地方立法的扩张权、限缩权和排除权。

其次，尽早制定出台民族自治区的自治条例。时至今日，中国的五个民族自治区尚未拥有自己的自治条例，无论从怎样的角度来看待这一

①　戴小明、黄木：《论民族自治地方立法》，载于《西南民族学院学报》（哲学社会科学版）2002 年第 7 期，第 74 页。

②　参见牛文军《论民族立法存在的基础与空间》，载于《广播电视大学学报》（哲学社会科学版）2005 年第 2 期，第 85～86 页。

③　王幽深：《论民族立法中的扩张权、限缩权与排除权》，载于《西南民族学院学报》（哲学社会科学版）2002 年第 7 期，第 102 页。

问题，都不能不说是一个巨大的遗憾。对此，有学者分析指出，"法律未对批准的含义、标准、期限具体规定，批准机关不好把握，也给借批准权袒护部门利益以可乘之机，五个自治区的自治条例都还没有获得批准，就有这方面的原因"①。在这方面的一个非常典型的例证来自广西壮族自治区。在广西壮族自治区报批的自治条例第 18 稿，由全国人民代表大会送国务院各部委征求意见时，仅有为数不多的几个部委表示"同意"或"基本同意"，其他部委则提出了很多否定意见，在这些意见中，有部委指出该条例"与我部有关政策相冲突"，有部委认为该条例与本部的暂行条例不符，更有部委直接指出"广西要价太高"。② 此外，就民族自治区自治条例的内容来讲，不能过于原则性，而应该密切结合本地区的民族社会生活实际，具有可操作性。

再次，加强制度建设，改革和完善民族自治地方在立法领域存在的制度缺陷。其一，完善单行条例和自治条例的立法机制。应该明晰单行条例和自治条例的具体含义，从而将民族自治地方制定的一般性地方法规和地方政府规章与自治法规相互区别开来。再有，单行条例和自治条例须报批准是十分必要的，但是因由制定机关与批准机关的不同，立法的初衷与批准机关的批复存在很大差距，从而使得民族自治地方的立法权得不到应有的尊重。由此，增强民族自治地方立法主体的立法权限，减少民族法规的批准环节，不失为一个很好的选择。其二，完善民族自治地方的立法主体制度。可以考虑赋予民族自治地方人大常委会制定单行条例的权力，以此来改变目前民族自治地方法规的立法效率低、容易受到人代会会期和议程的限制等问题。此外，目前中国各授权法律对民族自治地方制定变通规定的主体的规定并不一致，这在事实上造成了民族自治地方立法主体的不统一。由此，很有必要依照《立法法》中的相关规定，统一民族自治地方的立法主体。其三，完善民族地方立法程序

---

① 戴小明、黄木：《论民族自治地方立法》，载于《西南民族学院学报》（哲学社会科学版）2002 年第 7 期，第 74 页。

② 参见吴大华《民族法学讲座》，民族出版社，1997，第 131 页。

制度。比如，在民族地方立法规划的编制程序、民族地方性法规草案的提出程序、民族地方性法规的批准程序和公布程序、民族地方立法的审议程序和表决程序等方面，都有进一步改善和提升的空间。此外，在民族地方的立法监督制度、立法技术制度等领域，也存在诸多需要加以改善的地方。[①]

（三）民族地方立法体系建构的一般原则

结合上面关于民族联邦主体和民族自治地方立法体系建构的讨论，本书认为，从一般意义上讲，在建构民族地方立法体系时，还应遵循以下原则。

首先，合法性原则。无论民族联邦主体，还是民族自治地方，其立法体系的建构必须要在统一国家的宪法和相关法律（比如俄罗斯的《国家民族政策观点》《民族文化自治法》《关于俄罗斯联邦的民族语言》，中国的《自治法》《立法法》和《城市民族工作条例》，等等）的框架之内来进行。一方面，在立法决策机关设计和实施民族自治地方与民族联邦主体立法的项目内容和范围时，必须符合宪法和相关法律的要求；另一方面，立法决策机关在设计民族联邦主体或民族自治地方立法项目时，也必须符合法定的程序。比如，在《自治法》的第三章"自治机关的自治权"中，明确规定了编制和实施民族自治地方立法规划的原则和程序，显然，这些程序是必须遵循的。

其次，可行性原则。所谓可行性原则，主要是指建构民族地方立法体系时，要充分考虑到这些立法项目设计实施的可操作性和未来前景，并努力确保其设计实施的预期效果得以实现。为此，要了解现实政治（法律）生活为民族地方立法活动提供了多大可能性和空间。这些立法项目在现实生活中能否行得通，效果会怎样，特别要注意实施该立法项目的地方的文化传统，以及人们是否具有与之相适应的法律意识、价值

---

① 受篇幅所限，本书并未就民族自治地方立法的制度建设展开详细讨论。值得注意的是，有学者已经对中国民族立法制度进行了专门研究，参见彭谦《中国民族立法制度研究》，中央民族大学博士学位论文，2007。

观念、道德观念和社会心态。同时，还要了解民族地方立法项目中所确定的立法指标能否有充足的条件保证其变为现实，以及在民族地方立法项目规定的时限之内，能否具备足够的人力、财力、物力来保证这些民族地方性的法规和规章产生预期的效果。

再次，科学性原则。这里的科学性原则主要是指建构民族地方立法体系时，要合乎客观规律的要求，作出最优的选择。一方面，要按照客观规律的要求来确定民族地方立法项目。既要使立法主体的实际能力、各立法主体之间的相互关系，以及它们承担的义务和履行的职责相协调，也要与民族社会生活对立法的需求，以及民族社会生活为立法本身所提供的可能性相协调；另一方面，要对民族地方立法的形式作出最优的选择。民族地方立法主体在确定用立法的形式来对某一民族社会关系进行规范时，需要判断究竟采用何种形式（如实施新法、废止旧法，或修改和补充现行法律，等等）进行规范最为合适，进而作出最优的选择。而支撑这种判断的理由不是主观愿望，而是民族社会生活客观上的需要。

最后，适应性原则。所谓适应性原则，主要是指民族地方立法体系的建构要努力适应民族地方政治、经济及社会生活发展的现实需要，符合民族经济社会发展的总体趋势。民族地方立法的决策机关在确定立法项目时，应符合本地民族政治、经济及社会生活的实际需要，并以此为基础，为本地民族社会生活的法制化提供可能的支撑，为本地民族经济社会的良性发展提供法律服务。同时，在建构民族地方立法体系的时候，还要兼顾到国家和国际两个层面的经济社会发展实际。民族地方立法不仅要与本国的法律文化相适应，彰显本国特色，也要学习和借鉴他国的优秀法律文化，注意与国际立法相接轨，符合国际惯例。

三　民族地方政府能力的提升

周平教授认为，政治能力的提高是民族政治发展的基本内容。他指出，"民族政治能力的提升，意味着民族政治体系对民族社会或多民族社会的管理能力的增强，建立起拥有权威、充满活力、富有效率的政府"，具体而言，"民族政治能力的增强涉及……诸多方面，其中最为突出的是政府能力，尤其是政府的行政能力"。① 我们认为，对于民族地方政治体系的发展而言，情况也是如此。民族地方政府能力的提升构成了民族地方政治体系发展的重要内容之一。

（一）民族地方政府

为了更好地讨论民族地方政府能力，需要把与其相关的"地方政府"，特别是"民族地方政府"的概念及其内涵进行简要的说明。一般而言，地方政府指的是"权力或管辖范围被限定在国家的一部分地区内的一种政治机构。它具有如下特点：长期的历史发展，在一国政治结构中处于隶属地位，具有地方参与权、税收权和诸多职责"②。需要说明的是，虽然"从我们公认的偏爱视角来看，地方政府是一个国家政府层级中最重要的一级"③，但由于各个国家历史文化传统、政治制度及政府安排的不同，"地方政府"概念的实际应用范围存在很大差异。在联邦制国家里，由于联邦政府与联邦成员单位政府之间并不存在行政性的隶属关系，联邦制国家的分权体制决定了联邦政府与联邦成员单位政府各自拥有相应的最高决定权，因而显然不能用"地方政府"来描述联邦成员单位政府，事实上，地方政府往往是作为联邦成员单位政府的行政性分支机构而存在的。正因为如此，有研究者指出美国的政府主要由联邦政府、州政府和地方政府三个层级组成，这里的地方政府在很大程度上是特指与州具有隶属关系的政府，包括县、市镇、乡村政府，等等④；而在单一制国家里，国家的最高权力是由中央政府统一行使的，其他层级的区域性政府一般是由中央政府依国家的行政区划而设置的，由此，这

---

① 参见周平《民族政治学》（第二版），高等教育出版社，2007，第318～319页。
② 〔英〕戴维·米勒、韦农·波格丹诺：《布莱克维尔政治学百科全书》，中国问题研究所等组织翻译，中国政法大学出版社，1992，第421页。
③ 〔加〕理查德·廷德尔、苏珊·诺布斯·廷德尔：《加拿大地方政府》（第六版），于秀明、邓璇译，北京大学出版社，2005，中文版序言第1页。
④ 参见〔美〕查尔斯·A. 比尔德《美国政府与政治》（下），朱曾汶译，商务印书馆，1987，第903～920页。

些层级的区域性政府与中央政府之间存在着明显的行政性隶属关系，属于地方政府。比如，中国的地方政府是泛指除中央政府之外的一切政府组织，包括省（自治区、直辖市）、市（盟、州）、县（区、旗）、镇（乡、苏木）等不同层级。

民族地方政府以其鲜明的民族性、自治性而成为地方政府中的一个特例。所谓民族地方政府，国内有研究者认为，"在宪法和法律的框架内，一国为了处理国内民族关系和维护国家统一，在特定民族聚居的地区建立自治地区，授权实行地域自治的民族自主管理本民族内部事务和自治区域内事务，这种存在于民族自治地方的政府就是民族自治地方政府，简称民族地方政府"①。这一概括较为中肯地描述了民族地方政府的最为典型的特点，但其表述稍显烦琐，并且带有明显的中国官方语体的痕迹。如果用更为一般的学术话语来概括，可以认为民族地方政府就是指在国家授权（多以宪法的形式）建立民族自治地方的区域范围内行使本地区行政权力的地方性政府组织。根据国家结构形式的不同，民族地方政府表现出各自不同的特点。

就多民族的联邦制国家而言，无论是从联邦国家，还是从组成该联邦的各个联邦主体的角度来看，其民族构成都是不同质的，但通过合理的政策和制度安排，可以有效减缓由此带来的联邦内部不同民族间的张力。瑞士就是一个很好的例证。瑞士的行政区划由联邦、州、市镇三级构成，按联邦宪法的规定，每个州都是主权州，可以在联邦宪法的范围之内来订立本州的宪法。市镇也拥有很大的自治权和独立性。而从瑞士的民族构成及分布情况来看，各民族基本上在本民族聚居的区域建立了自治地方，"各州既是联邦的成员单位，也是各民族的自治单位"②，从而，市镇在很大程度上也就成为各州内部的民族自治地方。在这一背景之下，"由于采取较小的而非大的区域单位在联邦机构中一起工作的

---

① 高永久等：《民族政治学概论》，南开大学出版社，2008，第 249 页。
② 高永久等：《民族政治学概论》，南开大学出版社，2008，第 253 页。

方式，使得政治的整合得以达成。完善的权力下放对于族群的特征予以广泛的保护"①。瑞士被誉为民族联邦制的成功典范，在很大程度上是得益于以市镇为代表的民族地方政府的出色工作。

就单一制国家而言，西班牙和意大利的情况较具典型性。西班牙1978年宪法第二条规定，"本宪法承认和保障组成西班牙国家的各民族和各地区的自治权利，承认和保障各族和各地区之间的团结一致"。这为西班牙民族自治地方的存在提供了法律依据。西班牙的民族自治地方由地区、省、市镇三个层级构成，显然，不同层级民族自治地方的行政组织也就是民族地方政府。目前，西班牙的民族自治地区，主要包括加泰罗尼亚、巴斯克、加利西亚，这三个地区内部包括11个民族自治省，各省内又由数量不等的市镇来组成。"总体而言，西班牙的民族地方政府享有与非民族地方政府基本相同的职权，其特色主要体现在地方自治权利之中。"② 而在意大利，特伦蒂诺—南蒂罗尔地区政府往往被认为是其民族地方政府的典型。该地区由特伦托和博尔扎诺两个自治省组成，其实行自治的依据为《特伦蒂诺—南蒂罗尔自治法》（下文简称《自治法》）。根据《自治法》的规定，特伦蒂诺—南蒂罗尔地区和特伦托、博尔扎诺两个自治省都享有高度的自治权，以至于有学者认为"该地区和特伦托、博尔扎诺两个自治省享有的自我管理权力可以与联邦制国家中的联邦成员国相若"③。而且，其自治地位也得到了国际社会（主要是奥地利）、宪法法院和赋予由自治省任命的成员担任特伦托地区行政法院和博尔扎诺自治处的职务等方面的保障。

（二）民族地方政府能力的结构及提升

所谓政府能力，通常是指"为了完成政府职能规范的目标和任务，

---

① 〔德〕汉斯－乔基姆·海因茨（周勇译）：《国际法上的自治》，载于王铁志、沙伯力主编《国际视野中的民族区域自治》，民族出版社，2002，第229～230页。
② 高永久等：《民族政治学概论》，南开大学出版社，2008，第251页。
③ 〔意〕玛格里塔·科戈（周勇译）：《不同民族间的和平共处与合作——意大利特伦蒂诺—南蒂罗尔地区的个案》，载于王铁志、沙伯力主编《国际视野中的民族区域自治》，民族出版社，2002，第298页。

拥有一定的公共权力的政府组织所具有的维持本组织的稳定存在和发展，有效地治理社会的能量和力量的总和"①。分析表明，政府能力是一个由多种要素共同构成的系统，即"政府能力系统"，有着自身独特的结构。② 结合这一定义，我们认为，可以把民族地方政府能力界定为：为实现既定的目标和任务，民族地方政府运用自身公共权力而有效治理民族社会（多民族社会）的能力和力量的总和。

1. 民族地方政府的能力构成

谈及民族地方政府能力，就需要把其能力的主要内容加以说明，即民族地方政府的能力构成。种种迹象表明，政府职能和政府能力之间具有相当密切的关联，"政府职能框定了政府能力的基本内容和发展方向；政府能力的大小强弱则决定了政府职能的实现程度"③。由此，从民族地方的政府职能入手来讨论民族地方政府的能力构成问题是完全可以的。我们认为，从静态的政府职能入手，可以把民族地方的政府能力概括为：其一，政治管理能力。为了行使政治管理职能，民族地方政府需要具备相应的政治管理能力。诸如维护民族地方政治稳定、社会秩序的能力，推进民族地方民主与法制建设的能力，处理与中央、联邦主体及其他民族地方政府、地方政府关系的能力，等等。其二，经济管理能力。为了行使经济管理职能，民族地方政府需要拥有一定的经济管理能力。这种经济管理能力主要包括对于民族地方经济发展的整体宏观调控能力、对于民族地方市场的引领和规范能力、对于民族地方的有形公共产品（比如公共基础设施等）的供给保障能力等，其衡量指标应该是看民族地方政府推进民族地方经济发展的速度与质量。其三，文化管理与服务能力。为了更好地行使此项职能，民族地方政府需要具有一定的文化管理和服务的能力。该能力至少包括对于民族地方的教育、科技、体育、一般文化产业、医疗卫生事业等方面的管理与服务能力，以及对于带有明显民

---

① 施雪华：《政府权能理论》，浙江人民出版社，1998，第 309 页。
② 相关讨论参见汪永成《政府能力的结构分析》，《政治学研究》2004 年第 2 期。
③ 金太军：《行政改革与行政发展》，南京师范大学出版社，2003，第 499 ~ 500 页。

族特性的民族宗教、语言文字、风俗习惯等问题的管理与服务能力。其四，社会服务能力。民族地方政府应该具备一定的社会服务能力，在目前建设服务型政府的宏观背景之下，这一能力对于民族地方政府而言，显得尤为重要。这种社会服务能力应该包括比如优化与细化民族地方政府的公共服务职能的能力、改革与完善民族地方政府的公共服务体制的能力、重塑与重组民族地方政府的公共服务理念的能力、创新民族地方政府的公共服务方式及构建社会服务体系的能力，等等。

需要说明的是，"民族地区政府能力的各子能力之和并不大于民族地区政府能力的总量，因为各子能力并不是均衡地分布在民族地区政府能力体系当中的"①。本书所论及的四种能力在民族地方政府能力构成中的分布情况较为复杂，并且带有较为明显的动态化倾向。比如，当某一时期，民族地方的民族关系紧张，民族矛盾激化时，民族地方政府的政治管理能力就成为改善民族关系、化解民族矛盾的最为重要的能力；而当民族地方的民族问题集中体现在自治民族要求加快本地经济发展，以缩小民族地方与其他地区间的经济发展落差时，民族地方政府的经济管理能力就显得尤为关键。

2. 提升民族地方政府能力的渠道

有学者指出，"民族政治体系中政府能力的高低，是衡量该国政治发展水平的重要尺度，提升政府能力则是政治发展的题中应有之义和目标之所在"②。我们认为，对于民族地方政治体系而言，民族地方政府能力也是衡量其政治发展水平的重要指标。那么，怎样提升民族地方的政府能力呢？方盛举教授在其专著《中国民族自治地方政府发展论纲》（人民出版社，2007）中有关民族自治地方政府能力建设途径问题的论述虽然是在中国语境中进行的，但这些论述具有明显的普遍意义，为我们这里的讨论提供了重要的启发。方盛举把政府能力得以形成的种种资

---

① 张宝成、青觉：《民族地区政府能力体系结构研究》，载于《国家行政学院学报》2008年第6期，第32页。

② 高永久等：《民族政治学概论》，南开大学出版社，2008，第296页。

源要素统称为"政府资源"，在此基础上，把"政府资源"区分成权力资源、权威资源、财力资源、人力资源、信息资源、制度资源、文化资源等七种类型，认为"政府能力的提高过程涉及两个有机联系的环节，一是政府资源的获取环节，二是政府资源的组合和配置环节。只有有效做好两个环节的工作，政府能力才有坚实的提升基础，政府能力建设才会有成效"①。他的这些分析对于我们探寻民族地方政府能力如何提升的渠道不无裨益。

一方面，是民族地方政府对于政府资源的获取。其一，政府权威的树立。所谓政府权威，就是对政府权力的一种自愿的服从和支持，它是来自社会成员内心深处的忠诚。人们对于政府权力的服从可能有被迫的成分，但对于政府权威的服从则属于认同。反对者可能不得不服从政府权力作出的安排，但是这种服从不等于认同。政府权力与政府权威的不同之处在于，政府权威被认为是正当的权力。"面对权力，人们反对或者支持；面对权威，服从则是每个人义不容辞的责任。抵制权力是合法的，抵制权威则是不合法的。"② 显然，一旦民族地方政府拥有了政府权威，会极大地降低治理成本，增加政府的美誉度。一般而言，通过提高民族地方政府的合法性、服务性、廉洁性和诚信性，可以极大地增进政府权威。其二，制度化建设。"制度化程度低下的政府不仅仅是个弱的政府，而且还是一个坏的政府"③，由此，通过行政领导制度、公务员（文官）制度等民族地方政府制度的建设而去提高其制度化水平，改变政府"弱的"和"坏的"形象，就成为获取政府资源的一个不错的选择。其三，行使民族自治权。如前所述，民族地方政府与其他地方政府的显著区别在于拥有或多或少的民族自治权。由此，能否充分行使国家或联邦主体赋予民族自治地方的自治权，就成为评价民族地方政府掌控

---

① 方盛举：《中国民族自治地方政府发展论纲》，人民出版社，2007，第151页。

② 〔美〕莱斯利·里普森：《政治学的重大问题：政治学导论》，刘晓译，华夏出版社，2001，第58页。

③ 〔美〕塞缪尔·P.亨廷顿：《变化社会中的政治秩序》，王冠华、刘为等译，上海人民出版社，2008，第22页。

权力资源的核心指标。通过强化自治意识、充分行使自治权、提高行政领导能力等方式，可以防止民族自治权的流失，最大限度地运用权力资源。此外，推进电子政务建设、保障地方财政收入的增长和经济的可持续发展，都是非常重要的途径。

另一方面，是民族地方政府对于政府资源的有效组合和最优配置。说到底，"政府能力的生成并提高，是把支撑政府能力的各种资源经过合理组合和科学配置后才产生的结果"①。因此，民族地方政府在努力获取政府资源的同时，也要积极探索"合理组合和科学配置"政府资源的措施，以期依托有限的政府资源，实现政府能力的最大化。为此，应当积极推进民族地方政府改革，其重点在于革除那些阻碍政府资源获取的环节和方面，进而通过政府职能转变、观念创新等方式而去实现政府资源的最佳配置。在这个方面，积极探索和大力推进民族地方政府的"服务型政府建设"，不失为一个很好的途径。

第三节　非国家形态民族政治体系的兴起

从民族政治体系与国家政权的关系角度，可以把民族政治体系划分为国家形态的民族政治体系和非国家形态的民族政治体系。前者与国家权力紧密相关，包括民族国家政治体系和民族地方政治体系；后者则独立于国家权力之外，在民族社会（多民族社会）的自治领域中发挥着作用。值得注意的是，随着现代市民社会在民族国家内部的不断发育成熟，非国家形态的民族政治体系也随之兴起，成为民族政治体系中不可或缺的组成方面。就非国家形态的民族政治体系的具体表现形式而言，主要包括民族村社政治体系、民族政治社团、政治性民族虚拟空间，等等。而民族村社政治体系的良性运行、民族政治社团政治参与的有序和有效，以及政治性民族虚拟空间的活力与秩序的协调，构成了非国家形态民族

---

① 方盛举：《中国民族自治地方政府发展论纲》，人民出版社，2007，第164页。

政治体系发展与完善的方向。受篇幅所限，这里只讨论民族村社政治体系和民族政治社团的情况。

一　何谓非国家形态民族政治体系

纵观国内学界，周星、周平和高永久三位学者都有关于非国家形态民族政治体系的讨论。① 无疑，这些讨论为我们正确理解非国家形态民族政治体系提供了帮助。在高永久及其带领的学术团队看来，"非国家形态民族政治体系是指主要发生在民族社会的自治领域，不体现民族国家权力关系的政治体系形态"②。我们认为，这一定义已经把非国家形态民族政治体系最为核心的特点概括了出来，即：从该体系发挥作用的领域来看，它是"发生在民族社会的自治领域"；从该体系与国家权力的关系看来，则表现为"不体现民族国家权力关系"。但是必须说明的是，随着现代市民社会在民族国家内部的不断发育成熟，以及民族政治生活从现实生存空间向网络虚拟空间的拓展，非国家形态民族政治体系存在的领域、表现的形式和运行的方式都在发生着复杂而深刻的变化。这些变化势必导致非国家形态民族政治体系的传统界定遭遇挑战。由此，增加非国家形态民族政治体系定义的开放性和包容性，用更凝练的文字来概括非国家形态民族政治体系的本质就显得十分必要。基于这种认识，我们认为，非国家形态民族政治体系是运行于民族政治生活之中，不体现民族国家权力关系的政治体系的统称。与国家形态民族政治体系相比较而言，非国家形态民族政治体系具有如下典型特点。

首先，不体现民族国家权力关系。与国家形态民族政治体系强烈的国家权力色彩相比，非国家形态民族政治体系并不体现国家的权力关系。国家形态民族政治体系是民族国家进行政治统治的组织形式和制度安排，

---

① 参见周星《民族政治学》，中国社会科学出版社，1993，第 92～93 页；周平：《民族政治学》（第二版），高等教育出版社，2007，第 103～104 页；高永久：《民族政治学概论》，南开大学出版社，2008，第 51～53 页。

② 高永久：《民族政治学概论》，南开大学出版社，2008，第 52 页。

其建构及运行无一不体现着民族国家统治阶级的意志。而非国家形态民族政治体系是基于民族政治生活的实际需要而形成的，与国家权力机关及其执行机关没有必然的和直接的联系，而且，非国家形态民族政治体系的形成普遍带有明显的自发性和自主性，从而在最大程度上实现了"去国家权力"。同时，国家形态民族政治体系内部的各个组成部分之间具有明确的隶属关系，科层化特征明显，而非国家形态民族政治体系内部的各个构成方面则相互独立，彼此之间的关系是平等的。"非国家形态民族政治体系由于不发生在国家正式组织中，自然就将国家权力关系排除在外，体现的是平等成员之间的相互关系。"①

其次，鲜明的民族特色。"非国家的民族政治体系，常常比国家形态的民族政治体系更加富于民族特色"，以至于它"可能构成民族特征的一部分"。② 与国家形态民族政治体系强烈的国家权力色彩形成鲜明对比的是，非国家形态民族政治体系多以本民族特有的语言文字、宗教信仰、风俗习惯、历史记忆等因素作为纽带，在这一民族政治体系运行的过程中，这些因素往往发挥着至关重要的作用，哪怕其运行的目的是指向本民族的某一或某些共同利益。这一典型特点在很多民族政治社团那里都得到了很好的印证。

再次，表现形式的丰富性。由于国家形态民族政治体系与国家权力密切相关，在其具体表现形式上，往往会受到国家结构形式、国家机构、政府体制、政党制度的限制，没有更多选择的余地。而非国家形态民族政治体系则与之不同，因其"去国家权力"、直接与民族政治生活相联系、为维护本民族的某一或某些共同利益而自发形成等情况，其具体表现形式明显要比国家形态民族政治体系来得丰富，这使得"它们在数量上和种类上都大大超过了民族的国家政治体系"③。就非国家形态民族政治体系的具体表现形式而言，民族村社政治体系、民族政治社团是其中

---

① 高永久：《民族政治学概论》，南开大学出版社，2008，第52页。
② 参见周星《民族政治学》，中国社会科学出版社，1993，第92~93页。
③ 周平：《民族政治学》（第二版），高等教育出版社，2007，第103页。

公认的、较为重要的形式。同时，近年来初露端倪的政治性民族虚拟空间也是该体系的又一具体表现形式，可以预见，随着网络生活向民族社会的不断渗透与介入，政治性民族虚拟空间的作用和影响将逐渐增强。

还需要说明的是，从学理分析入手可以认为，非国家形态的民族政治体系并不是一成不变的，事实上，它和国家形态的民族政治体系之间并不存在不可逾越的鸿沟，它们之间可以相互转化，哪怕这种转化在现实的民族政治生活中并不常见。

二 民族村社政治体系的运行

作为非国家形态民族政治体系中最为传统的和典型的组成部分，民族村社政治体系处于民族政治体系的基础层次，它是基于民族村社而形成的具有一定独立性和稳定性的民族政治体系。由于民族村社政治体系所处层次的基础性、存在范围的普遍性及政治影响的广泛性，它在民族政治体系发展过程中发挥着国家形态民族政治体系和其他非国家形态民族政治体系无法替代的作用。正因为如此，民族村社政治体系能否良性运行，直接关系到整个民族政治体系的稳定与发展，自然也会对民族共同体本身产生深远影响。

（一）从民族村社到民族村社政治体系

所谓民族村社，是指"由一定民族的成员组成的、富有民族特色的村落社会。这是由一定民族的成员聚族而居形成的，传统的、封闭的和保留着浓郁民族特色的村落社会，是农村社区的一种类型"[①]。与其他农村社区相比，民族村社最为显著的特征在于它的民族性，即它是以民族成分为分野的村落社会。民族村社一般是以某一民族的成员或某一民族的成员为主体而构成的村落社会，村社中占统治地位的文化是该村社主体民族的民族文化，村社的生产生活方式就是该村社主体民族的生产生活方式，以此为基础而形成的该村社所特有的民族特色，以及基于这种

---

① 周平：《民族政治学导论》，中国社会科学出版社，2001，第85页。

民族特色而形成的同质性的民族认同，构成了该村社与其他村社最为显著的区分。当然，一般村落社会中所具有的传统性、封闭性和农业性，在民族村社中也有鲜明的表现。

民族村社的存在，在客观上产生了对民族村社政治的必然要求。其原因可以从民族村社本身及民族村社与国家权力的关系两个方面来加以说明。一方面，民族村社作为一种富有民族特色的村落社会，村社中的每个成员虽然也有相对独立的个人利益，但基于共同的民族身份以及村社归属，他们也拥有以本村社名义出现的共同利益。同时，民族村社与其他村落社会一样，也存在以本村社名义出现的公共事务，从而需要某种公共权力来维持村社公共生活的正常进行，保障村社成员共同利益的实现与获得。由此，"就形成了各种以村社公共权力为中心的政治角色和政治关系，从而形成了民族村社政治"[1]。另一方面，从民族村社与国家权力的关系上看，作为民族政治体系的基础层次，一般而言，民族国家的国家权力对于乡村社会的控制远未直接进入民族村社之中。而且与其他村落社会相比，由于民族村社在民族文化、生产生活方式等方面的独特性也造成了民族村社组织结构与其他村落的差异性，这种差异致使国家权力的控制能力在民族村社要更为薄弱一些。这也是我们把民族村社政治体系看作非国家形态的民族政治体系的核心原因。由此，在民族村社中普遍存在着民族村社政治也就不足为奇了。事实上，没有民族村社政治，民族村社的公共生活就无法正常有序地进行。

而且，这种民族村社政治具有完整性、独立性和系统性。它是由特定的政治角色基于各自的政治权力而形成的政治关系的总和，进而形成了一个具有相对稳定结构的政治体系，即民族村社政治体系。在民族村社政治体系中，村社公共权力居于核心地位，它对民族村社全体成员都具有约束力和强制力，哪怕这种力量主要来自传统与宗教，而不是来自国家。在民族村社公共权力的影响作用之下，又形成了由公共权力确定

---

[1] 周平：《民族政治学导论》，中国社会科学出版社，2001，第88页。

的特定政治角色。进而，这些政治角色又围绕民族村社的公共权力而形成了不同的政治关系。还需说明的是，不同民族村社政治体系从组织结构、运作方式、维系纽带及其与国家政权之间的关系等方面，都存在着非常大的差异。

（二）民族村社政治体系的良性运行

民族村社政治体系形成之后，自然要在民族村社的公共事务方面发挥积极作用，进而影响到民族村社的每一个成员。民族村社政治体系的运行过程，也就是民族村社政治体系发挥自身作用的过程，在这一过程中，怎样确保民族村社政治体系的良性运行，是民族村社政治发展的重要问题。我们认为，可以在如下一些方面进行考虑。

首先，提高民族村社成员政治参与的程度与水平。"少数民族政治参与的程度与水平是衡量民族政治发展的重要指标之一"[①]，对于民族村社政治发展而言，情况也是如此。一方面，如果在民族村社政治生活中缺少了村社成员对于村社政治的广泛参与，即政治参与程度较低，村社成员就很容易游离于民族村社政治体系之外，无法对其有效运行提供应有的支持和监控。并且更为重要的是，他们将很难了解到关涉自己切身利益（哪怕是以村社的名义出现）的公共决策是否真正体现了自己的利益诉求，由此也缺少维护自身利益的意志与能力。另一方面，如果民族村社成员的政治参与热情不高，仅仅是因碍于情面或迫于村社公共权力的实际掌控者的压力而去参与政治，则出现了低度政治参与这一问题。"政治参与的主体是公众，它强调的是人们的自主性，当自主性不能发挥或难以发挥时……这种参与从参与者的心态上看也是消极的"[②]。由此，民族村社成员能在多大程度上自主参与政治，往往决定了他们政治参与的水平。显然，提高民族村社成员政治参与的程度与水平是确保民

---

① 于春洋：《刍议利益分化背景下的少数民族政治参与》，载于《黑龙江民族丛刊》2008 年第 5 期，第 42 页。

② 官波：《少数民族习惯法与少数民族地区的乡村政治》，载于《思想战线》2005 年第 4 期，第 38～39 页。

族村社政治体系良性运行的重要途径。

其次,优化民族村社政治权力的组织形式。"民族村社的政治权力必须采取一定的形式组织起来,才能运行并发挥应有的作用。"① 政治权力的组织形式是否合理,将直接影响到这种政治权力在民族村社公共事务的议事、决策、裁决等方面作用发挥的好坏。因此,优化民族村社政治权力的组织形式,是保证民族村社政治体系良性运行的重要途径。从民族村社政治权力的组织形式上看,虽然受到不同民族村落经济社会发展程度、民族传统文化传承状况、村社成员民主意识强弱等因素的影响,其具体表现形式是千差万别,甚至是大相径庭的。但就其本质而言,民族村社政治权力的组织形式不外乎两大类型,即集权型和分权型。就前者而言,这类民族村社的政治权力主要集中在一个人或一个机构的手中,村社公共事务中的一切权力,都是由这个人或这个机构来行使。新中国成立初期,在中国的部分少数民族村社里存在的部落头人制、村社长老制等②,都是这种集权型政治权力组织形式的典型表现;就后者而言,这类民族村社的政治权力是分散的,尚未出现或并不需要专门行使政治权力的个人或者机构,遇到关涉民族村社公共利益的问题,则由村社全体成员或由全体成员普遍认同的部分德高望重的长者来决定。由此,民族村社的公共决策是建立在民主基础之上的,不管这种民主和现代意义上的民主有多大的差异。我们认为,对于集权型的民族村社政治权力组织形式的优化,其途径主要在于对权力实际拥有者的产生方式的优化(比如用民主选举的方式取代世袭的方式),以及对权力拥有者拥有权力的时限、程度和范围的制度性规范;而对于分权型的民族村社政治权力组织形式的优化,其途径则主要在于民族村社全体成员民主意识的树立及其提升。

再次,充分体现民族村社政治权力的功能与作用。民族村社政治权

---

① 周平:《民族政治学导论》,中国社会科学出版社,2001,第97页。
② 参见吴承富《建国初我国少数民族村社政治体系多样性的成因及其影响》,载于《长春师范学院学报》(人文社会科学版)2008年第6期,第24~25页。

力的功能与作用体现的好与坏，将直接关系到民族村社政治体系的运行效果。由此，要想实现民族村社政治体系的良性运行，实现民族村社政治权力的功能与作用的最大化，就显得十分重要。总体上看，民族村社政治权力的功能与作用主要包括如下一些方面：政治整合。作为一种基础性的政治权力，民族村社政治权力担负着对于自己村落社会进行政治整合的职责，诸如实现民族村社成员对民族国家的政治认同、保证国家民族政策在自己村落的执行，以及国家宪法、法律制度在自己村落的实施，等等。政治整合功能发挥得越好，民族村社政治体系运行的成本就会越低，运行效果越好。维护政治秩序。"建立和维持必要的政治秩序，是政治权力的根本价值追求。"① 民族村社政治权力可以在化解村社内部利益冲突、协调村社内部利益关系方面发挥无可替代的作用，进而维护民族村社的政治秩序与稳定。公共事务管理。无论民族村社的规模有多小，都不可避免地存在着一定的公共事务，诸如兴建公共设施、配置共有资源、组织节庆活动，等等。显然，这些公共事务和民族村社每个个体成员的共同利益是密切相关的，这种对于公共事务管理水平的优劣，既考验着民族村社政治权力的有效性，也影响着民族村社政治体系的运行。

三　民族政治社团的政治参与

作为非国家形态政治体系的又一典型，民族政治社团是与民族国家政权联系最为紧密的、最为重要的民族利益组织形式。一方面，民族政治社团是民族社会团体的重要组成部分，是民族个体成员集体生活的重要载体之一；另一方面，民族政治社团因其鲜明的政治性而与民族国家政权的结构和运作紧密相连，成为配置现代民族国家公共权力、实现民族共同体利益诉求的不可或缺的主体。而民族政治社团上述作用的发挥，

---

① 廖林燕：《楚雄彝族村社政治权力的结构及功能分析》，载于《云南行政学院学报》2011年第 1 期，第 141 页。

在很大程度上要通过政治参与的形式来实现。由此，民族政治社团参与政治的实际成效，是考量这些社团存在价值的重要指标。

（一） 民族政治社团的定义

社团即社会团体，它的种类繁多、利益多样，在更多情况下，社团要在社团订立的章程的规制下，向社团成员提供相关的服务。一个社会中社团的数量及活跃程度，往往是判断公民社会成熟与否的重要指标。应该说，任何社团都具有潜在的政治性，这是因为无论何种社团，都存在于既定的社会经济、政治、文化环境之中，社团的活动，无不与既定社会经济、政治、文化环境进行着信息的交流与资源的共享，而这种信息交流与资源共享的目的则是更好地满足社团成员的某种利益。显然，这一过程带有潜在的政治性。一方面，作为内部成员的互益性组织，"尽管某些社团担负了一定的社会公益职能，但与其他社会组织的区别在于，它的根本职能仍是为成员的利益服务"①，同时，"人们之所以从事政治活动，其根本动因在于人们实现自己利益的要求"②。不难发现，社团为了更好地为其成员利益服务，具有潜在的从事政治活动的动因。另一方面，政府往往在其中发挥着独特的作用：或是监管，或是服务，都会对这一过程产生某种影响。那么，是否应该因此把所有的社团都看作政治社团呢？我们认为，社团潜在的政治性和政治社团两者并不能等同。因为"并不是所有社团都具有政治性，也不是社团在任何时候都具有政治性"③。衡量一个社团是否是政治社团的关键在于其存在的目的及其宗旨是否与政治权力及政治过程密切相关。只有那些"以影响政府决策为目的、以制度化地参与政治过程为行为方式的社团"④ 才能称之为

---

① 王颖、折晓叶、孙炳耀：《社会中间层——改革与中国的社团组织》，中国发展出版社，1993，第25页。
② 王浦劬等：《政治学基础》（第二版），北京大学出版社，2006，第62页。
③ 褚松燕：《政治社会团体涵义辨析：概念比较》，载于《上海行政学院学报》2011年第3期，第12页。
④ 褚松燕：《政治社会团体涵义辨析：概念比较》，载于《上海行政学院学报》2011年第3期，第13页。

政治社团。

结合对于政治社团的分析，民族政治社团的定义似乎就容易概括了。顾名思义，民族政治社团就是由民族共同体成员基于某种共同的利益而组成的政治社团。它是"通过有组织地参与、影响政府政策制定、变动和执行过程来为本集团利益服务的民族社会团体"①。其特征主要包括：首先，从民族政治社团成员的民族身份来看，他们都属于民族国家内部的少数民族，从其民族构成情况来看，既可以是由来自某一民族共同体的单一民族成员构成，也可以是由来自多个民族共同体的多元民族成员构成。比如，近年来活跃于印度尼西亚政治生活中的华人政治社团诸如印度尼西亚百家姓协会、印度尼西亚华裔总会、印华论坛等，其社团成员的民族构成都是单一的；而 1985 年成立的"法国穆斯林统一联盟"（FNMF）是当时法国国内最大的穆斯林移民社团组织，该社团在很大程度是"从马格里布国家，经由印度次大陆一直延伸到菲律宾"② 的接近 500 万的穆斯林移民利益的代表者，其成员的民族构成情况则是多元的。其次，民族政治社团成立是为了实现某一民族共同体或多个民族共同体的共同利益。比如，印度尼西亚百家姓协会、印度尼西亚华裔总会、印华论坛是以实现印度尼西亚当地华人政治权益为目的而成立的民族政治社团；而"法国穆斯林统一联盟"（FNMF）则一直致力于保护生活在法国的接近 500 万穆斯林移民的切身利益。再次，民族政治社团以政治手段来实现某一民族共同体或多个民族共同体的共同利益。这也是民族政治社团与一般民族社团最为重要的区别。由于民族政治社团采取政治手段实现自身利益，其社团活动带有鲜明的民族政治性——这意味着"民族政治社团通过与国家公共权力发生联系，影响和参与政府的政策制定过程，以实现自己的利益目标"③。

---

① 高永久：《民族政治学概论》，南开大学出版社，2008，第 52 页。
② 宋全成：《论法国移民社会问题的政治化——一种政治社会学的视角》，载于《山东大学学报》（哲学社会科学版）2010 年第 1 期，第 114 页。
③ 高永久：《民族政治学概论》，南开大学出版社，2008，第 107 页。

还需说明的是，民族政治社团虽然通过政治途径来实现自身利益，但其对于政治手段的使用存在一定的限度。这个限度就是：民族政治社团一般是以影响某项或某类关乎社团成员切身利益的公共政策的制定和出台为目标，而不打算参与或者夺取国家政治权力。这一限度也是民族政治社团与民族政党的核心区别之所在。

（二）典型案例：民族政治社团的政治参与

近年来，很多民族国家都不乏民族政治社团采取政治手段，通过政治参与来维护自身利益的案例。这里仅举两例加以说明，一个是马来西亚以"董教总"① 为代表的华人社团反对政府强制推行数理英化政策的运动，再一个是法国政府与移民社团之间有关移民问题的博弈。

1. 反对数理英化政策运动

马来西亚很有可能是中国之外具有最为完整的华文教育体系的国家，这一成就与近年来马来西亚华人社团积极参与政治、确保华文教育不被损害密不可分。在历时 7 年的反对政府强制推行数理英化政策运动的过程中，以董教总为代表的华人社团通过政治参与维护自身华文教育权利的案例是其中的典型事件。

2003 年，马来西亚政府为提升国家的竞争力和国民的英语水平，在国内强制推行数理英化政策，宣布从当年开始，改用英文来教授国内小学的数理科目。对于这种无视国内三大民族（华人社群、印度社群和马来社群）母语教育权益的做法，各族反对的呼声此起彼伏。其中以董教总为代表的马来西亚华人社团采用多种政治手段积极维护自身母语教育权益，其政治参与的方式主要包括：其一，2002 年 8 月 1 日，在董教总的召集之下，全国接近 40 个华人社团紧急召开了联席会议来进行磋商，并且很快就通过了反对政府强制推行这一政策的决议。同时，为了争取更多的支持者，董教总印制了宣传资料来向社会大众阐明推行数理英化

---

① 董教总是由马来西亚华人组织的，代表于且领导国内华文学校的两个民间非营利性文教组织，即"马来西亚华校董事联合会总会"和"马来西亚华校教师联合会"的统称。——笔者注

政策的危害性，并在全国各州进行巡回宣讲。其二，2005 年 12 月 10 日，接近四千名社会各界各族人士在董教总的组织带领下，在董教总教育中心进行集会请愿，向政府表达期待尽快恢复母语教授数理科目的意愿。其三，2006 年 2 月 21 日，董教总还借"纪念国际母语日"的时机向政府发出呼吁，请求政府尊重世界人权宣言，认真履行"国际母语日"所倡导的宗旨，保障人民的母语教育权益，恢复母语教育。其四，2007 年 7 月，董教总发起了"还我母语教育"的明信片签名运动。这一运动持续了三个月之久，共计发放明信片 20 余万张，堪称马来西亚华人社团发起的最大规模的行动。

以董教总为代表的马来西亚华人社团的种种努力终于取得了成效。2009 年 7 月 8 日，迫于各方面压力，时任马来西亚副总理兼教育部部长的慕尤丁宣布终止数理英化政策，并承诺于 2012 年开始，让各社群的小学分阶段分批次地恢复母语教授数理科目。进而，2009 年 7 月 24 日，为尽快解决华文小学的母语教育问题，董教总约见了教育部魏家祥副部长，就华文小学在废除数理英化政策之后应如何落实 2012 年的新政策等问题进行了磋商。

总之，"在长达 7 年的反对数理英化运动中，以董教总为主的华人社团通过种种政治参与形态来表达政治诉求，使得政府决策最终代表民意"①，在华人社团的努力下，马来西亚的民主政治程度得到了一定程度的提升。

2. 法国政府与移民社团有关移民问题的博弈

有研究表明，"法国的外国移民问题已经不仅仅是一个复杂的社会问题，而是已成为影响法国的政治选民、政党、议会选举（总统大选）和社会政策的严肃政治问题，法国移民社会问题越来越趋于政治化"②。

---

① 刘红：《从反对数理英化运动看马来西亚华人社团的政治参与》，载于《东南亚纵横》2010 年第 11 期，第 98 页。

② 宋全成：《论法国移民社会问题的政治化——一种政治社会学的视角》，载于《山东大学学报》（哲学社会科学版）2010 年第 1 期，第 110 页。

而在这一问题的发展进程中，始终伴随着法国政府与移民社团组织之间的博弈。我们认为，这种博弈及其结果必将对法国移民问题的走向产生深远影响。

1981 年 10 月，法国政府正式给予国外移民以自由结社的权利。此后，遍布法国各地的移民社团组织纷纷建立起来。仅以穆斯林移民社团为例，1981 年，"法国穆斯林论坛"（GIF）宣布成立；1983 年，"法国穆斯林组织协会"（UOIF）宣布成立；1985 年，法国最大的穆斯林移民社团、由 150 个穆斯林协会组成的"法国穆斯林统一联盟"（FNMF）宣布成立；1991 年，"法国穆斯林组织协会"创立了法国第一所穆斯林移民大学；同年，穆斯林的领导人阿里·布尔格（Didier Ali Bourg）还成立了穆斯林研究中心（CERISI）；1993 年，"法国穆斯林代表大会"（CRMF）宣布成立。伴随着法国移民社团组织的势力、影响力及其政治诉求在法国社会的不断膨胀，这些移民社团在法国政治舞台上的活跃程度也随之提升，进而成为就移民问题与法国政府博弈的重要政治力量。

鉴于法国移民社团政治影响力的提升，作为对于这些移民社团组织政治诉求的回应，法国政府采取了较为积极的态度。一方面，在政府机构与制度设计层面，1985 年，法国内政部专门成立了旨在听取移民社团建议、促进和提升法国政府和移民社团组织之间交流与合作的专门机构（CORIF）；另一方面，在制定实施有关移民问题的法规及处理国际关系的层面，法国政府越来越注重与移民社团的沟通与合作。比如，法国政府在制定《禁戴头巾法》①时，经过多方努力，最终争取到了当时法国最大的穆斯林移民社团的认可和支持。从而最大程度地降低了因该法案的颁布实施而造成严重后果的风险。同时，在处理国际关系问题，特别是在处理和这些移民的母体国的关系问题上，法国政府越来越愿意考虑

---

① 该法案缘于 1989 年的"禁戴头巾事件"。是年，法国一所中学的穆斯林女学生因戴头巾而被学校开除，随后法国行政法院判决该校的处罚违反法律而被宣布为无效。进而，围绕是否应禁止居住在法国的穆斯林妇女戴头巾的问题，社会各界展开了激烈争论。这一争论在法国政坛延续了 14 年之久。这也从一个侧面反映出法国移民问题的复杂性和长期性。——笔者注

相应移民社团的意愿。无疑，这种做法对于法国维护外交关系的良好事态和政治的稳定具有重要的意义。我们发现，"尽管法国法律并没有给予这些移民社团以政治上的功能，但这些移民社团在法国社会与政治舞台上具有日益浓厚的政治色彩，亦是不争的事实"[①]。

（三）完善民族政治社团政治参与的制度与机制

通过上述典型案例的分析可以发现，民族政治社团政治参与对于民族政治社团目的的达成、作用的发挥具有重要影响。在这里，提高民族政治社团政治参与的实际效果显得至关重要。我们认为，为了提高民族政治社团政治参与的实际效果，不断完善其社团政治参与的制度与机制不失为一种很好的选择。

首先，积极探索民族政治社团培育制度，完善社团管理与服务。一般而言，为了使民族政治社团更好地发挥整合民族成员利益、进行民族利益表达、动员民族成员及推进民主化进程等作用，需要从民族政治社团组织的治理结构、成立原则、行为约束、登记管理、筹资、监管、税收等方面进行一系列的制度性构建，并将这些制度进一步优化整合为有利于社团培育的制度环境。同时，要确保社团具有非营利性、独立性和不损害公共利益等重要特征。非营利性可以确保社团最大程度地区别于牟利性的公司，而把民族社会生活领域中的公共事务作为自己活动的目标；独立性能够使这些社团自由充分地表达自身的利益诉求，不受政府行政权力的制约；不损害公共利益的特征则要求这些社团在维护和代表特定民族群体利益的时候，也要努力避免公共利益受到损害。此外，为了更好地配合服务型政府的建设及公民社会治理的发展，还需要立足社团发展的现实情况，积极推进社团管理和服务领域的立法工作，打造既能培育社团组织，又能完善社团管理的法律体系。

其次，明确民族政治社团政治参与的基本原则。这些原则主要有：

---

① 宋全成：《论法国移民社会问题的政治化——一种政治社会学的视角》，载于《山东大学学报》（哲学社会科学版）2010 年第 1 期，第 115 页。

其一，公共利益导向原则。正如前文所述，民族政治社团参与政治过程的主要内容是对公共政策的制定及实施过程的参与。这是因为，公共政策的制定及实施，需要在确保公共利益最大化的前提下对那些存在竞争关系的利益主体展开协调，而一旦公共政策得以出台，就意味着在公共政策所涉领域中的一定利益格局的确立。由此，以努力实现公共利益最大化为目标来引导民族政治社团的政治参与，就显得尤为重要。其二，合法性与合理性原则。作为组织化的政治参与主体，民族政治社团对于公共政策的制定和实施过程的参与，包括其他政治活动的参与，都要在合法的原则及法律的规定范围内来进行，不能凭借社团对于特定民族群体的影响力而去要求法律之外的特权。再有，民族政治社团在参与政治的行为中，要掌握一个适度的、合理的范围，不能仅仅为了满足自身利益诉求而对其他社团组织或政治参与主体的利益诉求进行压制。这种合法性与合理性的原则要求社团应在内部利益整合与外部利益表达中体现理性，并在处理自身与其他政治参与主体间的关系中，学会妥协与合作。其三，非歧视性原则。从应然的角度来讲，在政治参与的过程中，任何社团组织的地位都是平等的，都拥有利益表达的自由与权利，不应存在某个社团组织的社会动员能力强、社会影响力大，其实现自身利益诉求的能力也就随之增强的情况。然而，就目前各个国家的民族政治社团的实际运作来看，经济实力雄厚或拥有知名社会活动家、社会活动能力强的社团往往对于政治参与的途径、利益表达的渠道应用得较为充分，对政治领导人的游说能力也较强，马来西亚的"董教总"就是这类社团的典型。而那些经济实力差、社会活动能力弱的一般社团对于政治参与的途径及利益表达的渠道则应用较少。由此，政府作为公共权力的行使者，对所有的社团都应该一视同仁，进行社团政治参与公正的程序设计和制度安排，保证不同社团都有平等的利益表达机会。

再次，营造民族政治社团政治参与的良好氛围。为此，一方面，应为民族政治社团的利益代表和利益表达提供更为宽松的制度环境。由于现代社会规模的超大性和结构的复杂性，作为利益代表的传统机制，议会已经不能满足社会成员利益表达的需要，这就要求包括民族政治社团在内的各种公民社会组织组成不同层次的利益代表机制，积极参与政治过程，从而形成对于议会机制的必要的补充。同时，探索通过具体的程序设计方式与技术性手段使社会治理和政治过程拥有一定的包容性，可以"使代表着不同利益追求的社团能够比较容易地进入公共治理过程进行利益表达和参与协调各方利益的政策制定"[①]。另一方面，为保证决策的民主化与科学化，应使关涉民族共同体的决策过程的各个阶段都有相关民族政治社团代表的参加。依据决策理论的基本主张，决策过程是一个动态循环系统，这一系统是由决策之前的信息搜集、决策之中的方案选定，以及决策以后的具体执行及反馈来组成的。而这其中的每个主要环节，都要与不同社会利益群体发生关系。正因为如此，促成与决策内容息息相关的利益群体来参与决策过程，就成为一种必要。由此，作为一种民族共同体的互益性组织，民族政治社团无论对相关公共决策的形成，还是对社团成员共同利益的实现，都具有低成本、高效率的益处。因此，对于关乎民族共同体的决策过程来说，民族政治社团的参与尤为重要。

总之，出于维护自身利益的实际需要，任何民族共同体都拥有自己独特的民族政治体系。这种政治体系既可以表现为国家形态的，诸如民族国家政治体系和民族地方政治体系，也可以表现为非国家形态的，诸如民族村社政治体系和民族政治社团，等等。要想实现民族共同体利益的最大化，推进民族政治体系的发展与完善是一种非常有效的方式，而推进民族政治体系发展与完善的过程也就是作为载体发展的民族政治发展的应有之义。

---

① 褚松燕：《论社团政治参与制度框架的完善》，载于《国家行政学院学报》2006 年第 6 期，第 40 页。

第四章　主体发展：民族共同体的
发展与瞻望

虽然民族政治体系构成了民族政治发展的重要载体，而且民族政治发展在很大程度上也是通过民族政治体系的发展与完善得以体现，但民族政治发展的真正主体并不是它，而是"民族"本身。民族是民族政治的主体，也是民族政治发展最终所要关怀的主体。从民族与民族政治发展的互动关系来看，民族自身发展程度会直接影响到这一民族共同体的民族政治发展水平，民族政治发展的水平也会反作用于民族自身，促进或者阻碍着民族共同体的发展。可以把作为民族政治发展主体的民族划分为两个层次，即个体与群体。从个体角度看，一方面，由于民族个体身份的二重性（即政治性和文化性），民族个体成员公民身份和民族身份的协调就成为民族政治发展视野下的个体发展的重要内容；另一方面，基于民族个体政治角色的不同层次，其对民族政治发展的作用也有显著区别。如何更好地发挥不同层次政治角色的作用，关系到民族政治发展的质量与水平，这构成了个体发展的又一内容。从群体角度看，族群政治发展与族际政治整合，构成了民族政治发展视野下的民族群体发展的两个方面，两者的区别在于：前者是从群体自身发展的层面来讨论民族政治发展，后者则是从不同群体之间的关系层面来讨论民族政治发展。

第一节　个体与群体：民族政治主体的两个向度

正如周平教授指出的那样，"民族才是民族政治的真正主体，某个具体的民族政治体系或政治形态总是由某个或某几个民族来操纵的"①。由此，从民族政治的主体——民族的角度来讨论民族政治发展是非常有必要的。如果说民族政治体系的发展是作为载体的民族政治发展的重要表现，那么，民族的发展则构成了作为主体的民族政治发展的核心内容。我们认为，可以从个体和群体这样两个向度来讨论民族政治主体的发展问题。

一　民族个体：作为个体的民族成员

所谓民族个体，就是某一民族共同体内部的个体组成人员。任何一个民族共同体都是由具有某种共同文化属性和利益诉求的民族个体成员组成的，没有民族个体，也就没有民族共同体。就国内学界目前的情况而言，关于"民族个体"的研究文献并不多见。更多时候，有关民族个体的讨论是被淹没在对于民族、族群或民族共同体这样一些集合性概念的讨论之中，难以体现出个体之于群体的特殊性。对此有学者指出，"长期以来，我们对'民族'研究较多，而忽视了'民族个体'的研究，这在理论上严格来说犯了'层次混淆'的错误，形成了'民族个体完全等同于民族'这种程式化、固定化的观念"②。其实，"要理解……民族或民族集团作为政治行为者所具有的意义，还必须对民族与民族社会的个体成员也作为政治行为者的事实予以认定"③。由此我们认为，无论是民族、族群抑或民族共同体，都是由个体成员来构成的，放弃了对于这

①　周平：《民族政治学》（第二版），高等教育出版社，2007，第308页。
②　何生海、冯学红：《社会学视角下的"民族"与"民族个体"》，载于《中南民族大学学报》（人文社会科学版）2008年第6期，第68页。
③　周星：《民族政治学》，中国社会科学出版社，1993，第104页。

些具体而鲜活的个体成员的研究而去抽象地甚至是刻板化地研究群体，本身就是无法理解的。

基于民族个体的视角来进行民族政治发展的研究，其学术价值至少可以表现在如下一些方面。

首先，民族个体在很大程度上构成了民族政治发展研究独特性的基础。无论民族政治发展研究的内容多么丰富，民族始终是其研究的真正主体。并且，这一研究所要面对的，终究是鲜活的、具体的和独特的民族个体成员，以及这些民族个体成员的政治生活。它们的政治生活方式以及在此基础上所形成的政治关系既有一般性，又有特殊性。由此，对于这些政治生活方式及政治关系的研究一旦离开民族个体的基础，缺少了对于民族个体的准确而充分的把握，那么，民族政治发展研究的独特性也就被淹没在政治发展研究的共性之下。离开了作为民族政治主体的民族个体的具体观照，所谓的民族政治发展就会被抽象为一般，其研究的基础和活力也就损失殆尽。

其次，没有对于民族个体的分析，民族政治发展的总体研究便难以展开。从民族个体入手研究其独特性，既可使民族共同体的内部政治关系得以凸显，从而使得相关研究更具针对性，也为不同民族共同体内部政治关系的比较分析和综合概括奠定了基础。从这样的意义上看，没有对于民族个体的分析，民族政治发展的总体性研究便难以进行。当然也要看到，民族政治发展不是碎片化的，而是一个有机的、动态的整体，这就要求我们必须对基于民族个体的研究进行综合和概括，从个性比较进入共性提炼，只有这样，对于民族个体的分析才有可能进入更高的学理层次，形成理论上的共性结论。由此，对于民族政治发展研究而言，个体的分析和共性的概括是互补的，不可或缺的。

再次，从民族个体入手是民族政治发展研究的重要方法，也是建构民族政治发展理论体系不可缺少的手段。民族政治发展的研究所要面对的是纷繁的民族政治现象，对于这些纷繁复杂的民族政治现象要进行大量的、经验性的、实证性的观察，之后再对这些材料进行归纳分析。由此，从一个又一个具体而鲜活的民族个体角度入手进行观察，进而加以归纳分析得出共性结论，就构成了民族政治发展研究的重要方法。目前国内学界所形成的很多研究成果都采用了这种基于个体分析而进行归纳总结的方法。同时，民族政治发展研究还要采用演绎的方式，将民族政治发展沿着从民族个体到民族共同体的路径进行理论推演和纵深剖析，这是建构民族政治发展理论体系不可缺少的重要手段。

鉴于此，民族个体完全可以作为民族政治主体发展的一个重要方面来加以讨论，在某种意义上，这种对于民族个体的讨论构成了民族政治主体发展研究的基础和前提。

二　民族群体①：作为群体的民族共同体

所谓民族群体，亦即民族共同体，是包括一个民族的全部个体成员的总括性概念。鉴于依据不同的划分标准（诸如政治特征、文化特征、社会特征，等等）完全可以对民族群体进行不同的划分，而不同标准之下的群体特点具有明显的差异性，结合本书讨论的重点，我们主要以政治特征来作为不同民族群体间的分界。即：本书把民族群体看作一个政治性的表述单位，在这一群体的内部具有大致相同或相近政治利益诉求，并且在外部具有谋求"统一、整合直至建立民族国家或者实现某种自治"②的心理倾向或行动取向。

作为目前人类不同群体之间最为稳定的分界之一，民族共同体具有很多共同的属性，这些属性可以包括共同的先祖、历史、文化、语言、宗教、记忆、血缘、地域以及经济生活方式，等等。然而稍加分析就会发现，所有这些属性都不足以支撑民族共同体的稳定存在。比如，对于民族共同先祖的推崇无论怎样登峰造极，一个起码的事实是，那些先祖

---

① 本书的"民族群体"是在与"民族个体"相对应的层面上使用的，指代的是由民族个体组成的"民族共同体"本身，而不涉及民族共同体内部的不同职业群体、性别群体、区域群体等的划分。

② 周星：《民族政治学》，中国社会科学出版社，1993，第35页。

或者只是神话传说中的人物，或者只是某一氏族或者部落的头领，这一先祖和现实中的民族共同体之间的关系在更多时候只是一种一相情愿的美好想象；比如，对于民族共同历史的追溯本身在很大程度上就是一场虚构，民族政治精英往往采取篡改、编造和不断神化本民族历史的方式来提高民族成员对于民族共同体的认同；比如，尽管很多民族都宣称自己拥有最为纯正的血统，然而在事实上，几乎所有的民族都是不同人类群体间相互交融的产物。现在生活在中国长江以北的汉族，主要是历史上的华夏与匈奴、鲜卑、氐、羯、羌等民族彼此融和而逐渐形成的。正是在这种意义上，"民族共同体是依靠着并不可靠的共同记忆维系的共同体，也是被其成员以最美好的愿望虚构的共同体"①。

然而，正如我们所看到的那样，民族共同体又的确是一个真实的、客观的和稳定的人类群体。究其原因，民族共同体除了具有上述共性之外，还有着十分突出的政治属性。这就使得"民族不仅仅是经济共同体、文化共同体，同时也是一种政治共同体"②。一方面，"政治利益在民族共同体的形成过程中起到首要作用，政治利益的一致是维系民族共同体的纽带，是民族认同的基石"③。无论不同的人类群体之间在文化上存在多么巨大的差异，对于共同政治利益的追求可以使它们很快达成共识，进而在实现共同政治利益的同时融合形成一个新的民族共同体，美利坚民族的形成就是一个很好的佐证。同时我们也会看到，即使文化传统相当接近的人类群体，由于各自不同的政治利益也会产生矛盾与摩擦，甚至还存在着在同一民族内部的不同群体之间为实现各自的不同利益诉求而动用武力的事实。这样的情况在中国历史上屡见不鲜。另一方面，对于民族共同体而言，政治属性是带有全局性的、稳定而真实的属性。"民族共同体与民族社会的其它任何特性，在特定的条件下，都可能受

---

① 都永浩：《政治属性是民族共同体的核心内涵——评民族"去政治化"与"文化化"》，载于《黑龙江民族丛刊》2009 年第 3 期，第 2 页。
② 周星：《民族学新论》，陕西人民出版社，1992，第 36 页。
③ 都永浩：《对民族共同体的多维思考》，载于《黑龙江民族丛刊》2008 年第 5 期，第 3 页。

到民族政治属性一定的影响，并且，常常也作为民族政治属性的某些资源和表现形式"①。正因为如此，无论在民族社会与民族共同体的内部，还是在多民族社会的各个不同民族共同体之间，以及在民族共同体与其所处的不同层级的民族政治体系的关系之中，都时刻显露或隐含着民族的政治属性。也正是在这种意义上，"没有了政治属性，民族也就不复存在"②。

这里还需说明的是，民族共同体的现实存在形式是多种多样的。虽然民族的形成与民族国家的建构具有直接关联，但是不同民族与民族国家的关系大相径庭。有些民族在事实上成为国家政权的唯一拥有者；有些民族则同其他民族共同分享着国家政权，虽然在更多时候，它们分享国家政权的程度并不相同；有些民族则无缘企及国家政权，只能在非常有限的区域和范围内谋求可能的自治权利。同时，民族共同体的边界和民族国家的疆界并不总是一致的，事实上，随着民族人口全球流动的日益频繁，这种不一致正在趋于强化，"一个民族，一个国家"的理念变得越来越不切实际，虽然一些极端的民族主义者依然在致力于这种虚无的追求。

三　民族个体与民族群体的关系

在分别讨论了作为民族政治主体的民族的两个向度，即民族个体与民族群体之后，很有必要对两者之间的关系进行简要的梳理。

（一）个体与群体是民族存在的两种基本形式

就其一般意义而言，个体与群体这一组概念属于生物学范畴。前者是某一物种的单个存在，后者是同一物种个体的集合。将这组概念运用到自然科学与社会科学的其他学科很容易发现，个体与群体是用来描述各种由单个存在所组成的集合性事物的普适性概念。上升到哲

---

① 周星：《民族政治学》，中国社会科学出版社，1993，第31页。
② 都永浩：《政治属性是民族共同体的核心内涵——评民族"去政治化"与"文化化"》，载于《黑龙江民族丛刊》2009年第3期，第3页。

学的高度，个体与群体则是一对重要的哲学范畴，这一范畴并不"只适用于个别领域，而是能适用于自然、社会、思维的诸领域，成为哲学系统观的一对重要范畴"①。

具体到本书的讨论，显然，民族也是由单个存在所组成的集合性事物，它同样也具有个体与群体的区别，个体与群体构成了民族存在的两种基本形式。一方面，没有民族个体成员，就没有民族群体。尽管民族是一种人类的共同体，其作为集合性概念的特征非常明显，当我们谈及民族时，一般都是从群体的角度来谈论民族共同体的，而不是民族的某个个体成员。但无论怎样，民族毕竟是由个体成员组成的，没有一个又一个单个存在的民族个体成员，也就没有民族群体。此外，民族作为一种与国家关系密切的利益共同体，其凝聚力主要来自民族个体成员对于自己民族身份，进而对于民族共同体的认同。另一方面，民族在更多情况下所体现的是一种群体的力量。无论是把民族看作一种政治共同体、经济共同体还是文化共同体，无论构成民族的那些属性或特征有多么不一样，一个基本的事实是，所有这些特征或属性都要通过民族群体来加以体现。正是这一缘故，古今中外有关民族的定义都是从群体的角度、共性的视野来界定民族的，无论这些定义的具体表述看起来有多么的不同。总之，民族群体和民族个体的关系"如'大海'与'一滴水'的关系，民族个体的存在是以民族群体为背景"②。从民族的内部构成来看，民族是由民族个体成员组成的，没有民族个体成员，也就没有民族群体；而从民族的外部表现来看，民族是以群体的面目出现的，民族的那些最为典型的特征和属性，都要通过民族群体来加以体现。

（二）民族个体与民族群体的对立和统一

可以借鉴辩证唯物主义哲学的基本原理对民族个体与民族群体之间

---

① 韩民青：《个体与群体是一对重要的哲学范畴》，载于《东岳论丛》1996 年第 2 期，第 51 页。

② 何生海、冯学红：《社会学视角下的"民族"与"民族个体"》，载于《中南民族大学学报》（人文社会科学版）2008 年第 6 期，第 67 页。

的对立统一关系进行简要分析。

首先，民族个体与民族群体存在着明显的区别。一方面，从质和量的关系上看，民族个体与民族群体分别体现了民族的"质"和"量"的不同侧面。世界上任何一种事物都存在质的规定性，这构成了不同事物彼此之间的区别。同时，任何一种事物也都存在着一个量，如数量、程度、规模、速度上的变化，等等。具体到民族而言，民族个体构成了其质的规定性，而民族群体中个体的数量、生活的区域和经济社会的发展水平等，则构成了不同民族"量"上的差异。由此，民族个体与民族群体的区别，在很大程度上是由质和量的关系决定的。另一方面，从系统类型的角度看，民族个体与民族群体的系统类型也不同。民族个体作为民族这一集合性事物的质的单位，是一个不可分割的有机系统，该系统的各个构成要素都是不可缺少的。而民族群体则不同，作为民族这一集合性事物的量的单位，是一个具有一定弹性与自由的系统，其数量、规模、范围的某些变化一般并不直接影响到民族的存在。

其次，民族个体与民族群体存在着密切的联系。一方面，民族个体与民族群体是不可分离的，两者相互依存。不论民族个体与民族群体有多么不同，它们毕竟共同构成了民族存在的两种基本形式。民族个体与民族群体在体现民族的"质"和"量"的不同侧面时，是不可分离的。民族个体虽然体现了民族的质，但同时也反映着民族的量，即最为基本的量、单个的量。民族群体虽然体现了民族的数量、规模和范围，但也表现着民族的质，它在数量、规模和范围上集合了民族的质，形成了民族的质的宏观表现。由此，民族个体与民族群体之间的联系是牢不可破的。另一方面，民族个体与民族群体是相互依赖而存在的。如前文所述，没有民族个体成员，就不会有民族群体；民族群体是由民族个体构成的，没有民族个体，就不会有民族个体的集合。民族个体是形成民族群体的前提条件。同时，没有民族群体，也不会有民族个体的存在。其原因在于，任何民族个体都是在民族群体的背景下产生和发展的。没有足够数量和规模的民族群体，民族个体的存在就是缺乏保障的，进而也会危及作为集合性事物的民族的存在。因此，民族群体对于民族个体也是至关重要的。

再次，民族个体与民族群体的对立统一关系在民族发展的过程之中表现得非常明显。一方面，民族的发展在其外在表现上有民族个体发展和民族群体发展两个层次，但这两个层次并不是对等的，而是存在主次之分。由于民族个体确定了民族在质上的规定性，而民族群体是其量上的表现，因此，民族个体发展应该是民族发展的主线。研究民族的发展，应该把民族个体层次的发展作为重点，如果仅仅把民族群体发展作为研究的重点，则无法解释民族群体发展背后的深层动因，因为这个动因恰恰来自民族个体。另一方面，民族个体的发展虽然是民族发展的主线，但它的发展也离不开民族群体及其发展。事实上，民族的发展是民族个体发展与民族群体发展的有机结合，缺乏哪一方面都是不现实的。由此，研究民族的发展，既要着力分析民族个体及其发展的线索，也要探索民族个体发展与民族群体发展之间的互动关系，以及民族群体发展的规律。

总之，民族个体与民族群体既相互区别又相互联系，在民族发展的过程之中既相互制约又相互促进。它们互为条件、相互转化，共同构成了民族存在的两种基本形式。

（三）讨论的延伸：民族个体矛盾与民族群体矛盾

太多迹象表明，民族矛盾是影响民族关系、诱发民族问题的重要原因。民族矛盾可分为民族个体矛盾和民族群体矛盾。前文有关民族个体与民族群体关系的讨论有助于我们正确区分民族个体矛盾与民族群体矛盾，了解两者之间的关系，从而帮助我们更好地处理民族矛盾，改善民族关系，解决民族问题。

从民族个体矛盾与民族群体矛盾的区别来看，主要体现在如下一些方面。其一，两者的概念不同。如前所述，个体与群体是民族存在的两种基本形式，与此相对应，民族个体矛盾与民族群体矛盾也是两个不同的范畴。按某些学者的观点，民族个体矛盾是指"在不同的、个别民族成员之间，因涉及对方民族整体或民族特点而发生的各种矛盾。它是以不同民族成员之间的直接接触为途径的"①。可以看出，民族个体矛盾的产生虽然以民族共同体为背景，也涉及民族群体因素或作为集合性事物的民族的某些属性，但就其直接指向来看，它是发生在民族个体成员之间的矛盾；而民族群体矛盾顾名思义，它是发生在民族之间的矛盾，是群体性的，发生在不同民族群体之间。其二，两者在特点、影响范围、危害程度等方面也存在诸多不同。从其特点来看，民族个体矛盾往往具有主观性、偶然性和暂时性等特点，而民族群体矛盾则往往带有客观性、必然性和长期性，引发民族群体矛盾的原因也更为深刻；从其影响范围来看，民族群体矛盾往往要比民族个体矛盾的影响范围更大，涉及的人数更多、区域更广，其影响的程度也要更强；而从其危害程度来看，一般而言，民族群体矛盾的危害要明显超过民族个体矛盾。

同时也要看到，民族个体矛盾与民族群体矛盾之间也有着千丝万缕的联系，在特定条件下，民族个体矛盾也会转化成民族群体矛盾。对此，20世纪90年代初期在美国发生的"洛杉矶骚乱事件"为我们提供了经典的例证。1992年，由地方法院对罗德尼·金一案作出的不公正判决而引发了当地不同种族间的暴力冲突，以至于政府不得不动用超过两万人的武装力量来控制事态的发展。② 由此，妥善解决和处理民族个体矛盾，防止民族个体矛盾向民族群体矛盾的转化，是防止事态恶化、解决民族矛盾的重要途径。

第二节　民族个体发展：身份的
协调与角色的协同

从民族个体的身份特征加以分析不难发现，民族个体成员既是某一

---

① 姜明、侯丽清：《论民族交往中的个体矛盾》，载于《阴山学刊》（社会科学版）1997年第4期，第35页。

② 对于这一事件的更多讨论请参见宁骚《民族与国家——民族关系与民族政策的国际比较》，北京大学出版社，1995，第533~534页。

主权国家的公民，拥有"国家公民"的身份，也是某一民族共同体的基本构成单位，拥有"民族成员"的身份。比较而言，国家公民身份的政治性色彩较为强烈，而民族成员身份的文化色彩明显一些。由此，协调民族个体的双重身份就成为讨论民族个体发展的一个重要内容。同时，如果从民族个体所承担的政治角色角度加以分析，又可以把民族个体区分为民族领袖、政治精英和一般群众三个层次。显然，不同政治角色民族个体对于民族政治发展的作用是不同的。如何充分发挥民族个体的政治作用，促进不同政治角色之间的互动，成为讨论民族个体发展的又一内容。

一　民族个体身份的二重性：政治性与文化性

塞缪尔·亨廷顿认为，"个人有多重身份……包括归属性的，地域性的，经济的，文化的，政治的，社会的以及国别的"①。进而，在对这些不同身份的来源进行说明时，亨廷顿指出，政治性的身份多来源于"集团，派别，领导地位，利益集团，运动事业，党派，意识形态，国家"，而文化性的身份则多来源于"民族，部落，从生活方式界定的民族属性，语言，国籍，宗教，文明"。②亨廷顿有关个人拥有多重身份及其身份来源的讨论为我们分析民族个体发展提供了一条重要的线索，即从身份特征入手来分析民族个体成员。鉴于本书讨论的重点在于民族政治发展，因此，这里仅就与此关系最为紧密的两重身份，即国家公民身份和民族成员身份展开说明。

（一）民族个体身份的政治性：国家公民身份

美国学者托马斯·雅诺斯基（Thomas Janoski）指出，"公民身份是个人在一民族国家中，在特定平等水平上，具有一定普遍性权利与义务

① 〔美〕塞缪尔·亨廷顿：《我们是谁？——美国国家特性面临的挑战》，程克雄译，新华出版社，2005，第21页。
② 参见〔美〕塞缪尔·亨廷顿《我们是谁？——美国国家特性面临的挑战》，程克雄译，新华出版社，2005，第25页。

的被动及主动的成员身份"，并且他还着重指出，这一定义"既可应用于国家的层次，也可应用于个人的层次"。① 以此定义来衡量民族个体成员，很容易发现一个基本的事实：一般而言，民族个体成员也是民族国家的社会个体成员，就其身份特征而言，民族个体也是国家的公民，由此，拥有国家公民的身份是民族个体成员再自然不过的事情。然而，公民身份是以国家的现代性建构作为政治前提的，只有先建立起现代国家，才能谈得上获得这个国家的合法成员资格，即获得公民身份。这里的问题在于，并不是所有现实中的民族国家都完成了国家的现代性建构，起码在那些新兴的民族国家、那些刚刚拥有民族国家的外在形式的国家里，成为现代国家还只是一种美好的愿望。鉴于此，出于讨论的便利，本书在讨论民族个体的国家公民身份时，只从应然的角度把民族国家一般性地视为已经完成现代性建构的国家。

按照 T. H. 马歇尔的经典论述，公民身份具有三个要素，分别是"公民的要素、政治的要素和社会的要素"②。这其中，"公民的要素"主要由那些被认为是为实现个人自由而必须具有的权利来构成，包括诸如思想、言论、人身及宗教信仰自由，同组织及个人签订有效契约的权利，拥有个人财产的权利等；"政治的要素"则主要是指公民作为国家的成员或国家的选举者，能够参与与行使国家政治权力的权利；而"社会的要素"则是指充分而且自由地享有按照社会通行的标准去享受文明生活、社会遗产、安全保障及经济福利等这样一系列权利。显然，公民身份的这三个要素也应当体现在作为国家公民的民族个体成员身上。

除此之外，对于民族个体的公民身份还可以做如下一些讨论。作为一种应然的最为简单的认定，民族个体成员可以基于两种方式来获得现代国家的公民身份。其一，继承。即随着民族个体的出生，而从自己父

---

① 〔美〕托马斯·雅诺斯基：《公民与文明社会》，柯雄译，辽宁教育出版社，2000，第11页。

② 〔英〕T. H. 马歇尔等：《公民身份与社会阶级》，郭忠华、刘训练编，江苏人民出版社，2008，第10页。

母那里继承了国家公民的身份。其二，属地。即民族个体出生时，从自己出生地所在的国家获得了国家公民的身份，亦即通过国家领土疆界的方式获得国家公民身份。同时，与现代国家成员的合法资格相联系，民族个体成员的公民身份还表明这个国家既赋予了作为民族个体的公民以公民的权利，也规定了这些公民对于自己的义务。这些权利和义务一般都在国家的宪法中予以明文规定。正如有学者指出的那样，"公民身份实际上是权利与义务的集合，代表了个人与国家之间的互惠关系。我们可以把权利看作是国家对公民应该履行的义务，而把义务看作是个人应当对国家承担的责任"①。一方面，国家保障包括民族个体的每一个国家公民的基本权利。公民的基本权利主要包括两个方面：消极的防御权和积极的受益权。就前者而言，是指公民行使这些权利通常不需要国家用积极的方式加以保障，国家只承担不侵害这些权利得以合法行使的义务，以及在这些权利受到侵害时给予救济的义务，比如人身自由、政治自由、宗教信仰自由，等等；而就后者而言，则是指公民可以采取积极主动的方式而向国家提出请求，而国家也应采取积极措施予以保障的权利，比如劳动权、受教育权、财产权以及物质帮助权，等等。另一方面，国家也规定了包括民族个体的每一个国家公民的基本义务，是公民必须遵守和应该履行的根本责任。比如，中国宪法明确规定公民的义务主要包括遵守宪法和法律；维护国家的统一和各民族的团结；维护祖国的安全、荣誉和利益；爱护公共财产，保守国家秘密，遵守社会公德、公共秩序和劳动纪律；依法服兵役、纳税；劳动和接受教育；赡养父母、教育子女和实行计划生育；等等。

通过以上有关公民身份的一般性讨论可以发现，公民身份与国家这一政治权力实体具有直接而密切的关联，公民身份的政治性也因此而变得十分抢眼。除此之外，公民身份的政治性还来自以下一些方面：一直

---

① 郭忠华：《全球化背景下多元公民身份体系的建构》，载于《武汉大学学报》（哲学社会科学版）2010年第1期，第85页。

以来，公民身份不仅构成了政治理论的核心概念，也成为支撑政治实践的重要基础。而且更为重要的是，对于公民身份的讨论几乎与政治本身的历史一样悠长久远；公民身份与国家权力共同构成了现代国家最为重要的政治关系，共同构成了国家与社会关系的最为重要的解释维度。正因为如此，回顾历史便可以清晰地看到，随着公民身份的性质和内涵的变化，作为政治权力实体的国家的性质及其表现形式也相应地发生着改变。显然，作为国家公民的民族个体成员身份的政治性也因此凸现出来。

（二）民族个体身份的文化性：民族成员身份

作为国家的公民，民族个体成员拥有了一个政治色彩强烈的公民身份。然而，"人不仅仅是政治动物，需要确定自己与国家的关系，寻求国家的庇护，获得国家的认同；人更是一种文化动物，与特定的文化有不可割舍的关系，获得其所在的文化共同体的认同同样必不可少"①。对于民族个体成员而言，情况也是如此。显然，世界上的绝大多数国家都是由两个和两个以上的民族来组成的，因此，生活在任何一个国家内部的个体成员，都拥有一个因其民族归属的不同而带来的民族成员身份。比较而言，政治性的国家公民身份能够满足民族个体成员对于自由、安全和权利保障的需要，而对于自己所遵循的习俗、信奉的宗教、保有的文化的认同和自豪，则只能以民族成员的身份，在民族共同体及其所营造的文化氛围中去寻求。其理由主要在于：民族个体所归属的民族共同体，及其所营造的文化氛围，能满足民族个体成员完整自我认同的需要。

正如我们所了解到的那样，民族不仅仅是一个政治共同体，它还是一个文化共同体。虽然本书在更多情况下更强调民族的政治属性，但是如果说到民族身份，以及基于民族身份而产生的民族个体成员对于民族共同体的认同，那么必须承认，民族共同体的文化属性是这种民族身份认同的基础。民族共同体的文化属性主要表现在如下一些方面：

---

① 耿焰：《差别性公民身份与差别权利》，载于《政法论坛》2010 年第 4 期，第 69 页。

首先，民族具有鲜明的文化特征。就民族共同体的一般特征而言，它更强调本民族的历史沿革、风俗习惯、宗教信仰等具有明显文化色彩的方面，也正是由于这些方面，才使得该民族的群体特征得以确立，并以此与其他民族群体相区别。民族个体成员对于民族共同体的认同在很大程度上就是在这些文化特征传承沿袭的过程中逐渐建立起来的。民族个体成员在民族认同形成的过程，既包括个体对群体在信仰、种族、语言、共同的祖先与民族起源等方面的认同，也包括基于这种文化认同而在个体成员内心深处形成的带有民族共同体共性特征的态度、情感、价值观和行为方式。

其次，在民族共同体的民族性格形成过程中，文化起到了关键性作用。民族性格的形成不是一朝一夕的事情，更不是某个人、某些人决定的，有很多因素在影响民族性格的形成。而在这些因素之中，文化是最为关键的因素。一方面，文化是以民族为载体而存在的，并且要通过民族这一载体来实现自身的发展和完善，同时，民族因为有了共同文化的基础才变得稳固和长久；另一方面，民族性格是一个民族的思维方式、生活特色、价值观念和审美情趣等民族心理结构在民族共同文化中的集中体现，是维系民族共同体存在的内在特征，是民族文化在本民族个体成员身上的表现，也是一种民族文化区别于另一种民族文化的最为根本的因素。由此，"正是在民族这一层次上的社会才具有最鲜明的文化差异。我们感到自己所属的是某个民族，我们试图仿效我们同胞的习俗和风度。而且，我们非常方便地辨别出法国人、英国人和美国人，以及他们各自的言谈方式、风俗和服饰等等"①。显然，无论是哪个民族共同体中的个体成员，都会因为受到本民族文化的熏陶和洗礼而拥有共同的民族性格。

再次，民族是文化的载体。对此，有学者主张，"无论就人们所能

---

① 〔美〕菲利普·巴格比：《文化：历史的投影》，夏克等译，上海人民出版社，1987，第27页。

观察到的，还是就经验现实的具体存在而言，文化总是具体的民族文化……文化以民族为自己的主要表现形式"①。当民族共同体随着人类历史的演进而逐渐形成，并日益明显地表现出有别于其他人们共同体的特征时，人类的文化就总是在事实上表现为千差万别、各具特色的民族文化。从这一角度出发，有关人类文化及其本质的一致性或者统一性，只不过是一种高度理论抽象的结果，而在触手可及的现实生活中，文化总是具体的和丰富的，总是存在于民族共同体的具体语境之下。同时，文化的发展也是在具体的民族社会生活中才能实现的，人们只有在自己所处的民族社会生活之中，继承和汲取本民族文化遗产之中的那些精髓的基础上，才能够推进自身民族文化的发展和创造新的民族文化。

基于这种关于民族共同体的文化属性的认识，把民族个体所拥有的民族成员身份锁定在文化性，似乎就具备了足够的理由。事实上，文化是民族身份的精神烙印和象征符号，倘若一个民族自身独具特点的文化特质消失殆尽了，那么这一民族也就不能在世界民族之林立足。而就某一特定民族共同体内部的民族个体成员来讲，其民族身份的主要来源有两个，即自我认同和外部认同。前者主要产生于家庭、血缘、语言、价值观以及民族共同体内部集群行为和社区环境的影响；后者则主要来源于其他民族共同体成员对于民族共同体间文化差异的感知，这种差异可以表现在习俗、观念、信仰、价值倾向及生活方式等诸多方面。可以发现，无论是自我认同还是外部认同，民族身份的主要来源都是文化性的。

总之，民族个体的身份是由国家的政治共同体和民族的文化共同体一起构成的。民族个体不仅作为国家的公民而存在，同时也是作为本民族的个体成员而存在的。"作为民族个体成员不仅具有个体的民族文化身份，也具有作为国家公民的政治属性，这样民族个体成员同时具有民族文化身份和国家公民二重属性"②。需要说明的是，基于两种不同的身

---

① 周星：《民族学新论》，陕西人民出版社，1992，第 91 页。
② 贺金瑞：《论多民族国家协调发展的政治基础》，载于《中央民族大学学报》（哲学社会科学版）2010 年第 4 期，第 5 页。

份，也产生了两种不同的身份认同，即国家认同与民族认同。有关国家认同与民族认同的关系及其协调的问题，将在本书的第五章中进行具体阐述。①

二　民族个体公民身份与民族身份的协调

在现代社会中，每一个社会个体都拥有多重身份，由于不同的群体归属而认同于不同的群体。同时，"没有一种身份是本质性的，也没有一种认同本身可以根据其历史脉络就具备进步和压迫性的价值"②。基于这一现实，处理好个体的多重身份之间的关系就变得格外重要。对于特定的民族个体而言，其身份也是多重的，其中政治性的"国家公民"身份和文化性的"民族成员"身份构成了民族个体最为基本的两重身份。一般情况下，民族个体的国家公民身份和民族成员身份会保持一致，然而在一些情境之下，两者也会产生矛盾和冲突，有时这种矛盾和冲突还具有某些必然性。就此，菲利克斯·格罗斯指出，"国家在过去不曾、在现代即 20 世纪也不可能强加给社会一种单一的哲学或意识形态取向。民族文化具有一定的凝聚力，这种凝聚力我们很难加以描述，但却根深蒂固地存在于民族的价值观和传统习俗中"③。由此，如何处理好民族个体的公民身份与民族身份之间的关系，实现两者间的协调，无论对于民族国家的发展来说，还是对于民族个体的发展来说，都极具现实意义。

（一）公民身份与民族身份的关系

如前所述，在民族国家中的民族个体具有国家公民和民族成员双重身份，民族个体既是国家公民，享有国家法律规定的权利，并履行法律规定的义务，又是民族共同体的一个成员，与民族共同体的其他成员一道，遵循着相同或相似的习俗、信仰、价值观念及生活方式。一方面，

---

① 参见本书第五章第二节"民族认同与国家认同"中的相关讨论。——笔者注
② 〔美〕曼纽尔·卡斯特：《认同的力量》，夏铸久等译，社会科学文献出版社，2003，第 5 页。
③ 〔美〕菲利克斯·格罗斯：《公民与国家——民族、部族和族属身份》，王建娥、魏强译，新华出版社，2003，第 197 页。

就其公民身份而言，它意味着公民对国家的忠诚，意味着该国的社会成员只要共处于国家这一政治共同体之内，就应当遵循政治共同体的法律及规范，在享有共同体赋予的权利的同时履行共同体要求的义务。这是国家对于生活在国内的全部公民社会成员的共性的、基础性的要求，而不论这些社会成员的家庭出身、民族身份、宗教信仰、财产状况等方面存在多么巨大的差别。事实上，只要民族个体拥有该国的国籍，就在法律上成为了这一政治共同体的成员，成了国家的公民。另一方面，就其民族身份而言，它意味着民族个体对于自身民族归属及民族共同体的认同，表示着民族个体对于本民族的祖先及历史的共同记忆或想象，以及对于本民族文化传统及宗教信仰等方面的遵从。菲利克斯·格罗斯把民族国家中的个体所具有的双重身份称为"族体身份和公民身份"，认为"族体身份取决于共同的语言、传统和文化，而公民身份则是对国家、对统一国土的认同"。① 显然，格罗斯关于"双重身份"的观点也极大地支撑了我们的讨论。

首先，公民身份是所有民族个体都具有的共性身份，而民族身份则构成了不同民族个体成员的个性化身份。公民身份对于置身于民族国家之中的每一个民族个体成员而言，是其普遍具有的共性化身份——无论其民族身份怎样，总归都是国家的公民，同样享有法律赋予每个公民的权利，承担法律规定的相应的义务。同时，以民族个体所归属的民族共同体的不同为分界，不同民族个体拥有个性化的民族身份——虽然他们都拥有共性的公民身份，却不归属于同一个民族共同体。基于民族身份的不同，民族个体间存在着很大的区别。这种区别不仅表现为民族文化上的不同，也表现为政治地位上的不同。比如，以是否作为掌控国家政权的民族（国族）的成员为分界，民族个体在是否分享国家权力、参与国家政治生活并发挥积极作用等方面存在着根本区别。

---

① 参见〔美〕菲利克斯·格罗斯《公民与国家——民族、部族和族属身份》，王建娥、魏强译，新华出版社，2003，第48页。

其次，比较而言，公民身份的重要性往往要胜过民族身份，哪怕两种身份之中，没有哪一种是本质性的。公民身份之所以重要，其原因之一在于"在现代国家中，公民身份依然是最主要的身份和纽带"①。国家基于法律规范而把一定的权利义务关系分配到公民的身上，这就使得每一个享有国家赋予权利的公民，还应该要去履行相应的义务，从而在公民与国家这一政治共同体之间建立起了维系彼此的纽带。同时，这种权利义务关系也被广泛地运用到公民与公民、公民与社会团体的交往和联系之中，也在公民与公民、公民与社会团体之间形成了彼此维系的纽带。另一个原因在于，"在个体层面，国家比族群更能提供制度化的利益保障"②。因此，个体身份的国家公民取向往往要比民族成员取向更具现实力量。此外，完成现代化建构的民族国家一般非常重视公民身份，对于国家公民的资格和条件往往做出明确的限定，并采取较为严肃的措施来加以审查，进而按照法定程序赋予并保障公民享有权利、要求公民履行义务。这些民族国家如此重视公民身份的原因在于从本质上说，国家是由公民组成的，公民是国家的基本单位，国家的统一和完整最终要靠公民来加以体现。

再次，强调公民身份的重要性并不意味着民族身份是无关宏旨的，事实上，很多国家都给予民族身份以特殊的关注。其原因主要在于民族身份的异质性对于民族国家的稳定和统一构成了潜在的威胁。民族身份的异质性导致一国的国族和少数民族的个体成员对于国家权力的分享、对于国家政治生活的参与程度及其作用的发挥方面存在着巨大的差异；他们在国家的文化生态中所处的地位也是大相径庭的。比如，国族的语言文字往往会被尊为国家的官方语言文字，国族的价值观会被推崇为国家的价值标准，国族信奉的宗教则被视为国教而在全国范围内广泛传播。这一境况势必让该国的少数民族群体被边缘化，民族个体成员感受到一

---

① 常士阍：《国家的统一：多民族国家所坚持的基本原则》，载于《理论与现代化》2006年第2期，第117页。

② 关凯：《族群政治》，中央民族大学出版社，2007，第41页。

种相对的甚至是绝对的被剥夺感，为实现自身的政治与文化权利，他们往往会通过暴力或非暴力的方式来谋求本民族的自治甚至独立，从而危及国家的稳定和统一。为消除这种威胁，很多国家在赋予公民以平等权利的同时，基于民族身份的不同而给予少数民族一定的"特权"和优惠政策，以此来防止国家的分裂和动荡，确保不同民族身份的国家公民生活在同一个政治共同体中。

（二）身份协调的可能路径：差异公民身份及其差别权利

鉴于民族个体，尤其是民族国家内部的少数民族个体的公民身份与民族身份之间存在一定程度的张力，而这种张力很有可能会危及国家的稳定和统一，由此，协调民族个体公民身份与民族身份的关系，就成为事关民族国家政治发展走向的重大问题。那么，如何实现民族个体双重身份的协调呢？我们认为，多元文化主义在保障民族国家内部包括少数民族在内的族裔少数群体权利方面的积极探索，为民族个体双重身份的协调提供了可能的路径。即：通过赋予具有差异公民身份的民族个体成员以差别权利的方式，可以极大地消除双重身份之间的张力。

依据多元文化主义理论的主张，置身于民族国家内部的每一个民族个体成员"在私人领域中具有差异公民身份：他是普通的单个公民，而且是具有差异性的个体公民"[①]。一方面，少数民族个体成员是国家的公民，和国家的其他公民一样拥有公民资格，享有同样的权利，履行同样的义务；另一方面，由于少数民族个体成员归属于特定的少数民族群体，具有和主体民族不同的文化特性和政治地位，因而这些少数民族个体成员与其他公民相比又是有差异的，属于差异公民（differentiated citizenship）。虽然国内有学者将这种差异公民的差异性从文化层面进行理解，认为其主要"体现在个体所处的文化在国家等共同体的公共领域

---

① 吕普生：《多元文化主义对族裔少数群体权利的理论建构》，载于《民族研究》2009 年第 4 期，第 15 页。

被反映的程度不同，其所属的文化群体在公共领域的地位不同"①，然而
我们认为，其实这种文化上的差异在很大程度上，也是由不同民族在
民族国家中所处政治地位的不同而决定的。一般而言，在国家政治生
活中居于主导地位的，掌控国家权力的民族往往更容易使本民族的文
化成为整个国家的主导性文化。由此，这种差异公民的差异性也暗含
着包括少数民族在内的族裔少数群体与主体民族间的一种政治地位上
的差异。

在此基础之上，正如威尔·金里卡所强调的那样，这些族裔少数群
体成员"有理由要求宽容和反对歧视，要求所在大社会明确给予容纳、
承认和代表权"②，多元文化主义认为，差异公民身份意味着民族国家要
在宽容、承认和尊重差异公民存在的前提下，赋予包括少数民族个体成
员在内的族裔少数群体成员以不同于作为主体民族个体成员的公民的差
别权利。当然这里还应指出的是，多元文化主义所主张的差别权利并不
否认和排斥一般意义上的公民基本权利。事实上，差别权利是在肯定公
民基本权利的基础上，基于文化平等的价值取向而提出的特殊权利要求，
其目的主要是为补偿国家法律所赋予公民的基本权利在维护民族个体，
特别是少数民族个体在文化权益方面的不足。这种差别权利也体现为在
国家公民的共性身份下去宽容、承认和尊重少数民族个体的民族身份个
性，通过一种积极的、有意识的差别待遇来最大限度地满足少数民族群
体成员特定的文化需要，改善其事实上的文化劣势地位，从而实现一种
真实的平等。

总之，多元文化主义所提出的赋予差异公民身份以差别权利的观点，
为民族国家内部包括少数民族在内的族裔少数群体的权利保障提供了一
种可能的路径，"这种特殊的公民权实际上就是宪法所赋予的少数群体
的平等差异和自治权利。有了这种公民权，少数族群才能抵制来自主流

---

① 耿焰：《差别性公民身份与差别权利》，载于《政法论坛》2010 年第 4 期，第 70 页。
② 〔加〕威尔·金里卡：《少数的权利——民族主义、多元文化主义和公民》，邓红风译，世
纪出版集团上海译文出版社，2005，第 32 页。

社会和其他社会和文化团体的侵犯，才能使族群身份具有坚实的正当性"①。显然，对于民族个体，尤其是民族国家内部的少数民族个体赋予特殊的差别性公民权利，也有利于消除民族个体成员公民身份与民族身份之间的张力，减少民族国家分裂和动荡的危险，提高民族国家的政治一体化程度。

三 民族个体政治角色的层次性：领袖、精英和群众

在现实的民族政治生活中，无论每一个民族个体成员是否愿意，都在事实上担当着一定的政治角色。基于不同民族个体成员在民族政治生活中发展作用和所处地位的不同，可以把它在民族政治舞台上担当的政治角色划分为不同的层次。对此有学者指出，"在民族政治生活中，具有典型意义和代表性的民族政治角色有民族领袖、民族精英和民族大众等基本的类型"②。鉴于此，我们认为，可以从民族个体成员担当不同层次政治角色的角度来研究作为民族政治主体的民族个体发展。考虑到本书讨论的主旨，我们把民族个体所担当的政治角色划分为民族政治领袖、民族政治精英和民族群众这样由高到低的三个层次。

（一）民族政治领袖

作为民族政治角色中的最高层次，"民族政治领袖是掌握民族政治权力，领导民族政治生活，代表民族利益，率领民族共同体驰骋于政治舞台的杰出人物"③。从数量上看，民族政治领袖既可以是一个人，也可以是由几个甚至几十个人共同组成的领袖集团，无论具体数量怎样，其共同特点在于引领民族共同体政治生活的现实走向，并对民族政治发展构成直接而强烈的影响；从来源上看，民族政治领袖一般都来自民族社会之中的政治统治阶层，但也并不排除在特殊时期或特定

---

① 庞金友：《身份、差异与认同：当代多元文化主义的公民观》，载于《教学与研究》2010年第2期，第90页。

② 周平：《民族政治学导论》，中国社会科学出版社，2001，第216页。

③ 周平：《民族政治学》（第二版），高等教育出版社，2007，第185页。

背景之下，从民族社会的其他社会阶层产生民族政治领袖的可能性。无论民族政治领袖来自哪一阶层，其共性都在于对于民族政治权力的积累和掌控。事实上，"任何领袖人物的形成过程，同时也是一个权力过程，即将成为领袖的人逐步积累政治资源以最终获得权力的过程"①。

概而言之，民族政治领袖具有如下一些共性特征。其一，民族政治领袖掌控着民族的最高政治权力。正如政治领袖"总是处于其所代表的……政治集团中的最高地位或者是核心层面，体现着……政治集团的意志，维护他们的整体利益并决定该……政治集团中的重大事件"② 那样，在民族政治生活中，民族政治领袖处于民族政治权力的顶点，他们体现着民族统治集团的意志，是民族整体利益的维护者，也是民族重大政治事件的决策者。其二，民族政治领袖往往与民族主义有着千丝万缕的联系。"近代以来的许多民族领袖，大都打着民族主义的旗帜，首先在民族主义政党中建立起权威，形成领袖魅力，进而为全民族社会所响应与承认"③。比如，作为"巴勒斯坦民族解放运动"的创始人和杰出的民族政治领袖，亚西尔·阿拉法特（Yassir Arafat）在民族主义的旗帜下带领巴勒斯坦人民，为实现巴勒斯坦民族解放的伟大事业作出了卓越的贡献；再比如，民族政治领袖乔莫·肯雅塔（Jomo Kenyatta）因其在肯尼亚的民族解放和独立建国方面作出的突出贡献而被肯尼亚人民尊称为"国父"和"民族主义之父"，其"民族主义之父"的尊称也令人信服地说明了民族政治领袖和民族主义之间所具有的紧密联系。而且，民族政治领袖通常也都是民族主义理论家，他们在领导民族群众为实现民族的独立和解放而战的同时，也创立或发展了民族主义理论。阿拉法特和肯雅塔也是这方面的典型代表。④ 其三，民族政治领袖拥有崇高的威望及

---

① 周星：《民族政治学》，中国社会科学出版社，1993，第 109 页。
② 李建华：《论政治领袖的特殊地位及独特品质》，载于《湖南工业大学学报》（社会科学版）2009 年第 1 期，第 4 页。
③ 周星：《民族政治学》，中国社会科学出版社，1993，第 113 页。
④ 相关讨论请参见张世均《阿拉法特的民族主义思想及其实践》，载于《西亚非洲》2008 年第 12 期；姜晓春：《肯雅塔民族主义思想探析》，上海师范大学硕士学位论文，2010。

广泛的影响力。民族政治领袖不仅掌控着本民族的最高政治权力，而且，他们拥有的政治权力也得到了追随者和民族群众的普遍认可和广泛接受。一方面，"领袖劝导追随者为某些目标而奋斗，而这些目标体现了领袖以及追随者共同的价值观和动机、愿望和需求、抱负和理想"[1]；另一方面，领袖一般具有非凡的人格魅力，被民族群众所敬仰、推崇和拥戴，进而使自己拥有的权力具有坚实的合法性基础，他们自己也成了民族的政治权威，实现了自身权力到权威的嬗变。在这方面，印度民族政治领袖莫罕达斯·卡拉姆昌德·甘地（Mohandas Karamchand Gandhi）是一个非常有力的例证。他发动了"非暴力不合作运动"，带领印度人民最终摆脱了英国的殖民统治，实现了民族的独立。他本人因此而获得了印度人民的普遍爱戴与敬仰，被尊称为印度国父——甚至在他去世60多年之后的今天，其影响力也依然在延续。其四，民族政治领袖往往深谙政治运行的程序及其各个环节，拥有过人的政治洞察能力和组织协调能力，这一切都使得他们在民族政治发展的危急关头审时度势、力挽狂澜、化险为夷。

还需说明的是，基于不同的时代背景、历史任务和不同民族共同体所面对的独特民族政治生态，民族政治领袖在掌控民族最高政治权力的方式、与民族主义关系的亲疏远近、在民族群众中的威望及其影响力的大小和来源，以及自身能力方面存在着相当程度的差异。但不管怎样，民族政治领袖在掌控民族最高政治权力、引领民族政治生活、代表和实现民族利益方面具有无可替代的价值，显然，这种价值构成了民族政治领袖同其他民族政治角色的分界。

（二）民族政治精英

作为民族政治角色中的中间层次，民族政治精英的存在对于民族政治生活是不可或缺的。一方面，在民族社会（多民族社会）之中存在着

---

① 〔美〕詹姆斯·麦格雷戈·伯恩斯：《领袖论》，刘李胜等译，中国社会科学出版社，1996，第21页。

一个精英群体，他们活跃于民族社会生活的各个领域，比普通民族群众拥有更强的能力、更多的社会资源和更大的影响力，进而对整个民族共同体的生存和发展发挥重要的作用。根据他们所处民族社会生活领域的不同，可以把这些精英大致划分为政治精英、经济精英、文化精英等不同类别，而我们这里讨论的民族政治精英就是活跃于民族政治生活领域的精英群体。另一方面，民族政治精英往往在民族政治体系中的权力部门担任重要职务，掌握着民族政治权力，构成了民族社会（多民族社会）中事实上的政治统治阶层。因其身份的特殊性和掌握政治资源的有效性，民族政治精英在民族政策制定、族际关系协调、民族经济发展、民族文化传承及民族社会保障等方面发挥着重要作用。对此有学者指出，"民族政治精英在民族社会生活中发挥着重要的影响和作用，他们通常掌握着重大决策权，其政治态度、政治行为、政治决策对政治发展方向和前景产生着重要的影响，并决定着政治活动的性质"[1]。鉴于这种分析，可以把民族政治精英定义为：民族政治精英是活跃于民族政治生活领域的精英群体，他们掌握着民族政治权力，在事关民族政治未来走向和与民族政治密切相关的一切重要方面发挥着重要作用。

可以在如下一些方面来讨论民族政治精英的特征。比如，民族政治精英往往通过担任权力部门重要职务的方式来掌握民族政治权力，能够在权力部门允许的领域和范围内进行政治资源的权威性分配，从而对民族政治生活产生较大的影响；比如，民族政治精英往往具有强烈的民族意识，对于本民族的历史文化、传统习俗、宗教信仰等拥有高度的心理认同，能够敏锐地觉察到那些对于民族利益和未来发展构成影响的因素，"对民族与民族社会的安危、生存与发展具有更多的责任心和使命感，并能够在相当程度上引导民族与民族社会政治生活的发展走向"[2]；比如，民族政治精英往往都具有较高政治理论水平和实践能力，可以从容

---

① 高永久、柳建文：《民族政治精英论》，载于《南开学报》（哲学社会科学版）2008 年第 5 期，第 124 页。

② 周星：《民族政治学》，中国社会科学出版社，1993，第 105 页。

应对出现在民族思想界和现实民族政治生活中各种事项。他们一般具有广博的人文社科知识基础和精深的政治理论功底，并能够将它们在民族政治实践活动中加以灵活运用。再比如，民族政治精英一般是民族政治领袖的追随者，因为一旦"失去了民族精英的追随，民族领袖……就会变得无所作为"[①]。同时，民族政治精英也是民族政治领袖的政治理想、政治意图和政治目标的捍卫者和实施者，没有民族政治精英的努力践行，民族政治领袖将很难实现自己的鸿鹄之志。

除了上述带有共性的特征之外，还必须看到，民族政治精英总是与特定民族的特殊历史环境及其独特的民族文化相联系，由于民族的不同或民族历史发展阶段、内部整合程度、外部族际环境的不同，民族政治精英的产生、构成、特点和作用等方面也会存在很大的差别。民族政治生活总是鲜活和丰富的，与此相联系，民族政治精英的具体形态也是多种多样的。

（三）民族群众

作为民族政治角色中的基础层次，民族群众是民族个体成员中的大多数人，"大多数个体成员的集合，就构成民族与民族社会的基本群众"[②]。同时，民族群众也是民族共同体的主体部分，因此，没有民族群众的民族共同体是不可想象的，没有民族群众的参与和支持，民族政治体系就无法正常运行，民族政治生活就成为无源之水、无本之木。

通过与民族政治领袖和民族政治精英的比较不难发现，作为民族政治角色的民族群众最为本质的特征在于：他们并不掌控民族政治权力。如前所述，民族政治领袖掌控着民族的最高政治权力，民族政治精英通过担任权力部门重要职务的方式，也掌握着某些民族政治权力。而民族群众则并不直接掌握民族政治权力，不与民族政治权力发生产生直接联系，虽然在理论和逻辑上看，民族政治权力的真正来源在于民族群众的

---

①　周平：《民族政治学》（第二版），高等教育出版社，2007，第192页。

②　周星：《民族政治学》，中国社会科学出版社，1993，第104页。

信任和委托。同时，作为民族群众的基本单位，民族个体成员手中可供使用的政治资源是非常有限的，这也导致了在更多情况下，这些民族个体成员无法对民族治权力的运行构成直接影响。从这种意义上说，民族个体对于民族政治生活的影响和作用是非常有限的，而且似乎在很多时候，民族群众是作为"沉默的大多数"而存在的。然而，不能仅从这些表象就轻视民族群众，得出民族群众及普通民族个体是渺小的和微不足道的结论。事实上，"民族群众……的力量是十分巨大的，他们不仅能够影响而且能够最终决定民族的政治生活乃至民族的根本命运，决定着民族国家或多民族国家的建立以及走向。……民族群众才是民族政治权力的最后根源"①。正是在这种意义上，无论民族政治领袖还是民族政治精英，他们在民族政治发展方面的任何一种努力，都是为了满足或实现民族群众的根本利益。同时，他们也都非常重视与民族群众的联系，关心和民族群众的具体利益诉求，对民族群众开展教育和动员，努力获得和维持民族群众对自己的认可和拥护，因为这是他们权力合法性的来源。而且，在民族国家的现代性建构之中，国家一般都以宪法的形式来确认民族群众作为国家政治权力的根本来源，并通过一系列法律、法规和制度来保障民族群众对于国家政治权力的行使。

此外，民族群众还具有一些较为直观的描述性特征。比如，从数量上看，民族群众构成了民族的主体部分，是民族个体成员中的大多数；从生成方式和存在状态来看，民族群众没有特定的或者公认的生成方式，这一点与民族政治领袖及民族政治精英形成了鲜明的对比。同时，就其存在状态而言，民族群众更像是一个"自在"的群体，事实上，只要民族共同体存在，民族群众就成为一种客观上的必然；从组成人员的内部分层上看，民族群众不是铁板一块，在某种带有共性的具体利益的基础上，民族群众内部会形成不同的群体或集团。在这些群体或集团里面，不同民族个体成员因其协作能力、个人威信、参

---

① 周平：《民族政治学导论》，中国社会科学出版社，2001，第229页。

与热情等方面的不同而担当不同角色，而且，这些群体或集团之间的关系也具有分层化的趋势。民族群众的内部分层情况及不同层次之间的关系，成为影响民族整合程度的重要因素。

还要看到，基于民族社会发展程度的不同，民族个体在民族群众中的地位也是不同的。一般来讲，在传统的民族社会中往往更强调集体的作用，崇尚集体主义价值观念，主张个人利益要服从集体利益，民族个体的地位不受重视，个体的权利很难得到切实地保护；而在完成了民族社会现代转换的现代民族社会中，往往更看重个体的价值，强调群体对于个体权利的尊重和保护。同时，在完成了现代性建构的民族国家中，"公民往往被视为现代国家中个体的理想政治角色"①。由此，民族个体作为现代国家公民的地位得到了法律的确认和社会的认可，民族个体的权利得到充分的体现，获得了名副其实的公民身份。

最后还需指出的是，作为一个"自在"的群体，民族群众的力量更多表现为一种群体的力量。"民族的任何一个重大政治事件，不论是民族政治体系的建立还是民族的独立、解放以及从其他政治体系中分离出来，都是与群众的意愿和行动，尤其是与民族群众的集体行动分不开的。"② 从这种意义上说，作为民族群众层次政治角色的民族个体，一般是作为民族群众的一分子而对民族政治发展施加影响的，进而在这一过程之中，实现民族个体自身的发展。

四　不同角色民族个体的政治作用及其协同

无论作为哪一层次的政治角色，民族个体对于民族政治发挥作用都是一个基本的事实，哪怕不同政治角色对于民族政治的作用存在很大的差别。如何发挥好不同政治角色的作用，实现不同层次政治角色作用的契合和互动，从而形成合力共同推进民族政治发展，是一个极具现实意

---

① 叶麒麟：《臣民·群众·公民——个体政治角色变迁与中国现代国家成长》，载于《浙江社会科学》2011 年第 3 期，第 32 页。
② 周平：《民族政治学》（第二版），高等教育出版社，2007，第 196 页。

义的问题。需要说明的是，不同政治角色的民族个体推进民族政治发展
的过程，也是实现民族政治对于民族个体自身政治关怀的过程。

（一）　不同政治角色民族个体的政治作用①

由于身处不同层次政治角色的民族个体成员在支配政治资源、掌控
民族政治权力、影响民族政治生活以及自身政治能力等方面的诸多差别，
他们在民族政治中发挥作用的大小也存在着巨大的差异。

民族政治领袖的政治作用主要表现在：首先，他们引领民族政治
发展的现实走向。"一切政治制度都有某种形式的中央领导权，集中在
一个人或一个小集团之手"②，而民族政治领袖就是掌控着民族政治
"中央领导权"的"一个人或一个小集团"。这种"中央领导权"意
味着他们在民族政治发展的进程之中主要发挥领导及统帅作用，并
且直接影响着民族政治生活的实际走向。其次，显然，他们掌控着
民族的最高政治权力。这一点既是民族政治领袖的特征，也是其政
治作用。他们通过对于民族最高政治权力的掌控进而全面地掌控着
民族的政权——在取得了国家形式的民族政治体系那里，他们也全面
地掌控着国家的政权，从而可以将自己的意志上升为国家的意志；
在尚未取得国家形式的民族政治体系那里，他们一般也会作为国家
次级政治体系的领导者而得到参与国家政权的机会，从而影响国家
的政治决策，为本民族的利益服务。再次，他们是民族利益的象征，
代表着民族的根本利益。在民族共同体内部，他们对于本民族的根
本利益有着深刻的认知和敏锐的洞察，并有能力引领民族群众为实
现民族的根本利益而去努力。在族际互动中，他们是民族利益的象
征者和代表者，通过与其他民族政治领袖之间的博弈与较量，努力
为本民族根本利益的实现营造宽松平和的族际环境，而在出现危及

---

① 在这里，本书无意参与唯物史观与英雄史观的争论。我们的观点是：从民族历史发展的宏
观视野看，民族群众是民族历史的唯一创造者，而从具体的历史事件及其走向上看，民族
政治领袖及精英群体则发挥了非常关键的作用。

② 〔美〕阿尔蒙德、小鲍威尔：《当代比较政治学——世界展望》，朱曾汶、林铮译，商务印
书馆，1993，第148页。

或有可能危及民族根本利益的因素或事件时，他们会选择包括发动族际战争在内的一切可能方式来捍卫民族的根本利益。最后，他们可以促进民族政治整合程度、增进民族内部心理认同、提升民族凝聚力。他们掌握着民族社会最为宝贵和稀缺的政治资源，由此，他们完全可以通过对于这些政治资源的权威性分配、对于领袖人格魅力的灵活运用等方式来促进民族内部不同层级政治体系的整合程度，增进民族成员之间的内部团结，从而极大地提升民族成员的凝聚力。

就民族政治精英而言，其政治作用可以体现在这样一些方面。首先，通过自己掌握的政治资源而对政治决策施加影响。虽然民族政治领袖掌控着民族的最高政治权力，并因此而拥有民族的最高政治决策权，然而也要看到，虽然"所有的领袖都拥有实际或潜在的权力，但并非所有拥有权力的人都是领袖"[1]。事实上，民族政治精英往往在权力部门担任要职，分享和掌握着一定的民族政治权力。同时，由于职务上的便利及其在民族政治体系中的影响力，他们可以动员和协调各种政治资源来进行某种利益表达，进而将其变成政治决策中的一个可能的选择。这使得他们有能力参与政治决策，并对政治决策施加影响。其次，经民族政治领袖的授权和委托而执行政治决策、管理民族政治事务。如前所述，民族政治精英是民族政治领袖的政治理想、政治意图和政治目标的捍卫者和实施者，他们掌控着民族次级形态的民族政治权力，承担着执行各种政治决策、管理民族各项政治事务的职责。同时，他们也肩负着将政治决策实施情况，民族各项具体政治事务处理过程中出现的带有普遍性、全局性和苗头性的问题反馈给民族政治领袖的任务。从这样的角度看，民族政治精英是民族政治领袖和民族群众之间的桥梁和纽带。再次，疏导和调节民族政治舆论，为民族政治权力的运行营造良好舆论氛围。所谓政治舆论，一般是指社会成员对于现实政治事件形成的带有倾向性的意

---

[1]　〔美〕詹姆斯·麦格雷戈·伯恩斯：《领袖论》，刘李胜等译，中国社会科学出版社，1996，第20页。

见、态度和观念。作为民族政治生活的重要构成方面，政治舆论可以对民族政治权力的运行产生双重影响。当政治舆论对现实政治事件持积极正向的评价，则有利于民族政治权力的运行；反之，则增加了权力运行的成本，甚至阻碍民族政治权力的正常运作。而民族政治精英"恰恰是在解释民族文化、民族传统和凝聚民族利益方面起着关键性的作用……他们的态度和意见往往在民族政治舆论的形成中起着导向性的作用"①。此外，民族政治精英在动员民族群众参与政治、组织民族群众开展政治运动、协调不同民族利益集团之间的关系等方面，也发挥着积极的作用。

就政治角色中的民族群众而言，其政治作用一般表现在：首先，通过政治参与而对民族政治生活的各个领域施加影响。作为一种特定的政治角色，民族群众只有广泛而深入地进行政治参与，才可能更好地实现和维护自身的利益。政治参与总是和利益表达相联系的，通过政治参与，可以向政治决策者表达自身的利益诉求，可以对民族政治体系施加积极的影响，可以监督权力部门的工作。此外，体制外的政治参与还可能成为迫使民族政治体制进行改革和完善的重要力量。其次，促进或阻碍民族政治生活的有序进行。如前所述，民族群众是民族共同体的主体部分，没有民族群众的民族共同体是不可想象的。由此，民族群众对于民族政治权力系统的理解和支持，对于民族政治生活的有序进行而言至关重要。缺少拥有较高政治素质和文化水平的民族群众的拥护，民族政治体系就难以正常的运转，民族政治生活就变得困难重重，难以为继。再次，直接关系到民族政治运动和民族政治革命的成败。没有民族群众参与和支持的民族政治革命和民族政治运动是不可想象的，没有民族群众的参加，这些革命和运动就无法发动，更无法取得预期成效。同时，民族群众的参与热情、参与数量、坚决程度等也都成为影响这些运动和革命成败的重要变量。比如，肇始于20世纪70年代加拿大的"原住民运动"目前仍在世界范围内蔓延，很多国家和地区都相继发生了以原住民为主体的

---

① 周平：《民族政治学导论》，中国社会科学出版社，2001，第228页。

民族政治运动。其中发生在加拿大魁北克、美国阿拉斯加、丹麦格陵兰岛、新西兰怀唐伊等地的原住民运动纷纷取得了胜利，哪怕这种胜利只是阶段性的，而发生在中国台湾的"原住民"运动则并未取得预期成效。[①] 究其原因，民族群众的参与热情是其成败的重要影响因素。最后，归根结底，民族群众是民族历史命运的决定者。对此，已有学者进行了很好的说明，"民族社会广大基本群众是民族文化的基本承担者，当民族与民族社会面临生存发展的重大困难尤其是面临异族压力时，他们就可能在一定程度上超越该社会某些利益集团而进入一定的组织状态，这种状态必然使他们拥有对民族与民族社会历史命运的往往是决定性的影响力"[②]。

（二）不同角色民族个体政治作用的协同

拥有不同政治角色的民族个体，对于民族政治所能发挥的作用是不同的。然而稍加分析就会发现，民族政治发展就是基于拥有不同政治角色的民族个体作用的发挥而实现的。正是在不同角色民族个体所发挥的政治作用合力的推动下，民族政治发展才成为民族政治生活中的常态。由此，不同角色民族个体政治作用发挥得好与坏，彼此之间的关系能否协同，就成为影响民族政治发展的一个重要因素。

"协同"一词来自德国物理学家赫尔曼·哈肯（Hermann Haken）在1971年提出的系统协同学思想，他认为，自然界和人类社会的各种事物普遍存在有序和无序的现象，在一定条件下，有序和无序之间可以相互转化，无序就是混沌，有序就是协同，这是一个普遍规律。本书在这里试图借用"协同"这一概念来描述不同角色民族个体政治作用之间的协调与互动。所谓协同，就是指协调两个或者两个以上的不同群体或个体之间的关系，促使它们能够彼此配合、相互协调地实现某一既定目标的

---

① 相关讨论请参见亨利·斯图尔特（李海泉译）《原住民运动——历史、发展、现状及未来》，载于《中国农业大学学报》（社会科学版）2007年第2期；罗春寒：《20世纪八九十年代台湾少数民族政治运动初探》，载于《北京行政学院学报》2010年第5期。

② 周星：《民族政治学》，中国社会科学出版社，1993，第104页。

过程。首先，协同的主体是由拥有不同政治角色的民族个体所组成的群体，即民族政治领袖、民族政治精英和民族群众。他们处于民族政治体系的不同层级，对于民族政治生活的作用也各不相同，可这些差异并没有影响到正是这三者共同构成了民族政治体系中的"政治人"这一基本事实。显然，缺少了三者中的任何一个群体，民族政治体系就难以为继、无法运作。其次，协同的对象是不同政治角色发挥的不同政治作用。如前所述，不同政治角色发挥着各自不同的政治作用，但是它们共处于民族政治生活之中，并且对民族政治体系的运行产生不同的影响。在此过程之中，难免在彼此之间产生某种张力，进而影响民族政治本身。由此，协同就成为维系民族政治体系良性运行及民族政治生活有序进行的必然要求。再次，协同的目标是促进民族政治发展，实现民族政治现代化，以及对于民族政治主体的政治关怀。无疑，不同角色民族个体政治作用的协同有利于民族政治发展，但民族政治发展在很多时候容易被理解为一个动态的过程，而不是一个具体的目标。因此，可以从作为目标的民族政治发展的角度来给出更加明确的所指，即实现民族政治现代化，以及对于民族政治主体的政治关怀——前者是基本目标，后者是终极目标。相关讨论请参见本书第二章第二节，这里不再赘述。

还需说明的是，不同政治角色之间，无论是民族政治领袖、民族政治精英，还是民族群众，彼此之间的分界是十分清晰的，否则，我们将没有办法对这三种政治角色的特征及其关系的协同进行说明。然而必须承认，这三种政治角色并不是彼此孤立、封闭存在的，恰恰相反，这一分界并不妨碍民族个体在不同政治角色之间的流动。一方面，在既定民族政治体系的框架之内往往存在着政治精英的遴选机制，无论这种遴选机制是制度化的，还是约定俗成的。由此，作为民族群众中的民族个体，完全可以通过自身不懈的努力而拥有遴选机制所规定的条件，从而跻身民族政治精英群体。而民族政治精英群体中的民族个体也有机会成为民族政治领袖，显然，没有哪一个民族政治领袖可以永远掌控民族最高政治权力，民族政治体系也需要吐故纳新，哪怕是对该体系最具决定意义的核心领导层。另一方面，在发生族际战争、民族政治革命等非常态的民族政治事件时，往往会出现不同政治角色之间的超常规的、大规模的流动。比如，在族际战争中，有一些民族个体为了维护本民族的利益而英勇奋战，在战胜对手的同时也为自己赢得了广大民族群众的尊敬和拥戴，以及民族政治领袖的赏识和重用，进而很快成长为民族政治精英甚至政治领袖。

第三节　民族群体发展：族群政治
发展与族际政治整合

作为民族政治主体的两个向度之一，民族群体的发展包含着两个层面的内容，即民族群体自身的发展和不同民族群体之间关系的协调。如果把这两个层面的内容放置在民族政治学的视野下进行讨论，就表现为民族群体自身的政治发展与民族群体之间政治关系的协调。就前者而言，怎样确保民族国家内部所有民族群体，特别是那些少数族群能够参与和分享国家政治权力，拥有为维护自身权利、实现利益诉求所必需的政治资源，从而为民族群体提供源源不竭的政治关怀是其关键之所在；就后者而言，怎样通过合理的制度安排来确保族际关系的合作、和解与和谐，使族际政治处于一种动态平衡的稳定状态，进而最终实现族际政治的整合是其核心内容。同时，族群政治发展与族际政治整合之间具有相互影响、相互触发的特点，前者是后者得以维系的前提和基础，后者则可以为前者营造良好的族际环境来加速其发展。在很大程度上，民族群体的发展正是在族群政治发展与族际政治整合的互动过程中展开的，它们共同构成了作为民族政治主体的民族群体发展的主要内容。

一　族群政治发展

这里所说的族群政治发展，即民族群体自身的政治发展。为避免因指涉对象的模糊而造成学术交流上的不便与误解，我们打算先就

"族群"即民族群体这一概念进行简要的说明。其一，本书无意涉及国内外有关"族群"这一术语的争论，我们所使用的"族群"仅仅用来指代与民族个体相对应的民族群体，只是出于标题及行文简洁的考虑，才将民族群体简称为"族群"。其二，作为与民族个体相对应的"族群"概念，是民族个体的集合体，即由民族个体作为基本单位所组成的民族群体。就民族群体的类型来看，既包括单一民族国家或多民族国家中的主体民族群体，也包括生活在一个民族国家之内的"少数群体"。这里的少数群体正如威尔·金里卡所言，主要是用来指代"那些把自己当作一个国家内部的民族的族裔文化群体"①，一般而言，这一群体是由少数民族群体、移民群体、种族和宗教群体，以及非公民定居者群体来构成的。就其特征而言，"他们具有自己的语言和文化传统……形成了自己的政治、文化或经济上的机构，在主流群体的威胁面前，具有着强烈的抵制同化的要求和行动"②。其三，本书是以民族国家为单位来讨论民族群体的，对于那些跨界而居的族群，特别是那些在某个民族国家里是主体民族，而在其他一些民族国家里则是少数群体的族群，并不打算展开说明。换句话说，我们只在一个抽象而理想化的民族国家的框架下来对族群进行一般性的讨论。

这里还应指出的是，哪怕我们已经做了上述说明，但这其中的"少数群体"依然是一个非常难以界定的概念。一个重要的原因在于，就算我们在一个民族国家之内来讨论少数群体，其实具体情况还是比较复杂的。比如，少数群体与主体民族群体并不仅仅具有全国意义，在一些少数民族聚居的地区范围之内，情况有可能截然相反。"对占前苏联总人口百分之五十左右的第一大族群——俄罗斯人来说，如果他们居住在爱

---

① 〔加〕威尔·金里卡：《少数的权利——民族主义、多元文化主义和公民》，邓红风译，世纪出版集团上海译文出版社，2005，第240页。

② 常士闇：《民族政治与多民族国家的政治整合——当代西方族群政治论局限与中国和谐民族观的意义》，载于《中共福建省委党校学报》2006年第3期，第23页。

沙尼亚、拉脱维亚、立陶宛、摩尔多瓦等地，那么他们同样也是少数族群"①。再比如，如果将全国意义的少数群体放置在特定的民族自治区域之内来考察，情况也会变化。中国境内的蒙古族和维吾尔族同属少数群体，但如果仅就新疆维吾尔自治区的情况来看，则维吾尔族是主体民族，蒙古族是少数群体。鉴于少数群体界定的复杂性及本书篇幅的限制，我们在这里仅仅讨论全国意义上的少数群体。

我们认为，族群政治发展问题的存在，至少和以下几种因素密不可分。其一，族群发展向度的多维性。在发展的向度上看，"民族发展的基本内容包括民族的经济、政治、文化、社会、人口等方面的发展"②。由此，族群发展不仅可以表现在经济、文化、社会、人口等诸多领域，也可以并且应该表现在政治领域。缺少政治发展向度的族群发展是不完整的、不全面的，因而也是难以想象的。其二，族群发展具有政治属性。谈及族群发展，就不能不涉及族群对自身发展权利的保障和对自身利益的维护，而且在相当程度上，族群的发展正是在对自身发展权利及自身利益诉求的追求中才得以进行的。而只有诉诸政治，才有可能真正做到这一点。由此可以看出，族群发展"天生"就带有政治的属性，缺乏政治关怀的族群发展是无法实现的。其三，政治主体的多元化发展。必须承认，在现代社会，政治的主体正在朝着多元化的方向发展着，一面是越来越多的主体开始采取政治的方式，以此来维护自身权利，实现利益诉求，即主体的多元化；一面是这些主体诉诸政治的方式也日渐丰富，趋于多元。在这一背景之下，虽然"国家和超国家的政治力量一直试图把不同的族群结合进国家和国际政治框架，族群政治却并未从人类社会淡出或者消失，只是变换出新的面目"③。事实上，只要存在着特定族群

① 王娟：《族群政治的制度逻辑——兼评菲利普·罗德的文章〈苏维埃联邦政治与族群动员〉》，载于《西北民族研究》2010 年第 4 期，第 43 页。

② 金炳镐：《论民族发展规律》，载于《西南民族大学学报》（人文社会科学版）2007 年第 2期，第 8 页。

③ 沙伯力：《族群政治：理论之本土化与实践之全球化》，见关凯《族群政治》，中央民族大学出版社，2007，序言第 11 页。

的特殊利益，族群政治发展就必然会一直存在下去，因为无论如何，政治始终是实现和维护族群自身利益的最为有效的方式。

在民族国家的框架之内，民族群体可以被划分为主体民族群体和少数群体两种类型。不同类型的族群在维护自身权利、实现利益诉求、实现自身政治发展的能力方面，存在着巨大的差异。其核心原因在于：不同族群所掌控的政治资源是不同的。就主体民族群体而言，该族群（通过民族政治领袖）执掌着国家政权，国家成为该族群利益的代表者和维护者，这意味着该族群为捍卫自身利益而打造出了人类社会迄今为止最为坚强有力的政治体系——国家，这一政治体系的建构及其运行就是建立在确保该族群利益的基础之上；而就少数群体而言，他们无论在经济、文化还是在政治上都处于弱势地位，虽然目前有越来越多的国家给予他们以一系列的带有优惠性质的政策，在他们聚居的地域建立地方性或民族性的自治政府，然而，他们一般无法分享到国家政权，也就没有办法从根本上保障自身的权利，实现自己的利益。

与此相联系，族群政治发展的内容也因此得以确立。主体民族群体的政治发展主要体现在运用国家政权的力量来更好地维护自身权力、实现自身利益诉求，从而最大限度地实现对于本族群的政治关怀；少数群体的政治发展则突出地表现为通过各种方式来分享或参与国家政权，以此来保障自身各项权利不受来自主体民族或其他少数群体的侵犯，实现自身利益的最大化。与主体民族相比，少数群体政治发展的难度更大。此外，脱离所在国而谋求建立本族群的独立民族国家，是少数群体政治发展的一种非常态的、极端化的表现。可以发现，两种不同类型的族群在政治发展的内容之中存在着张力，这种张力的产生带有某种必然性。而要弥合或者消除不同族群间政治发展中存在的张力，则涉及族际政治关系，即族群政治发展的外部政治生态问题。

二 族际政治整合

所谓族际政治关系，是族群政治发展所面临的外部政治生态，这种关系的好坏对于每个族群而言，都具有重要的影响作用。这里所说的族际政治，主要是指"族际间基于民族利益并诉诸于政治权力的族际互动。族际政治与民族的利益直接相关，因此，族际政治也是民族共同体在族际关系中运用政治手段争取、实现和维护民族利益的过程"①。族际政治关系具有两种较为基本的表现形态，即族际政治冲突与族际政治整合。当族际政治关系主要表现为族际政治冲突时，意味着不同民族群体之间处于紧张对抗状态，这一状态势必危及族群自身的存在与发展，甚至对民族国家的地区安全和主权统一构成严重威胁；而当族际政治表现为族际政治整合时，民族群体之间的关系则趋于和解、合作与和谐，显然，这种状态有利于民族国家的稳定与发展，也有利于国内每个族群的政治发展。鉴于族际政治关系如此之重要，族际政治已然成为"多民族国家民族关系的核心与本质"②。如何实现和维持族际政治整合是当今世界民族国家在处理国内族群关系问题时需要面对的共同任务。

（一）两种取向：谋求族际政治整合的理论主张

关于族际政治整合的定义，有学者认为它是"一定国家中的不同族群通过一定的文化价值体系、权威结构、关联纽带、规范制度等结合成一个整体的过程和体系状态。在这种状态中，构成整体中的各个部分依然保留了它的民族个性和特色，同时又形成了一个共同的权威机构、规范体系和文化价值体系"③。再一种观点是把它看作"多民族国家运用国家权力，将国内各民族结合成一个统一的政治共同体，以及维护这个共同体的政治过程"④。稍加分析可以看出，前者展现了族际政治整合的构成要素及其本质特征，后者则将重点放在对于族际政治整合过程的高度概括上。两种定义的分歧之处在于对族际政治整合的

---

① 周平：《论族际政治及族际政治研究》，载于《民族研究》2010 年第 2 期，第 4 页。
② 王建娥：《族际政治民主化：多民族国家建设和谐社会的重要课题》，载于《民族研究》2006 年第 5 期，第 5 页。
③ 常士䚮：《和谐理念与族际政治整合》，载于《政治学研究》2009 年第 4 期，第 103 页。
④ 周平：《论构建我国完善的族际政治整合模式》，载于深圳大学当代中国政治研究所《当代中国政治研究报告》IV，社会科学文献出版社，2006，第 210 页。

主体的不同理解——前者把"不同族群"作为族际政治整合的主体，后者则把"多民族国家"当作族际政治整合的主体。对此，我们更倾向于后者的观点，因为在很大程度上，族际政治整合已经超出了"不同族群"的边界，要想实现不同族群之间政治关系的整合，需要一个"超越"族群的政治实体才可能做到，这个实体就是民族国家。由此，可以把族际政治整合理解为民族国家运用国家政治权力来使国内不同族群在保持自身文化特色的同时实现政治一体化的过程。

鉴于族际政治整合问题对于当今世界范围内的民族国家的稳定及其发展都具有重大现实意义，学界也围绕这一问题展开了积极的和富有成效的探索。目前，在族际政治整合问题的探索过程中初步形成了两种具有代表性的理论主张：一种是以"少数群体权利"作为价值取向，它"所强调的是族群所具有的集体性权利。这种权利实际上是现代国家给予少数民族群体的一种可以行为或不可以行为的自由"①。在这一领域，加拿大的多元文化主义理论家威尔·金里卡堪称代表人物。让他享誉世界的理论著作的正标题就是《少数的权利》，在该书中，金里卡围绕"少数群体权利"展开了自己卓有见地的讨论，使得"少数群体权利问题终于走到了政治哲学的前沿"②，以至于在西方民主国家里，赋予少数群体以各项权利成为制定和实施民族政策的一种潮流。另一种则以"族际政治民主"为价值取向，主张"通过各民族对政府权力的直接、间接控制和对政治决策过程的直接、间接参与，把某一特殊民族对权力的垄断转变为各民族对权力的共享，从而造成一种万众归心的政治局面，保证'多元社会'的'政治一体'"③。在这一取向上，可以把中国学者王建娥看作其典型代表。

以"少数群体权利"为价值取向的理论主张，其核心观点是认为实

①　常士閤：《和谐理念与族际政治整合》，载于《政治学研究》2009 年第 4 期，第 100 页。

②　〔加〕威尔·金里卡：《少数的权利——民族主义、多元文化主义和公民》，邓红风译，世纪出版集团上海译文出版社，2005，第 3～4 页。

③　王建娥：《族际政治民主化：多民族国家建设和谐社会的重要课题》，载于《民族研究》2006 年第 5 期，第 9～10 页。

现族际政治整合的关键在于民族国家应赋予和承认国内少数群体的权利，承认他们的文化特殊性和人格尊严，实现他们的自主管理和自身利益，并且确保他们可以和国内其他民族一起分享国家发展的成果。前述这些对于少数群体权利的观照可以提高它们对于国家的认同程度，有利于夯实国家政治统治合法性的基础，并以此来提升民族国家的民族凝聚力和政治整合能力，实现政治一体化。可以看出，以"少数群体权利"为取向的理论主张的价值在于承认少数群体的差异，进而通过对这种差异的尊重和包容来获得族际政治整合的资源。然而，这种以"少数群体权利"作为价值取向的理论也存在很多局限性。例如，该理论在对少数群体权利加以强调的同时也在事实上构成了不同群体之间的人为分界，从而导致不同群体基于不同权利而强化了各自的身份认同。显然，这种情况不利于国家认同的维系。比如，少数群体权利与少数群体权利的实现之间存在着一定落差，国家法律或政策赋予少数群体的权利需要在具体的社会文化背景之下才能得以实现，受到少数群体占有社会资源情况的限制，其应然的权利往往无法全部兑现，从而影响了该理论的实际价值。再比如，该理论在少数群体权利的保障方面还缺乏强有力的对策，这种欠缺在很大程度上造成了当国家赋予少数群体的权利遭到侵犯时，少数群体难以通过制度和机制上的程序来主张自己的权利。问题一旦激化，国家就可能面临少数群体进行体制外政治参与的压力。由此，把对少数群体权利的尊重和包容当作实现族际政治整合的唯一途径的想法是经不起推敲的，在实践中也是有害的。

而以"族际政治民主"为核心价值取向的理论，它的最为根本的内容是"在承认所有民族都是国家权力主体、拥有平等政治权利的前提下，针对多民族存在的情况进行特殊的政治设计"①。综观这种旨在通过进行族际政治民主机制的建设来探寻族际政治整合的理论，尤其是从这一理论主张在当代东南亚国家的实际运用效果来看，它的确取得了很大

---

① 常士訚：《和谐理念与族际政治整合》，载于《政治学研究》2009 年第 4 期，第 101 页。

成效，这一点在马来西亚及新加坡表现得非常明显。通过向少数民族代表开放某些政府机构职位的措施，以及进行少数群体身份代表在国家权力机构中的拥有席位的改革，的确在相当程度上缓解了不同族群之间的矛盾和冲突，提高了国家对于族际政治整合的能力。然而，问题并没有从根本上得以解决。比如，族际政治民主是否必然能够促成族际政治的整合，至少在一些国家的实践中，情况未必如此理想。埃塞俄比亚在族际政治民主方面的努力令人印象深刻，不仅依据国内不同民族群体的分布情况而建立了9个州，又允许各州之内的少数民族建立自己的"自治州"，从而在最大限度满足不同民族成为国家权力的主体，及其对于平等政治权力的追求。然而，埃塞俄比亚的9个州"简直就是9个建立在族群基础上的主权国家"①，埃塞俄比亚也因此陷入事实上的分裂状态。再比如，对于族际政治民主的制度化建设是否必然促成族际政治整合，在一些国家里也存在着令人遗憾的反证。在苏联推行的"族群联邦主义"制度下，各加盟共和国享有相当大的自治权，然而"族群成为利益集团，地方干部成为族群守门人，'共同国家'被削弱，这三个后果都是'族群联邦主义'这一制度体系的'副产品'。……一旦外部环境发生变化，它们就可能演变为国家分裂的'助推器'"②。如此看来，"族际政治民主"也并不是实现族际政治整合的灵丹妙药。学界对于族际政治整合问题的探寻才刚刚起步，很有必要继续深入下去。

（二）三种模式：探索族际政治整合的多国实践

对于任何一个活跃于国际政治舞台之上的民族国家而言，能否稳定而且持久地保证国内不同族群之间关系的良性互动，促进族际政治整合，将直接影响着整个国家政权的巩固和存续。由此，不管哪一个民族国家，"总是要根据族际关系的特点和演变过程中出现的新情况和新问题，适

① 参见张千帆《从权利保障视角看族群自治与国家统一（下）》，载于《国家检察官学院学报》2009年第6期，第91页。
② 王娟：《族群政治的制度逻辑——兼评菲利普·罗德的文章〈苏维埃联邦政治与族群动员〉》，载于《西北民族研究》2010年第4期，第48页。

时调整族际政治整合方式，以保持必要的族际整合能力"①。我们认为，在这一进程之中，逐渐形成了三种带有共性的族际政治整合模式，即集权干预模式、平等融合模式和联邦多元模式。

1. 集权干预模式

所谓集权干预模式，是指在单一制国家中，依靠中央集权体制的力量去干预族际关系，中央权力机关在族际政治整合中扮演着举足轻重的角色。其主要做法包括：由中央权力机关委派或任命族群自治地方的领导者，该领导者由该自治地方的族群成员来担任；由中央权力机关统一调配和使用包括族群自治地方在内的全部地方性资源，并以此来维持和协调不同族群的利益诉求和族际关系；中央权力机关对于少数民族采取一系列优惠政策，并以此作为维系少数民族国家认同的重要途径。

可以把中国视为集权干预模式的典型代表。作为一个拥有 56 个民族的多民族国家，中国在改革开放 30 多年的实践探索中取得了举世瞩目的成就，这场改革"是围绕建立社会主义市场经济体制为核心内容的社会整体变迁过程，而利益分化作为市场经济的伴生物，也会随着社会主义市场经济的发展与完善而不断得以彰显。……改革的过程，也是一场利益分化的过程"②。而当这种利益分化以不同族群之间的发展差距表现出来时，就对当代中国的族际关系构成了冲击，影响中国族际政治整合的维持和巩固。与之相伴随，中国在维持和巩固族际政治整合的过程中，主要采取了如下措施。

首先，强化中央权力机关的政治权威，加强国家权力对于民族社会生活的干预能力。回顾新中国成立以来的历史不难发现，中央集权体制下的强有力的政治权威，一直是中国维持和确保族际政治整合的关键之所在。面对利益分化的现实，依靠强有力的中央权力机关的政治权威来

---

① 周平：《论构建我国完善的族际政治整合模式》，载于深圳大学当代中国政治研究所《当代中国政治研究报告》Ⅳ，社会科学文献出版社，2006，第 210 页。

② 于春洋：《略论利益分化对民族地区政治稳定的双重影响》，载于《学术论坛》2008 年第 7 期，第 134 页。

统筹协调不同族群利益主体之间的利益关系，是巩固族际政治整合的重要方式。不仅如此，加强国家权力对于民族社会生活各个领域的干预也是中国巩固族际政治整合的重要取向。作为一个拥有 13 亿人口的发展中国家，中国面临着巨大的发展压力。为了实现中国经济社会的全面协调可持续发展，国家权力"要对经济进行干预，而这种干预不只停留在经济层面上，而且深入到社会关系与文化传统之中"[1]。

其次，通过意识形态的整合功能来巩固族际政治整合。正如有学者指出的那样，"在多民族国家，不论是国家的意识形态还是政党的意识形态，都会涉及族际关系，并对族际关系和族际政治整合产生深刻的影响"[2]。对于中国而言，情况也是如此。而且，中国在长期的民族工作实践中逐渐探索出了以实现平等、团结、互助、和谐社会主义民族关系为取向的主导意识形态，这一意识形态正在发挥着独特的族际政治整合作用。

再次，以观照少数民族利益为特征的民族政策取向。当中国所经历的这场利益分化表现在不同族群之间的发展差距时，则集中体现为少数民族及民族地区在事实上落后于主体民族及东南沿海地区。而从更为一般的意义上看，"在中国社会这种汉族/少数民族二元关系结构中，汉族占有绝对的支配地位"[3]。在这一背景之下，如何通过民族政策的制定实施来观照少数民族的利益，就成为一种政策取向。整体而言，"这些政策的价值取向是很明朗和一致的，这就是对少数民族及其聚居的地区即少数民族地区，进行支持、帮助和扶持，维护少数民族的权益，促进少数民族利益的发展"[4]。

从实际效果上看，中国的这种集权干预模式取得了一定成效，至少

---

① 常士闿：《多民族后发国家现代化进程中的族际政治整合与政治文明建设》，载于《云南行政学院学报》2010 年第 3 期，第 6 页。

② 周平、贺琳凯：《论多民族国家的族际政治整合》，载于《思想战线》2010 年第 4 期，第 9 页。

③ 关凯：《族群政治》，中央民族大学出版社，2007，第 243 页。

④ 周平：《中国族际政治整合模式研究》，载于《政治学研究》2005 年第 2 期，第 57 页。

"中国的族际政治整合在后发现代化国家中是比较成功的"①。然而中国民族关系中的不和谐因素依然存在，特别是西藏"3·14"事件和新疆"7·5"事件的相继发生，让我们有理由相信中国族际政治整合的任务依然艰巨、前景尚不明朗。在同样以集权干预模式来进行族际政治整合的西班牙和法国那里，也存在着一些阻碍族际政治整合的因素（如前者的巴斯克问题和后者的移民问题）。这样一种局面也向我们传达着一个信息：集权干预模式对于不同国家族际政治整合的效果既不能一概而论，也不是灵丹妙药，需要在具体的族际关系结构和族际环境中加以检验并完善。

2. 平等融合模式

所谓平等融合模式，是指中央权力机关并不主动干预族际关系，而是以宪法和法律的形式来规定国内各个族群的平等地位，并为这种族际平等提供制度上的保障，进而在各个族群平等交往的基础上逐渐实现融合。这种对于各个族群地位平等的保障是以淡化和模糊不同族群间的文化差异为取向的。可以把美国和新加坡看作平等融合模式的典型。②

作为一个典型的移民国家，美国在族群构成上的多样化特色和异质性因素十分明显，而由来已久的种族歧视日益使美国社会面临着分裂的危险，族际政治整合的压力也随之产生。为实现各个族群之间关系的和谐与国家政治一体化，美国逐渐形成了以平等融合为主要特征的族际政治整合模式。最终促成美国选择以"平等"作为族际政治整合核心原则的标志性事件是发生于 20 世纪 60 年代的黑人民权运动。这场旨在争取平等权利的民权运动得到了美国社会其他少数族裔弱势群体的纷纷响应，事态的发展及其后果的严重性终于让美国政府意识到了赋予国内少数族裔群体以平等权利的重要性。在这一背景之下，林登·约翰逊总统的

---

① 左宏愿：《中国现代国家构建中的族际政治整合》，载于《广西民族研究》2011 年第 1 期，第 27 页。

② 受篇幅所限，这里仅讨论美国的情况。有关新加坡的情况请参见毕世鸿《多元、平等与和谐：新加坡族群政策评析》，载于《东南亚南亚研究》2009 年第 1 期，第 85～89 页。

"肯定性行动计划"（Affirmative Action）应运而生，该计划（又称"平权法案"）以法律的形式赋予少数族裔群体以平等权利，并被后来的历届政府所遵从和发展，享受平等权利的少数族裔群体不断扩大，平等权利的内容也不断增加。

在用平等权利促进族际政治整合的进程之中，一方面，美国政府致力于各族群之间的教育平等权利，从法律上取消存在于学校教育中的种族隔离制度。1954年，美国最高法院对"布郎诉托皮卡教育局"一案的裁定对于促进少数族裔群体享有教育平等权利具有重大意义，成为后来美国实施一系列平等权利的基础。该裁定的内容为"公立学校教育事业决不容'隔离但平等'之说存在，教育机构一经隔离则无平等可言"①。另一方面，美国政府还通过制定出台各种法律来切实保障少数族裔群体及妇女享有平等的经济社会生活权利。比如，1963年，通过《平等薪金法案》来规定无论男女，同工同酬。1964年，通过《民权法》来废止大部分公共场所中的种族歧视，并为此设立了专门机构——平等就业机会委员会。1965年，由约翰逊政府颁布的"第11246号行政命令"规定，凡获得联邦政府资助的学校或企业，在招生和招工时必须要参照当地居民中各族群人数的多寡来按比例录取或录用。1988年，通过《公平住房法案》来惩罚那些存在于房屋销售领域的种族歧视行为。同年，通过《民权恢复法案》对接受联邦政府基金的各个机构提出强制要求，不得对少数族裔群体进行歧视，否则将取消该机构所获得的基金。1991年，国会颁布《民权与妇女就业平等法》，用法律的形式来保障就业过程之中的种族与性别平等。

值得注意的是，在用法律赋予少数族裔群体各种平等权利的同时，美国政府并没有放弃在国内全体国民中以盎格鲁-撒克逊化来融合少数族裔群体的努力，致力于美利坚民族的一体化。哪怕是在克林顿政府把

---

①　转引自〔美〕J. 布卢姆、A. 施莱辛格、S. 摩根《美国的历程》（下册）第二分册，戴瑞辉、吕永祯译，商务印书馆，1998，第695页。

提倡多样性和鼓励多元文化作为自己主要目标之一的 20 世纪 90 年代，
盎格鲁-撒克逊化依然拥有强大的力量。而且，美国学术界从来就不缺
少用盎格鲁-撒克逊化来确保美国国家特性的声音。比如塞缪尔·亨廷
顿指出，"如果同化移民的努力归于失败，美国便会成为一个分裂的国
家，并存在内部冲突和由此造成分裂的潜在可能"①。进而亨廷顿为美国
开出了药方，他认为，如果美国人能够"致力于发扬盎格鲁-新教文化
以及我们前辈所树立的'美国信念'"，那么，哪怕"创建美国的那些白
人盎格鲁—撒克逊新教徒的后裔在美国人口中只占很少的、无足轻重的
少数，美国仍会长久地保持其为美国"②。事实也证明，"美国虽是当今
世界上一个种族驳杂的多民族国家，但其民族一体化发展的程度，却是
相当高的"③。

　　可以认为，通过法律来保障少数族裔群体的各项平等权利，能够
增进少数族裔群体的国家认同，而通过盎格鲁-撒克逊化来维持和确
保美国的国家特性，也不失为一种最不坏的选择。然而这里的问题
在于，试图以盎格鲁-撒克逊化来完成美国的民族一体化，这样一种
族际政治整合的进程是以少数族裔群体自身文化的被同化为代价的。
显然，这种模式在赋予少数族裔群体以各项平等权利的同时，也在
事实上侵犯和剥夺了少数族裔群体的文化权利。这一悖论会增加美
国族际政治整合过程中的不确定因素。

　　3. 联邦多元模式

　　所谓联邦多元模式，是指在联邦制国家中，中央权力机关虽然赋
予国内不同族群以同样平等的政治地位，但同时承认和尊重各个族
群的异质性文化，并为各个族群保持和传承自己的文化提供政策和

---

① 〔美〕塞缪尔·亨廷顿：《文明的冲突与世界秩序的重建》，周琪等译，新华出版社，1998，
　第 351 页。
② 参见〔美〕塞缪尔·亨廷顿《我们是谁？——美国国家特性面临的挑战》，程克雄译，新
　华出版社，2005，前言第 3 页。
③ 黄兆群：《现代化与美国民族一体化》，载于《山东师范大学学报》（社会科学版）1995 年
　第 1 期，第 41 页。

制度上的保障。亦即试图通过承认文化多元性、尊重差异的方式来实现政治一体化。加拿大是采取联邦多元模式实现族际政治整合的典型国家。

与美国相类似，加拿大民族国家的建构走的是"以移民为主的国家从宗主国的统治下独立出来，获得了国家的主权和独立，从而形成民族国家的道路"①。建国后的加拿大面临着一系列较为严峻的族际政治整合压力，其中最主要的问题在于历史上形成的英法两大族裔之间的民族矛盾长期得不到真正解决。而作为这一民族矛盾的集中体现的魁北克问题，也在长期困扰着加拿大政府。为了缓和国内族际关系的紧张，实现族际政治整合，在长期摸索和大胆实践的基础上，1971 年，加拿大最终确定将"多元文化主义"（multiculturalism）作为本国民族政策的取向，指出"在双语言的框架内，对于政府而言，一种多元文化主义政策是确保加拿大文化自由的最合适的方法"②。由此，加拿大成为在国家民族政策层面第一个公开宣称采用多元文化主义的国家。

加拿大的多元文化主义政策主要是针对国内的少数民族、族裔群体和文化集团，旨在通过向他们提供必要的帮助和扶持，保护其独特的民族文化，并使其真正融入加拿大的社会生活。显然，这种做法较之于以往把国内各民族划分为建国民族、第一民族（First Nations）和移民集团的方式是一种巨大的进步。按照国内一些学者的概括，加拿大的多元文化主义政策主要包括四个方面内容：第一，帮助各文化集团；第二，克服文化障碍，全面参与加拿大社会；第三，在国家团结利益下，促进文化交流；第四，进行官方语言训练。③ 为了保证多元文化主义政策的顺利实施，加拿大政府还制定了一系列配套措施。这些措施包括设立多元文化奖、制定文化发展计划、运用官方语言教学、支持民族历史著作的

---

① 周平：《对民族国家的再认识》，载于《政治学研究》2009 年第 4 期，第 95 页。
② 杨洪贵：《多元文化主义的产生与发展探析》，载于《学术论坛》2007 年第 2 期，第 75 页。
③ 参见郝时远、阮西湖《当代世界民族问题与民族政策》，四川民族出版社，1994，第 135 页。

出版和进行加拿大民族研究，等等。此外，自 1972 年开始，加拿大政府委任一位部长专事多元文化主义政策的实施与管理；1973 年，政府设立"加拿大多元文化协商委员会"，并在国务秘书部设立多元文化专员，组织协调多元文化相关事务。联邦政府每年还设立专门款项，用于支持多元文化建设。这些举措表明了加拿大推行多元文化主义政策的坚强决心。

此后，多元文化主义政策得到了巩固和完善。1982 年，多元文化主义政策被写入了《加拿大权利与自由宪章》（*The Canadian Charter of Rights and Freedoms*）。《宪章》第 27 条明确规定，本宪章的解释必须与保护和加强加拿大多元文化遗产的宗旨相一致；1985 年，加拿大召开了联邦政府—省级政府会议来讨论和完善多元文化主义政策，成立了多元文化常务委员会；实施多元文化主义政策的经费，也从最初的 159 万加元增加到 1985 年的 2400 万加元[①]；1987 年，加拿大政府又起草了多元文化主义政策的八项原则、制定专门法的三项原则，并从十个方面修正和细化了最初的多元文化主义政策。1988 年，加拿大众议院通过了《加拿大多元文化法》（*Canadian Multiculturalism Act*），该法确定了多元文化主义政策在加拿大作为基本国策的法律地位，标志着多元文化主义政策正式走上了制度化的轨道，也可以把这部法律看作对加拿大政府实施多元文化主义政策的一个阶段性的总结。

加拿大实施多元文化主义政策至今已有 40 多年。40 多年来，一方面，多元文化主义政策得到了越来越多加拿大人的支持，加拿大多元文化主义部的调查资料显示，"73% 的加拿大人认为多元文化主义将保证不同文化背景的人们具有归属加拿大的意识"，多元文化主义政策的支持者也由 1974 年的 51% 增加到了 1991 年的 78%[②]；另一方面，多元文化主义政策赋予了加拿大各少数族裔各种平等权利，"使失衡的民族关

---

① 参见阮西湖、王丽芝《加拿大与加拿大人》，中国社会科学出版社，1990，第 159 页。
② 参见阮西湖《加拿大与加拿大人》（三），中国工人出版社，1994，第 241～246 页。

系得到了重新定位，提高了各族裔成员的平等意识和自尊心，强化了民族凝聚力和向心力"①。所有这一切都意味着联邦多元模式在实现族际政治整合方面的确大有作为。然而也要看到，正如塞缪尔·亨廷顿所指出的那样，"文化共性促进人们之间的合作和凝聚力，而文化的差异却加剧分裂和冲突"②。这种模式对于文化差异的过分尊重也有可能使问题走向反面，"对'差异'的追求本身也容易形成一种自我封闭或对外排斥，它不仅不利于民族融合与政治一体化的发展，而且容易在国家内部筑起民族间的壁垒，形成一种'新的部落主义'"③。显然，这不是我们希望看到的结果。

　　最后还需说明的是，族际政治整合是一种互动的过程，体现着国家与族群之间的博弈关系。民族国家总是努力实现和维护族际政治整合，以期实现国家民族的政治一体化，但"民族在国家的族际政治整合过程中并不是被动消极的，而是一种互动的关系，在这个互动的过程中，总是面对着'合'与'分'的张力"④。

---

① 李贽、石小丽：《对国家一体化和多元文化主义理论与实践的评价和思考》，载于《中南民族大学学报》（人文社会科学版）2009 年第 5 期，第 24 页。
② 〔美〕塞缪尔·亨廷顿：《我们是谁？——美国国家特性面临的挑战》，程克雄译，新华出版社，2005，第 10 页。
③ 常士誾：《超越多元文化主义——对加拿大多元文化主义政治思想的反思》，载于《世界民族》2008 年第 4 期，第 5 页。
④ 左宏愿：《中国现代国家构建中的族际政治整合》，载于《广西民族研究》2011 年第 1 期，第 29～30 页。

第五章　民族与国家政治关系的协调与发展

在前文中，我们重点讨论了作为民族政治发展载体的民族政治体系的发展，以及作为民族政治发展主体的民族共同体的发展。我们认为，民族政治体系的发展与民族共同体的发展，构成了民族政治发展中最具基础意义的内容。然而必须看到，除了前文所讨论的这两大方面内容之外，民族与国家之间政治关系的状况也会对民族政治发展造成直接而显著的影响。在这种意义上看，实现民族与国家之间政治关系的协调与发展，构成了民族政治发展必须面对和加以解决的问题。由此，作为民族政治发展理论体系研究的延续和补充，本章将重点讨论民族与国家之间的三种代表性政治关系——民族利益与国家利益、民族认同与国家认同、民族建设与国家建设之间关系的协调与发展。

第一节　民族利益与国家利益

"利益是政治关系的基础，它对于政治关系具有根本性和决定性的意义"①，由此，"利益"在事实上构成了民族与国家之间政治关系讨论中最具本质意义的内容。如何在民族国家的政治架构之下，实现国内各民族利益与国家整体利益的协调与发展，对于民族政治发展而言事关全局、意

---

① 王浦劬等：《政治学基础》（第二版），北京大学出版社，2006，第61页。

义重大。

一　概念阐析：民族利益与国家利益

显然，廓清民族利益与国家利益这两个概念的边界是展开两者关系讨论的基础和前提。我们在相关学术文献梳理的基础上展开说明。

（一）民族利益

由于"民族"一词的包容性、多义性和含混性，民族利益也是一个较为复杂的概念，不同学者给出的定义往往存在很大差异。比如，有学者指出，"民族利益，指的是正当的、合法的、民族应有和应得的利益"[①]；有学者认为，"所谓民族利益就是民族的生存、发展的需要和权利"[②]。还有研究者认为，民族利益"是在多民族国家由于民族之间发展的差异，各民族通过一定的社会关系表现出来的需要，这种需要对民族的生存与发展表现为正向价值，即好处或潜在的好处"[③]；"是指在社会关系中形成的民族生存和发展所需要的资源、条件、机会的总和"[④]；"是所有与民族的生存、发展有关的需要获得满足"[⑤]；等等。但是，透过这些形态各异的定义性表述，还是可以捕捉到其中的某些共性。一方面，民族利益是民族的利益，是作为利益主体的民族共同体的内在的、自发的需要。这种需要的表现形式可以是物质形态的，也可以是非物质形态的，这种需要就是民族利益。而在另一方面，民族的生存与发展直接关系着民族的核心利益，从而，民族的生存和发展需要得

---

① 金炳镐、青觉：《论民族关系理论体系》，载于《中南民族学院学报》（人文社会科学版）2001年第2期，第31页。
② 罗树杰：《民族利益：民族问题产生的根本原因》，载于《黑龙江民族丛刊》2006年第3期，第26页。
③ 雷振扬：《民族利益与民族关系初探》，载于《中南民族大学学报》（人文社会科学版）2006年第6期，第6页。
④ 常开霞、贺金瑞：《"多元一体"：中国民族利益协调论纲》，载于《中央民族大学学报》（哲学社会科学版）2009年第6期，第7页。
⑤ 唐鸣：《民族矛盾的根本原因和一般原因》，载于《社会主义研究》2001年第4期，第45页。

到满足的程度，是衡量民族利益实现与否的重要指标。由此，可以把民族利益定义为：民族利益是民族共同体的内在的、自发的需要，是民族为满足自身的生存和发展所必需的一切自然资源和社会资源的总和。

从具体语境中加以分析，可以把民族利益大体划分为两个相互关联的层面，即国家层面和国内层面。就国家层面的民族利益而言，它是指以民族国家为基本单位的利益形态，是国际关系中指代一个主权国家整体利益的称谓，拥有和国家利益彼此重叠的边界。比较而言，在国家层面所使用的民族利益一词的感情色彩要胜于国家利益，话语间洋溢着对于个体所归属的民族国家的自豪感和自信心；就国内层面的民族利益而言，它是指以民族国家内部的各个构成民族为基本单位的利益形态，是国内不同民族之间相互交往与合作中彼此分殊的实质性内容，它所强调的是国家利益同一性、共性基础之上的差异性和个性。此外，作为民族利益类型划分中的特例，还存在着一种超越国家层面的民族利益，即以跨界而居的民族作为基本单位的利益形态。鉴于本书的讨论都是在民族国家的架构之内来进行的，而国家层面的民族利益又拥有和国家利益彼此重叠的边界，由此，我们这里主要讨论国内层面的民族利益与国家利益的关系及其协调发展问题。

（二）国家利益

相对于民族利益而言，国家利益的概念似乎更加难以界定，因为"它涉及的内容十分丰富，其构成要素不具有可操作性"[①]。目前学界所能给出的几个富有代表性的定义表述主要为：阿姆斯特茨（Mark R. Amstutz）认为，"国家利益的概念通常指国家相对其他国家而言的基本的需求和欲求"[②]；莫顿·卡普兰（Morton Kaplan）认为，"国家利益是一个国家行为体在满足国家行为系统的需要时所具有的利益。这些需

① 刘泓：《民族主义与国家利益——民族学视野中的阿富汗国家重建》，载于《民族研究》2006 年第 5 期，第 25 页。
② Mark R. Amstutz, *International Conflict and Cooperation*, Boston: McGraw-Hill, 1999, p. 179.

要的一部分来自国家系统内部，而其余的来自于环境因素"①；阎学通指出，国家利益是"一切满足民族国家全体人民物质与精神需要的东西"，进而认为"在物质上，国家需要安全与发展；在精神上，国家需要国际社会的尊重与承认"②；王逸舟则认为，"国家利益是指民族国家追求的主要好处、权利或受益点，反映这个国家全体国民及各种利益集团的需求与兴趣"③；等等。通过对于这些定义的比对和分析至少可以认为，国家利益源于国家的需求，对于这些需求（无论是自发的还是比较的，物质的还是精神的，内部的还是外部的）的满足来自国家利益的实现。至于说国家的需求究竟是由哪些内容和要素来构成，则是多年来国内外学界争论不休的一个问题。在某种意义上，国家利益分析的两种视角④——经济学（理性主义）和社会学（建构主义）的视角，以及国家利益研究的三种范式⑤——新现实主义、新自由主义和建构主义之间的争论，就是基于对国家需求的不同认知而展开的。

值得注意的是，虽然学界对于国家利益问题存在诸多争论，但是在承认国家利益具有层次性，即国家利益是由不同层次的内容和要素来组成的问题上，还是达成了共识。在这一领域，罗宾逊（Thomas Robinson）的观点较具代表性。罗宾逊给出了国家利益层次划分的三条标准，即优先性、特殊性和持久性。进而，按照这样三条标准，他把国家利益划分为六个层次：其一，"生死攸关的利益（vital interests）"。这种利益是国家的核心利益或战略利益，关涉国家的存亡和命运，诸如国家安全问题。显然，国家是不会在这种利益上妥协退让的，没有讨价还价的余地。其二，"非重大利益（nonvital interests）"。这种利益涉及的一

① 〔美〕莫顿·卡普兰：《国际政治的系统和过程》，薄智跃译，上海人民出版社，2007，第207页。
② 参见阎学通《中国国家利益分析》，天津人民出版社，1997，第10～11页。
③ 王逸舟：《国家利益再思考》，载于《中国社会科学》2002年第2期，第161页。
④ 参见袁正清《国家利益分析的两种视角》，载于《世界经济与政治》2001年第9期，第14～18页。
⑤ 参见方长平、冯秀珍《国家利益研究的范式之争：新现实主义、新自由主义和建构主义》，载于《国际论坛》2002年第3期，第53～59页。

般是国家需求的具体方面，在这一利益层次上，国家可以进行谈判并做出妥协。其三，"一般利益（general interests）"。这种利益涉及的是带有普遍性的、全球性的利益问题，诸如维护地区稳定、促进经济发展等。其四，"特定利益（specific interests）"。这一利益层次涉及的是国家"明确界定的有限目标"。其五，"永久利益（permanent interests）"。这种利益指的是国家的永久目标，诸如确保领土完整和主权统一等。其六，"可变利益（variable interests）"。这一利益层次主要是指国家针对某一特定事件所做出的回应。[①] 对于国家利益的层次划分可以帮助我们更好地理解国家利益的复杂性和多维性，同时，这种分析也有利于我们即将展开的关于民族利益与国家利益关系的讨论。

二　民族利益与国家利益的关系

作为民族与国家之间政治关系讨论中最具本质意义的内容，民族利益与国家利益存在诸多区别，同时，在民族国家的政治架构之内，两者又存在着非常密切的联系。民族利益与国家利益既对立又统一，既相互区别又彼此依存，两者之间的协同与分殊状况成为影响民族国家未来发展的重大因素。

（一）民族与国家利益关系的学理分析

民族利益与国家利益之间的区别至少可以表现在如下一些方面。其一，利益主体不同。民族利益的主体是民族，而国家利益的主体是国家。当民族与国家并列出现时，民族一般代表着一个特定的群体，无论这一群体的政治属性多么鲜明，维系该群体中的每个个体成员的群体认同的因素多是文化的和心理的；国家则作为一个政治实体而存在，虽然该实体的存在最终还是要落实到内部一定数量的人口和一定面积的国土等自然要素上，但国家的政治属性及其阶级统治色彩总是强烈和直观的。其

---

① Thomas Robinson, "National Interests", in James N. Rosenau, ed., *International Politics and Foreign Policy: A Reader in Research and Theory*, New York: Free Press, 1969, pp. 184-185.

二，利益层次不同。在民族国家的分析单位之下，国家利益居于利益结构的最高层次，是不容置疑、不可侵犯的；而民族利益则处于利益结构的次级层次，虽然它也不可或缺，对于国内各个民族而言也是至关重要的，但是常态之下，民族利益总是要在不危及、不触动国家整体利益的前提下才能得以实现。其三，表现形态不同。国家利益的表现形态往往是带有共性色彩的，只要是民族国家，其国家利益的表现形态都是一致的。正是基于这一事实，前文提及的罗宾逊有关国家利益层次划分的理论才具有强大的解释力和普遍的适用性。而民族利益的表现形态则往往是千差万别、具体而丰富的。基于不同民族形态各异的历史记忆、文化传统、宗教信仰与风俗禁忌，其民族利益也拥有不同的表现形态。如果说国家利益是共性的和一般的，民族利益则是个性的和特殊的。

与此同时，民族利益与国家利益之间的联系也是显而易见的。一方面，民族利益是民族为满足自身的生存和发展所必需的一切资源的总和，而每个民族的生存和发展，都与它所归依的国家，特别是这一国家所制定实施的民族政策有着直接而密切的关系。民族政策有两类不同的理论取向，"一类是国家鼓励族群整合的，即同化主义；另一类是国家在一定程度上鼓励族群区分的，即文化多元主义"①。一般而言，以同化主义为取向的民族政策会对国内少数民族的生存和发展造成不利影响，损害民族利益，而以文化多元主义为取向的民族政策则承认和保护国内少数民族的各项权利，有利于少数民族的生存和发展，从而最大限度地尊重民族利益。另一方面，正如民族和国家是民族国家中的两个最为基本的构成要素那样，民族利益和国家利益是民族国家中的两个最为基本的利益形态。任何一个民族国家发展的历史进程中，都伴随着民族利益与国家利益间的博弈。从这样一种角度出发，民族国家的发展历史就是一部民族利益与国家利益相互依存又彼此矛盾、不断碰撞也不断调和的历史。

———————————

① 关凯：《族群政治》，中央民族大学出版社，2007，第96页。

（二）民族与国家利益间存在张力的原因

民族利益与国家利益并不总是一致的，事实上，两者之间经常会存在着张力，而且这种张力在某些特殊时期或特定领域还会变得十分剧烈。概括而言，这种张力的产生主要有以下一些原因。

首先，民族国家建构统一国内市场体系与少数民族发展传统经济形态愿望之间的矛盾。民族国家要想与世界范围内的市场经济发展相接轨，在经济全球化发展的浪潮中实现国家经济利益的最大化，就必须建构起高度统一的国内市场。这一市场体系要求从所有可能的方面打破国内不同地区、不同民族间的经济发展壁垒，建立、发展和完善高度统一的商品流通市场和国民经济体系。在建构统一国内市场的过程之中，国家必然要采取多种措施进行国内不同民族间的经济整合，以期把国内不同民族经济形态整合在国内统一市场的框架内，此举也会为民族国家的统一、稳定和发展奠定坚实的经济基础。然而一个不争的事实是，很多民族国家内部的各个不同民族在长期的共同经济生活中往往形成了独特的民族经济形态，并以此为基础形成了较为稳定而持久的民族自我认同意识。这一局面在经济全球化的时代背景之下非但没有改观，恰恰相反，作为对于这种外来刺激的回应，国内各个民族都有发展民族传统经济的强烈愿望。由此，国家经济发展与民族经济发展之间的矛盾，势必造成国家利益与民族利益之间存在一定的张力。

其次，国内不同民族对于政治权力的争夺以及民族与国家之间社会资源分配取向上的矛盾。可以把政治看作权力主体运用政治权力对社会资源进行权威性分配的过程。[①]　由此，国内不同民族对于政治权力的争夺就变得容易理解：既然政治权力在社会资源的权威性分配中起决定性作用，那么每个民族都会为维护自身利益、谋取社会资源而去争夺政治权力，努力在围绕国家政治权力而展开的竞争中占据优势地位。然而这里的问题在于，对于掌握一定政治权力的某个民族（往往通过精英代表

---

① 参见杨光斌《政治学导论》（第 2 版），中国人民大学出版社，2004，第 5 页。

的方式）以及作为政治权力象征的国家而言，它们对于社会资源的分配取向是不一致的。对于民族而言，谋求社会资源的最大化，力争在国家的社会资源权威分配中最大限度地实现和满足本民族利益是永恒的追求；而对于国家而言，则希望通过社会资源在国内不同民族间的最佳配置而实现一种利益的平衡和力量的均势，以期促进国内族际整合，维持民族国家的统一、完整和稳定。显然，两者对于社会资源分配方式的期望是不同的，这也在事实上造成了民族利益与国家利益间存在着持续不断的、难以消弭的张力。

再次，基于根本利益一致基础之上的国家整体利益与民族具体利益间的矛盾。从一种较为理想的应然角度来看，国内各个民族与其所归依的民族国家之间在根本利益上是一致的。国家利益的实现和国内各个民族利益的实现是一个问题的两个方面；国家在经济社会发展过程中取得的诸多成果，也应惠及国内的各个民族。然而，国家利益作为国家的需求及其满足，通常只反映出民族国家层面的一般的、共性的需求，而无法反映出国内各个民族基于自身独特生存和发展愿望而产生的需要，更无法反映不同民族生存发展需要间的差异。这种局面势必在国家与民族根本利益一致的基础上产生国家整体利益与民族具体利益间的矛盾。而且，国家在回应国内不同民族具体利益诉求时，往往面临着民族的利益诉求与国家无法拥有足够的、用以满足这些利益诉求的社会资源之间的矛盾。这一问题会使国家整体利益与民族具体利益间的矛盾被固定下来，成为国家利益与民族利益间博弈的一种常态。显然，这一矛盾也会造成国家利益与民族利益之间存在张力。

最后，无论哪种理论取向的民族政策，都会在事实上造成国家利益与民族利益间的张力。如前文所述，民族政策有两类不同的理论取向：同化主义的和文化多元主义的。虽然在本质上讲，两类不同理论取向的民族政策的出发点都是广义的平等原则，然而它们都会在事实上造成民族与国家利益间的矛盾。对此，关凯博士有过非常精辟的论述。就前者而言，它"维护了公民身份下的社会成员间的平等关系，即平等的公民权，但可能对事实存在的族群间结构性不平等采取了一种'视而不见'的态度"①。对于国内的不同民族而言，其各自的生存环境、发展基础存在诸多差异，使得不同民族的经济社会发展水平往往存在很大差距，这种差距会造成不同民族事实上的不平等。而同化主义的民族政策对于这一问题显然采取了回避的方式。这种"平等的公民权"是以牺牲经济社会发展程度落后的民族的利益为代价的。就后者而言，它"重视结构性不平等，却为社会成员族群身份的固化提供了政策条件……容易导致族群成为边界清晰的利益群体，为族群民族主义势力的发展留下组织空间"②。显然，这种状况是民族政策制定者不愿意看到的，因为从长远来看，它会危及国家的根本利益。

总之，作为民族国家中的两个最为基本的利益形态——国家利益与民族利益间近乎天然地存在着诸多矛盾和张力，如何协调国家利益与民族利益之间的关系，促进两者间的良性互动与协调发展，是当今世界一切民族国家必须面对和加以解决的基本问题。

三　关系协调与发展：来自"多元一体"理论的启示

一般而言，利益关系协调是指"在充分考虑各主体利益需求的基础上，统筹兼顾，合理调节和化解各种利益矛盾，妥善处理整体利益与局部利益、当前利益与长远利益、物质利益与精神利益等方面的关系"③，是"人们的利益观念、利益行为以及人与人之间各种利益关系所进行的必要调整，旨在使不同利益主体之间以及利益的主客体之间达到一种和谐的状态"④。这些关于利益协调的定义性表述对于我们理解民族利益与国家利益关系的协调不无裨益。那么，究竟该怎样协调民族利益与国家

---

① 关凯：《族群政治》，中央民族大学出版社，2007，第96页。
② 关凯：《族群政治》，中央民族大学出版社，2007，第96页。
③ 杨少垒：《马克思恩格斯利益协调思想的当代解读》，载于《求实》2009年第9期，第4页。
④ 孙肖远：《利益协调导论——科学发展观视野中的利益协调研究》，东南大学出版社，2008，第3页。

利益之间的关系呢？我们认为，费孝通教授所提出的"多元一体"理论为民族利益与国家利益的协调提供了一种可能的思路。

（一）"多元一体"理论的提出及其基本内容

我国著名人类学家、社会学家费孝通教授应邀于 1988 年 11 月，在香港中文大学举办的 Tanner 国际学术讲座上发表了题为"中华民族的多元一体格局"的讲演，对中华民族的形成及其结构作了高度概括，提出了自己思考和酝酿多年的"多元一体"理论。该理论一经提出，很快便在人类学、民族学、历史学、社会学、考古学、文化学界引发巨大反响，其学术价值得到了广泛的认同。20 多年来，有关"多元一体"理论的学术讨论历久弥新，理论体系日臻完善，应用前景十分广阔。就其理论的基本内容来讲，可以归纳为如下几个方面。

首先，中华民族是一个多元统一体。"中华民族作为一个自觉的民族实体，是近百年来中国和西方列强对抗中出现的，但作为一个自在的民族实体则是几千年的历史过程所形成的……它的主流是由许许多多分散孤立存在的民族单位，经过接触、混杂、联结和融合，同时也有分裂和消亡，形成一个你来我去、我来你去，我中有你、你中有我，而又各具个性的多元统一体"[①]。

其次，中华民族多元一体的格局是在历史中形成的。"在……距今3000 年前，在黄河中游出现了一个由若干民族集团汇集和逐步融合的核心，被称为华夏，像滚雪球一般地越滚越大，把周围的异族吸收进入了这个核心。它在拥有黄河和长江中下游的东亚平原之后，被其他民族称为汉族。汉族继续不断吸收其他民族的成分而日益壮大，而且渗入其他民族的聚居区，构成起着凝聚和联系作用的网络，奠定了以这个疆域内许多民族联合成的不可分割的统一体的基础，成为一个自在的民族实体，经过民族自觉而称为中华民族"[②]。

---

① 费孝通：《中华民族多元一体格局》（修订本），中央民族大学出版社，1999，第 3 ~ 4 页。
② 费孝通：《中华民族多元一体格局》（修订本），中央民族大学出版社，1999，第 4 页。

　　再次，中华民族多元一体格局形成的主要特点。其一，"中华民族多元一体格局存在着一个凝聚的核心"，这一核心先是"华夏族团"，后是"汉族"。"汉族主要聚居在农业地区"，有时也"深入到少数民族聚居地区"，从而"形成一个点线结合，东密西疏的网络，这个网络正是多元一体格局的骨架"。其二，"少数民族中有很大一部分人从事牧业，和汉族主要从事农业形成不同的经济类型"。这些经济类型彼此不同又相互补充，加之汉族与少数民族聚居区的"马赛克式地穿插分布"，使得各民族的团结得以巩固，形成一体格局。其三，除"个别民族……已经用汉语作为自己民族的共同语言外，少数民族可以说都有自己的语言"。但与此同时，"汉语已逐渐成为共同的通用语言"。这构成了中华民族语言使用上的多元一体格局。其四，"导致民族融合的具体条件是复杂的"，但"主要是出于社会和经济的需要"。汉族凝聚力的主要来源在于"农业经济"。其五，"组成中华民族的成员是众多的"，但成员人口的规模大小非常悬殊，"是个多元的结构"。其六，"中华民族成为一体的过程是逐步完成的"。"先是各地区分别有它凝聚中心，而各自形成了初级的统一体"，之后，"逐步汇合了长城内外的农牧两大统一体。又经过各民族流动、混杂、分合的过程，汉族形成了特大的核心"。进而，它"把东亚这一片土地上的各民族串联在一起，形成了中华民族自在的民族实体，并取得大一统的格局"。"这个自在的民族实体在共同抵抗西方列强的压力下形成了一个休戚与共的自觉的民族实体"。①

　　最后，中华民族多元一体的格局的发展前景。民族平等政策的制定实施，以及中国的工业化、现代化道路，都使得中华民族多元一体格局的发展前景看好。"在现代化的过程中，通过发挥各民族团结互助的精神达到共同繁荣的目的"，可以把多元一体的格局"发展到

---

　　①　参见费孝通《中华民族多元一体格局》（修订本），中央民族大学出版社，1999，第31～36页。

更高的层次"。①

（二）"多元一体"理论对于民族与国家利益关系协调的启发

"多元一体"理论虽然是针对中华民族的形成及其结构所作出的高度理论概括，但对于世界范围内的民族形成及其结构问题也具有相当程度的解释力和适用性。对此，费孝通在谈及中华民族多元统一格局的形成时特意指出，"这也许是世界各地民族形成的共同过程"②。同时，"多元一体"理论对于关涉民族与国家的其他一系列问题——诸如族际整合、民族政治、国家认同、民族文化问题等，也具有特殊的意义和价值。比如，有学者指出"多元一体是当今世界各个多民族国家内部族际状况的客观现实"③，"费孝通先生提出的'多元一体'民族结构本身就包含着对不同民族的政治承认"④，等等。我们认为，"多元一体"理论也为本书关于民族与国家利益关系的协调问题提供了难得的思路，完全可以把它作为民族与国家利益关系协调的基础理论来加以运用。

首先，可以把"多元一体"看作对民族与国家利益关系的高度概括。民族利益总是多元的，其多元性特征主要表现为：民族利益的利益主体是多元的，不同民族拥有不同的利益诉求；民族利益的表现形态是多元的，既可以是政治的和经济的利益，也可以是文化的和精神的利益，具体而丰富。而"在国内政治的分析层面，族际的利益整合对于多民族国家而言无疑具有至关重要的意义"⑤。族际的利益整合符合民族国家的整体利益，寻求族际利益的一体化是民族国家的不懈追求。由此，民族国家的整体利益是建立在国内各民族的多元利益基础之上的，可以把国家利益的实现过程看作谋求国内族际利益一体化的努力。同时，从更为

---

① 参见费孝通《中华民族多元一体格局》（修订本），中央民族大学出版社，1999，第38页。
② 费孝通：《中华民族多元一体格局》（修订本），中央民族大学出版社，1999，第4页。
③ 陈建樾：《多元一体：多民族国家内部的族际整合与合法性》，载于《中央民族大学学报》（哲学社会科学版）2003年第5期，第11页。
④ 常开霞、贺金瑞：《"多元一体"：中国民族利益协调论纲》，载于《中央民族大学学报》（哲学社会科学版）2009年第6期，第6页。
⑤ 陈建樾：《多元一体：多民族国家内部的族际整合与合法性》，载于《中央民族大学学报》（哲学社会科学版）2003年第5期，第11页。

一般的意义上看，在多民族国家的内部，每个构成民族既具有自身的民族属性，也具有其归依国家的国家属性。两者比较而言，民族属性是多元的，表现为各个民族不同的民族特征，以及各不相同的生存发展需要；国家属性则是一体的，无论哪个民族，都归依于同一个多民族国家。"这就使现代多民族国家面临这样一个基本问题：如何协调民族多元与国家一体的关系，如何保证多元性与统一性的有机统一"①。我们认为，把这种"协调民族多元与国家一体的关系"放置在利益关系协调的视角下，依然可以成立。

其次，民族与国家利益关系协调的本质是要消除"多元"与"一体"之间的张力。稍加分析可以看出，民族的多元利益与国家的一体化努力之间并不总是高度契合的，事实上，两者之间存在着一定程度的张力，在一些特定的情况之下，这种张力还会被放大为影响国家认同和族际关系的重要因素。鉴于前文已经对民族与国家利益之间存在的张力及其原因进行了分析，这里就不再赘述。而民族与国家利益之间的张力就其本质而言，是"多元"与"一体"之间的张力。"在多民族国家内部，共同的政治价值、文化准则和经济生活已将各民族的利益、福祉紧密地联系在一起，但由于语言和文化的差异性，国家利益不可能取代、消解民族利益，后者的存在既是'多元一体'的本质特征，又显现了'一体'与'多元'之间的矛盾纠葛"②。由此，任何一个统一的多民族国家都面临着一个共性的问题，就是要处理好"多元"与"一体"的关系，把两者之间的张力控制在国家统一、民族和谐及社会稳定可以承受的范围之内。

再次，只有尊重和承认不同民族的"多元"利益，才能维护和实现统一国家的"一体"利益。就世界范围内的民族国家政策实践而言，无论其民族政策的理论取向是同化主义的，还是文化多元主义的，实践表

---

① 侯万锋：《多元一体与多民族国家政治整合》，载于《广西民族研究》2007 年第 4 期，第 1 页。

② 常开霞、贺金瑞：《"多元一体"：中国民族利益协调论纲》，载于《中央民族大学学报》（哲学社会科学版）2009 年第 6 期，第 7 页。

明，只有那些以尊重和承认国内不同民族的多元利益为基础的民族政策，才能真正而持久地发挥维护和实现国家根本利益的目的。在这个方面，墨西哥的民族政策实践为我们提供了一个典型的反例。20世纪40年代，墨西哥制定并实施了以同化主义为取向的民族政策，"这一政策所要达到的最终目标……是要求生活在国家领土上的不同族群形成为一个国民"①。为了让印第安人成为墨西哥的"国民"，政府采取了包括改善住宅、兴办学校、提供财政扶持和医疗保健等一系列措施，然而，由于这一政策"不承认印第安人作为少数民族还应具有集体自治的政治权利"②，从而也就无法从实质上满足印第安人的利益诉求。于是，印第安人从20世纪70年代开始向墨西哥政府提出了自治的要求，并于1994年发动了武装起义来谋求民族自治权。在这里，由于墨西哥的民族政策未能尊重和承认国内不同民族的"多元"利益，从而也无法从根本上维护和实现统一国家的"一体"利益。

最后，"多元"与"一体"的辩证关系为民族与国家利益的协调提供了方法论的指导。基于对中华民族多元一体格局的理解，有学者卓有见地地指出，"只强调中华民族的一体性，忽视了各民族客观地存在的不同特点、民族意识和民族利益，或只强调中华各民族都是具有不同特点、民族意识、民族利益的单一民族，而忽视了中华民族的一体性和中华民族的共同利益，都是片面的"③。这一思考对于我们讨论民族与国家利益的协调是非常有帮助的。一方面，不能只强调国家利益的一体性而忽视了国内各民族多元利益的客观存在。从长远来看，这种对于多元民族利益的忽视必然阻碍一体国家利益的实现，成为危及国家整体利益（诸如国家统一、民族团结、社会稳定等）的潜在的和不确定的因素。另一方面，也不能只强调国内各民族的多元利益诉求而忽视了国家利益

---

① 图道多吉：《中国民族理论与实践》，山西教育出版社，2002，第438页。
② 李赞、石小丽：《对国家一体化和多元文化主义理论与实践的评价和思考》，载于《中南民族大学学报》（人文社会科学版）2009年第5期，第23页。
③ 费孝通：《中华民族多元一体格局》（修订本），中央民族大学出版社，1999，第351页。

的一体性和国内各个民族的共同利益。无论从怎样的角度来理解，多元化的民族利益总是以一体化的国家利益为基础的，是在确保国家领土完整、主权统一前提之下的多元。

第二节　民族认同与国家认同

民族认同和国家认同是民族学、政治学研究中的两个核心概念，如何正确处理两者之间的关系，也构成了近代西欧民族国家初创及其全球扩展以来每个国家都要面对的最为重要的政治事务之一。鉴于民族认同、国家认同以及两者之间关系问题的重要性、敏感性、复杂性及其对于民族政治发展的巨大影响，对这些问题的研究也成了民族政治学界近年关注的焦点。由此，本书尝试在对学界已有研究成果进行梳理的基础上，粗浅地讨论这一问题。

一　概念阐析：民族认同与国家认同

毫不奇怪，伴随着民族认同、国家认同以及两者之间关系问题研究的不断开展，学界对于民族认同和国家认同这两个基本概念的界定及其争论也在持续。显然，厘清这两个基本概念的边界对于相关问题的研究至关重要，因为这样可以化解不必要的误读和争论，有利于增进学术对话与交流。

（一）民族认同

基于不同的研究背景和专业领域，中外学界有很多学者给出了他们所理解的"民族认同（National Identity）"的定义。其中较有代表性的观点主要有：安东尼·史密斯认为，民族认同是"对构成民族与众不同遗产的价值观、象征物、记忆、神话和传统模式持续复制和重新解释，以及对带着那种模式和遗产及其文化成分的个人身份的持续复制和重新解释"[1]；卡

---

[1] 〔英〕安东尼·史密斯：《民族主义：理论，意识形态，历史》，叶江译，上海人民出版社，2006，第18页。

拉（J. Carla）和雷格奈德（J. Reginald）认为，"民族认同是指个体对本民族的信念、态度、以及对其民族身份的承认"，在此基础上，他们把这种群体水平上的认同概括为四个基本要素，即群体认识、群体态度、群体行为和群体归属感[①]；陈茂荣认为，民族认同是"指构成民族的成员（个体）对本民族（整体）的起源、历史、文化、宗教、习俗的接纳、认可、赞成和支持，并由此产生的一种独特的民族依附感、归属感和忠诚感"[②]；王希恩指出，"民族认同是民族意识的基本构成，指的是社会成员对自己民族归属的认知和感情依附"[③]；更有学者把民族认同归结为"是个体对自身所属民族认知、感情和行为依附，具有对本民族的归属感，在此基础上区别我族与他族，是同他民族交往过程中对内的异中求同、对外的同中求异的过程"[④]；等等。

通过对这些定义性表述的分析比较可以发现，首先，民族认同是民族个体对于自身所归属的民族群体的内在情感联系，这种情感是稳定的和积极的，并且会在民族个体成员的行为中有所体现。其次，民族认同在很大程度上源自民族个体对于本民族所特有内容的接纳和赞同，这些独特的内容可以表现为本民族的起源、历史、文化、记忆、价值观、象征物等方面。再次，民族认同具有历时性和排他性的特征，它会随着民族共同体的延续而在不同代际的民族个体成员那里被"持续复制"，也会在不同民族共同体的交往和比较中被强化，进而在心理上"区别我族与他族"。基于这种分析，我们愿意把民族认同定义为：民族认同是民族个体成员对其所归属的民族共同体的稳定的、积极的情感联系，维系这种情感的纽带是本民族所独有的历史、文化、传统等特征，同时这种

---

① 参见 Carla J. , Reginald J. , "Racial Identity, African Self-consciousness and Career in Decision Making in African American College Women", *Journal of Multicultural Counseling and Development*, 1998, Vol. 26（No. 1）。

② 陈茂荣：《论"民族认同"与"国家认同"》，载于《学术界》2011 年第 4 期，第 57 页。

③ 王希恩：《民族认同发生论》，载于《内蒙古社会科学》（文史哲版）1995 年第 5 期，第 31 页。

④ 王付欣、易连云：《论民族认同的概念及其层次》，载于《青海民族研究》2011 年第 1 期，第 38 页。

情感也构成了本民族与其他民族间的心理差异。

这里还需说明两个问题。一方面，我们这里对于民族认同的界定，虽然指出了民族认同的一些较为基本的方面，然而这一界定并未很好地将民族认同与另外一个重要概念——族群认同区分开来。其原因主要在于，想要廓清两者的边界是相当困难的，对于当前的国内学界而言尤其如此。自从族群的概念被一些学者引入国内民族学、人类学相关学科之后，由于缺乏学术话语的规范，"很多学者在使用'族群认同'和'民族认同'时，并不十分清晰，很多语境中的意义是模糊的、含混的，也是相通的和可互换的。……如何区别族群认同与民族认同的内涵和外延，实属非常困难"[①]。由此，我们只能在最为基础的层面来对两者进行大致的区分：民族认同更倾向于一种政治属性，而族群认同则更倾向于一种文化属性。另一方面，我们有关民族认同的定义并未涉及民族认同的层次问题，有必要在这里说明一下。在民族国家的政治架构之下的民族认同可以划分为两个层次，一个是由国内不同狭义民族对于本民族的认同，一个是与民族国家拥有重合边界的广义民族的认同。本书在讨论民族认同与国家认同的关系时，主要是从国内不同狭义民族对于本民族的认同来进行分析的。

（二）国家认同

近年来，"将认同问题的学术研究重点逐步聚焦于社会认同特别是国家认同问题，是西方学术界在当代认同问题研究上的一种比较明显的态势和动向"[②]。其中尤以亨廷顿的《我们是谁？——美国国家特性面临的挑战》和乔纳森·弗里德曼（Jonathan Friedman）的《文化认同与全球性过程》两部著作的问世，标志着西方学界对于国家认同问题的关注达到了高潮。前者从政治学的视角出发，运用"文明冲突论"来观察和

---

① 陈茂荣：《"民族"与"民族认同"问题研究述评》，载于《黑龙江民族论丛》2011 年第 4 期，第 43 页。

② 王成兵：《国家认同：当代认同问题研究的新焦点》，载于《学术论坛》2010 年第 12 期，第 69 页。

剖析美国的国内政治生态，进而对于当代美国的国家认同及其危机进行了探讨；后者则从文化人类学的视角出发，对于世界范围内的不同民族和国家的个体在与外部世界的接触过程中如何维系自己的国家认同进行了比较和分析。

同时，国内也有很多学者就国家认同问题展开了深入细致的研究，其中不乏对于国家认同的界定。比如，台湾学者江宜桦分析阐述了国家认同的三个方面的含义：一是"政治共同体本身的同一性"，二是"一个人认为自己归属于哪一个政治共同体的辨识活动"，三是"一个人对自己所属的政治共同体的期待，或甚至对所欲归属的政治共同体的选择"。进而，他把国家认同理解为"'一个人确认自己属于哪个国家，以及这个国家究竟是怎样一个国家'的心灵性活动"①；莫红梅则把国家认同定义为"公民对自己所属国家的历史文化传统、道德价值、理想信念、国家主权与领土等的认同"，同时指出，"国家认同是国家历史发展和个体社会化过程的结果，是一种强调政治上归属的主观态度和心理活动"②；郑晓云则认为国家认同"是拥有某一个国家公民身份的人们对自己所属的国家的归属意识，它表现为人们自觉的身份意识以及和这种身份相关的文化归属感、国家感情、国家政治意识等"③。

可以发现，以上学者对于国家认同的定义更多是将其放置在"现代公民国家"的视野下进行的，而我们更愿意以"民族国家"作为国家认同的分析单位。一方面，民族国家在很大程度上构成了本书全部讨论的研究背景和话语框架，由此，我们非常希望在本节讨论中也依然忠实于这一背景和框架；另一方面，也是更为重要的原因，"现代公民国家"对于当代国际社会，特别是其中那些致力于民族国家现代转换的发展中

---

① 江宜桦：《自由主义、民族主义与国家认同》，扬智文化事业股份有限公司，1998，第12页。

② 参见莫红梅《多民族国家视域下的公民身份与国家认同》，载于《教学与研究》2010年第9期，第38页。

③ 郑晓云：《当代边疆地区的民族认同与国家认同——从云南谈起》，载于《中南民族大学学报》（人文社会科学版）2011年第4期，第1页。

国家而言，它是理想而不是现实，是应然而不是实然。而我们更愿意在一种现实的、实然的层面上来讨论国家认同。基于这种考虑，我们认为徐黎丽教授对于国家认同的界定更能契合本书的初衷和研究指向。她将国家认同定义为"基于各个民族与国家的共同利益、对国家的热爱而表现出的对国家行为体的认同意识"①。

二　民族认同和国家认同的关系

把民族国家作为分析单位可以看出，民族认同和国家认同是其最具实质意义的两种认同形态，两者之间既相互联系又彼此分立，既相辅相成又彼此冲突，其矛盾运动的走向将对民族国家的存在和发展构成不同影响。本书在这里仅就民族认同与国家认同的关系进行一般性的学理分析。

（一）两者的区别

一般而言，民族认同和国家认同之间的区别可以表现在以下一些方面。

首先，认同的主体身份不同。显然，民族认同与国家认同的主体都是作为个体的人，但是不同认同之下的个体身份是不同的。民族认同的个体身份是归属于不同民族的民族个体，而国家认同的个体身份则是作为国民的个体，即公民（哪怕不是现代公民国家意义上的公民）。

其次，认同的客体和基础不同。从认同客体来看，民族认同的客体是民族共同体，而国家认同的客体则是民族国家；从认同的基础上看，民族认同的基础主要源自民族共同体内在的诸如语言、传统、习俗、信仰等文化特征，以及民族个体成员对于这些特征的接纳。而国家认同的基础则主要源自国家的领土、主权、宪法、领袖等政治要素，以及每一个国家公民对于这些要素的支持。

---

① 徐黎丽：《论多民族国家中民族认同与国家认同的冲突——以中国为例》，载于《西北师大学报》（社会科学版）2011 年第 1 期，第 34 页。

再次，认同的动力及其强化的方式不同。民族认同的动力主要来自民族意识，甚至在很大程度上，民族认同本身就是民族意识的反映，伴随着民族意识的增强，民族认同也会随之增长，亦即民族认同与民族意识是一种"正相关"的关系。同时，民族认同得以巩固的方式也源于民族意识的增强，而且这种民族意识的增强往往并不需要民族自身刻意而为之，伴随着社会利益的分化、民族成员整体素质的提高，以及一些外力的刺激（比如危及民族利益、伤害民族情感的事件的发生等），民族意识总是呈现出不断增强的态势。而国家认同的动力则主要来自国家对于民族利益的尊重和不同民族利益关系的协调，以及对于国家民族的一体化建设。为此，国家往往要出台一系列民族政策、采取旨在促进民族一体化的措施来增进国家认同。在很大程度上，国家认同的巩固与否取决于这些民族政策和民族一体化措施的有效性。由此，"从总体上看，民族认同会自发地增强，而国家认同则需要通过建设来巩固和加强"①。

（二）两者的联系

民族认同与国家认同之间的联系主要表现在以下几个方面。

首先，民族认同与国家认同都是建立在个体之于集体的认同。从它的本质意义上讲，不论是"民族"还是"国家"，它们都是"社会群体"的子集。由此，不论是民族认同还是国家认同，其本质都属于个体对于集体的认同形式。

其次，民族认同是国家认同的基础和前提。在民族国家已然成为国际关系的基本分析单位的背景下，每个人在归属于某一特定民族的同时，也归属于某一特定的国家。但这并不意味着民族认同与国家认同是同步的和并列的，如果就认同的先后顺序和结构层次来看，民族认同应该早于国家认同，并且处于认同结构层次中的更为基础的层次。其原因主要在于，要想建立民族国家，必须由拥有共同群体认同的人

---

① 周平：《论中国的国家认同建设》，载于《学术探索》2009 年第 6 期，第 38 页。

们相互协作、分工配合，才有可能最终实现这一愿望。而这种早于民族国家建立就已经形成的群体认同只能是民族认同，因为从逻辑上看，只有民族才有可能成为民族国家的真正缔造者，"无论是欧洲的民族国家理论还是现代的多民族国家的现实，民族的价值追求一定是国家，国家以民族为基础，民族以国家为存在形式，获得了国家形式的民族才具有了现代意义"①。之后，随着民族国家的建立，国家的统治者会采取一系列措施来增进民族对于国家的认同，同时努力祛除民族认同之于国家认同的阻碍。

再次，民族认同不能脱离国家认同而独立存在。民族认同总是同国家认同有着千丝万缕的联系，不与国家认同发生联系的民族认同是不可想象的。这种联系可以表现在观念的层面，也可以表现在现实的层面。就观念层面而言，民族认同要么通过建立民族国家而使自身升华为国家认同，要么通过抵抗既有的国家认同而使自身得以强化，要么通过依附于某一国家而使自身成为国家认同的拥护者。就现实层面而言，"当今世界没有任何族群或族群成员能够离开国家而独立生存，无论是在政治安全和经济依赖的意义上，还是在地理学的意义上，概不例外"②。我们认为，将这种表述放置在民族认同与国家认同关系的角度来理解，也是非常合适的。

总之，民族认同与国家认同之间既有联系又有区别，两者共存于民族国家的政治架构之下。当民族认同与国家认同协调统一时，国家领土完整、主权统一、民族团结的心理基础就越稳固；反之，一旦民族认同与国家认同的和谐关系被打破，国家的存在和发展也就面临着巨大的风险和严峻的考验。由此，如何正确处理民族认同与国家认同的关系，是民族国家必须应对的重大课题。

---

① 张宝成：《民族认同与国家认同之比较》，载于《贵州民族研究》2010 年第 3 期，第 5 页。

② 钱雪梅：《从认同的基本特性看族群认同与国家认同的关系》，载于《民族研究》2006 年第 6 期，第 24 页。

三 关系协调与发展:"共存共生"视野下的思考

近年来,学界对于如何处理民族认同与国家认同之间的关系展开了深入的研究和广泛的讨论,这些研究和讨论无疑为我们提供了宝贵的参照。本书试图在对学界已有研究进行梳理和评析的基础上,寻求两者关系协调的可能方式。

(一) 学界研究的两种取向:对立冲突与共存共生

纵观学界对于民族认同与国家认同之间关系问题的研究,可以按其对两者关系性质的不同理解和把握,而将这些研究划分为"对立冲突"和"共存共生"两种取向。

1. "对立冲突"论

秉持这种研究取向的学者,主要把民族认同和国家认同的关系视为一种矛盾,强调两者间的对立和冲突,进而围绕如何化解这种对立和冲突来展开自己的研究,提出协调两者关系的方式。本书愿就"对立冲突"研究取向的代表人物及其观点展开评析。

首先,20 世纪中叶以来,一些西方政治发展理论家在讨论和回答亚、非、拉纷纷独立建国的新兴民族国家应该选择怎样的政治发展道路这一问题时,最早注意到了民族认同与国家认同之间的矛盾。其中派伊基于多民族国家内部民族认同与国家认同的矛盾而提出了"认同危机(Identity Crisis)"的概念,他指出,"在大多数新国家中,传统的认同方式都是从部族或种姓集团转到族群和语言集团的,而这种方式是与更大的国家认同感相抵触的"[1]。进而,派伊把认同危机列入政治发展中的六种危机的首位[2];阿尔蒙德和鲍威尔在讨论"体系文化"中的"国家的认同意识"时指出,"在任何一个国家历史上的某一时刻,当对传统的准国家单位

---

① 〔美〕鲁恂·W. 派伊:《政治发展面面观》,任晓、王元译,天津人民出版社,2009,第81 页。

② 其他五种危机分别为合法性危机、贯彻危机、参与危机、整合危机和分配危机。参见〔美〕鲁恂·W. 派伊《政治发展面面观》,任晓、王元译,天津人民出版社,2009,第80 ~ 85 页。

的忠诚同对国家的忠诚和国家的目标发生冲突时，政治共同体的问题就可能成为首要的问题，并造成重大的政治危机"①。他们坦承"要解决有关国家认同意识的危机可能是一个非常困难的问题"，进而结合埃及、巴基斯坦和孟加拉，以及墨西哥的做法给出了诸如"以一个具有超凡魅力的领袖为中心形成强烈的民族主义"，"把一个民族国家一分为二"和"一个占主导地位的党、被广泛接受的革命宗旨，再加上某些强制手段"等"解决方式"。②

其次，到了世纪之交，以菲利克斯·格罗斯（Feliks Gross）和亨廷顿为代表的西方主流政治学家再一次把自己的研究视野投向了民族国家内部的认同问题。1998年，格罗斯在其专著《公民与国家——民族、部族和族属身份》中用一章的篇幅专门讨论"族群认同与国家"，并在该书的导言中指出，"今天，两个表面上看来似乎同样的辨证过程正在塑造着欧洲和其他地区的国家的未来，这就是一体化进程和同时存在的、有时甚至是暴力性质的分化和分离的趋势"③。而在这种一体化进程和离散化趋势的共同作用下，欧洲乃至其他地区的民族国家，其国家认同正在面临着严峻的考验。稍加分析可以发现，格罗斯在这里所说的一体化进程主要是在超国家认同（比如欧洲认同）的层面对国家认同构成压力的，而离散化趋势则主要来自多民族国家内部的民族认同。显然，这种以"暴力性质的分化和分离"为特征的民族认同也在威胁着国家认同的维系。亨廷顿则在《我们是谁？——美国国家特性面临的挑战》（2004）中指出，"国民层次以下的文化身份和地区身份比广泛的国民身份更受关注。人们认同于那些最像他们自己的人，那些被认为有着共同的民族

① 〔美〕加布里埃尔·A.阿尔蒙德、小G.宾厄姆·鲍威尔：《比较政治学：体系、过程和政策》，曹沛霖、郑世平、公婷、陈峰译，上海译文出版社，1987，第39页。
② 〔美〕加布里埃尔·A.阿尔蒙德、小G.宾厄姆·鲍威尔：《比较政治学：体系、过程和政策》，曹沛霖、郑世平、公婷、陈峰译，上海译文出版社，1987，第39~40页。
③ 〔美〕菲利克斯·格罗斯：《公民与国家——民族、部族和族属身份》，王建娥、魏强译，新华出版社，2003，第3页。

属性、宗教信仰和传统以及传说的共同祖先和共同历史的人"①。进而亨廷顿认为，这些次级认同形态正在解构着美国的国家认同，威胁着美国的国家安全，从而造成了美国人的国家认同危机。由此，"美国人应当重新发扬盎格鲁——新教的文化、传统和价值观"，并以此作为美国文化的核心，重构美国人的国家认同。②

再次，国内学者对于民族认同与国家认同之间关系的讨论，开始于世纪之交。其中以"对立冲突"作为研究取向的学者及其代表性观点为：郭艳指出，"现代民族国家，尤其是后发展国家，正经受着去中心化的巨大挑战"。这里所谓的"去中心化"，是指代"国内子群体对国家的疏离意识及由此产生的地方复兴现象"，而这种"去中心化"会让"国家认同出现严重危机"。③ 显然，这里所说的"国内子群体"中包含民族群体，民族群体的自我认同意识在郭艳看来，构成了对于国家认同的"疏离"。陆海发、胡玉荣认为，作为典型的多民族国家，我国的"多民族"特征在边疆地区表现得非常明显，这一现实也使得这些地区的国家认同与民族认同关系变得复杂。"伴随着当前我国边疆地区现代化进程的加剧，边疆民族认同与国家认同的矛盾与冲突在一定程度上凸显出来，因此两者之间的整合也变得越来越迫切"④。进而，他们给出了实现我国边疆地区认同整合的路径选择。

应该说，秉持"对立冲突"研究取向的学者察觉到了民族认同与国家认同关系之中最为紧张的方面，并对这种"对立冲突"的原因进行了深入细致的分析，进而从中寻求协调两者关系的思路。这些分析无疑是富有启发的，然而，他们"在搭建起宏观的解释框架时把复杂

① 〔美〕塞缪尔·亨廷顿：《我们是谁？——美国国家特性面临的挑战》，程克雄译，新华出版社，2005，第12页。
② 参见〔美〕塞缪尔·亨廷顿《我们是谁？——美国国家特性面临的挑战》，程克雄译，新华出版社，2005，前言第1~3页。
③ 参见郭艳《全球化时代的后发展国家：国家认同遭遇"去中心化"》，载于《世界经济与政治》2004年第9期，第38~39页。
④ 陆海发、胡玉荣：《论当前我国边疆治理中的民族认同与国家认同整合》，载于《广西民族研究》2011年第3期，第54页。

的民族认同与国家认同简单地置于对立冲突的情况，忽略了民族认同与国家认同既有对立冲突也有和谐共生的面向"①，而且，由于他们在协调两者关系时普遍给出了强化国家认同、弱化民族认同，让民族认同走向国家认同，甚至用国家认同来替代和祛除民族认同的主张，殊不知在民族共同体长期存在的客观现实面前，民族认同是无法被替代和祛除的，而那些旨在弱化民族认同的种种政策实践也往往会适得其反，民族认同非但没有被弱化，反而被增强了，甚至还可能激发出始料不及的地方民族主义和极端民族主义的结果。

2. "共存共生"论

与"对立冲突"相对应的是，一些学者以"共存共生"作为自己的研究取向，他们认为民族认同和国家认同共存于民族国家的政治结构之下，两者的关系具有一致性，而且这种一致性要比冲突性更能反映出两者关系的本质。进而，基于这种"和谐视角"提出两者关系协调的方式。

首先，以"共存共生"为研究取向的代表人物为费孝通先生。结合中华民族多元一体的民族结构，费孝通先生曾经就此问题高屋建瓴地指出，即便认同具有层次性，这些不同层次的认同之间也并不一定存在对立与冲突。他认为，"中华民族是56个民族的多元形成的一体，中华民族是高层，56个民族是基层。高层次的认同并不一定取代或排斥低层次的认同，不同层次的认同可以并存不悖，甚至在不同层次的认同基础上可以各自发展原有的特点，形成多语言、多文化的整体"②。

其次，钱雪梅、高永久、金志远等人从学理分析的角度，分析阐述了民族认同与国家认同"共存共生"的事实。钱雪梅指出，"族群认同与国家认同长期并存的事实，并不意味着必然有冲突发生"。之后，她从两个方面分析了原因。一方面，"只有个人才是认同的真正主

① 袁娥：《民族认同与国家认同研究述评》，载于《民族研究》2011年第5期，第101页。
② 费孝通：《论人类学与文化自觉》，华夏出版社，2004，第163页。

体，无论在理论上还是经验中，多重认同始终统一存在于我们每个人的意识之中，族群认同和国家认同只是多重认同中的两个组成部分"；而另一方面，尽管"我们无从改变二者并存的客观事实，但却可以努力改变自己对待这一事实的态度，进而影响和引导对方的积极反应，启动良性互动的共生关系"①。高永久指出，"作为一种可替代的选择，我们需要以包容性思维观念，从和谐视角来看待民族认同与国家认同之间的关系"。因为具体到每个多民族国家的具体实践中，民族认同与国家认同既可以在价值上达成某些共识，也可以在功能上相互依赖，"民族异质性要素可以与国家的统一性和谐共存于多民族国家的场景之中"②。金志远则在综合其他强调民族认同与国家认同一致性和共生性的学者观点的基础上表示，"我们认为国家认同和民族认同共存发展，一方面，有利于国家一体化进程的顺利进行，另一方面，也能够用一种'民族意识'来中和各民族的民族主义情感"。进而，他联系我国国家认同和民族认同的具体现实指出，"'共生论'……把发展国家认同和尊重、维护民族认同的要求融合在一起，比较符合当前我国多民族的现状"。③

此外，更有学者从个案研究的角度，也得出了民族认同与国家认同两者之间可以"共存共生"的结论。美国人类学家斯蒂文·郝瑞（Steven Harrell）在其专著《田野中的族群关系与民族认同》（广西人民出版社，2000）中，以权力关系的运用为视角，通过对于中国西南地区彝族的个案研究，指出这种权力关系的运用不只限于国家。事实上，族群也在运用这种权力关系来增进本民族成员的身份建构，从而形成了民族认同与国家认同之间的积极互动。周建新在对分布于中越、中老、中

①　参见钱雪梅《从认同的基本特性看族群认同与国家认同的关系》，载于《民族研究》2006年第6期，第25页。

②　参见高永久、朱军《论多民族国家中的民族认同与国家认同》，载于《民族研究》2010年第2期，第34页。

③　参见金志远《论国家认同与民族（族群）认同的共生性》，载于《前沿》2010年第19期，第129页。

缅边境的跨国民族的不同认同层次进行广泛调研的基础上，在自己的专著《和平跨居论》（2008）中指出，这些跨国民族在其认同的各个层次上都存在着互动关系。比如，在认同的最高层次上，这种互动表现为"国家的认同与互动，即政治文化民族的认同与互动，其互动通常表现为国家关系的互动"，在认同的次级层次上体现为"跨国民族与国内其他各民族之间的认同与互动，即各国法定或社会公认民族彼此的区分与互动"，在民族内部的认同层次上表现为"跨国民族内部的认同与互动，即跨国民族内部不同部分的认同与互动"，最后则是"跨国民族内部亚族群的认同与互动"。[①] 显然，不同层次的认同及其互动得以实现的前提是这些认同之间的一致性和共生性。陈心林则以湖南省湘西土家族苗族自治州的潭溪镇作为个案，详细考察了潭溪土家族的认同层次及其变迁，指出"潭溪土家族的认同体现出高层次认同与低层次认同并存不悖、各自发展的特点，其变迁的趋势是由血缘性、地缘性认同向国家认同的方向发展"[②]。这方面的代表作还包括胡青、马良灿的《回族家谱的三个维度：族源、族规与人伦》（载于《回族研究》2007 年第 2 期），王纪芒的《中国朝鲜族的民族认同与国家认同》（载于《黑龙江民族丛刊》2008 年第 4 期），等等。

（二）"共存共生"论对于两者关系协调的启示

基于前文的分析我们倾向于认为，承认和尊重民族认同和国家认同间的共存共生关系，要远比强调两者之间的对立和冲突，进而让民族认同走向国家认同，甚至希望用国家认同去替代和祛除民族认同的观点更具现实意义。一方面，至少在一个可以预料的未来，民族国家还依然会是当今世界政治体系中最重要的主体，是国际关系的基本分界。民族国家这样一种国家形态注定是要建立在"民族"与"国家"共存共生的基础之上的，假使国家认同真的可以替代或者祛除民族认同，那么民族国

---

① 参见周建新《和平跨居论》，民族出版社，2008，第 353 页。
② 陈心林：《认同的层次与变迁——潭溪土家族的个案研究》，载于《湖北民族学院学报》2006 年第 5 期，第 7 页。

家也就不再成其为民族国家了。另一方面，"民族"与"国家"一样，都是历史范畴，只要民族共同体存在，民族认同就会存在；反之亦然。试图以任何人为的方式去隔断民族认同与民族共同体之间的这种内在的和固有的联系，既不现实，也不可能。而且，这种违背民族认同发展一般规律的努力，只会让民族国家为此付出更大的代价而于事无补。这一点是被历史和现实反复证明了的。20世纪90年代以来，作为世界范围内"族性张扬"的经典个案，哈萨克斯坦的"主体民族主义"与国族"创建"之间的悖论及其对于国家认同的负面影响，为我们提供了一个不错的证明。这种"主体民族主义"不仅违背了哈萨克斯坦的宪法精神，更为重要的是，"在拥有130个民族、主体民族仅占全国总人口53.4%的国家里，如此地'重建'和'复兴'主体民族，显然不利于众多其他民族对国家的认同……民族国家的有效性、合法性、代表性受到质疑，在民族认同与国家认同之间不可避免地出现裂痕"[①]。

由此，要想讨论民族认同与国家认同关系的协调问题，就必须把承认两者间的共存共生关系放在首位，因为只有在这一前提下，我们的讨论才是现实的和可行的。之后，努力探索有效的方式和途径把两者之间的张力控制在一个适度的范围之内，努力化解民族认同对国家认同可能造成的冲击和影响，从而实现两者间的关系协调与良性互动。

首先，要确保国家认同在民族个体成员的诸多集体认同形式中，处于最高层次。对于民族个体而言，其集体认同可以而且应该具有多种表现形式。这些表现形式至少可以包括国家认同、民族认同、党派认同、阶级/阶层认同、宗教认同，等等。这其中除了宗教认同属于个体精神世界的关怀问题而显著区别于其他认同形式外，其余认同形式都在同一序列之内，可以给民族个体提供某种程度的现实归属感。而在这一序列之

---

① 包胜利：《主体民族主义与国族"创建"之间的悖论——论哈萨克斯坦族际政治的困境》，载于《世界民族》2006年第4期，第6页。

内，"必须确立国家作为民族成员归属层次中的最高单位，这是民族认同与国家认同统一所必须坚持的价值共识"①。一方面，国家作为一种满足个体成员对于秩序和安全需要的最重要的实体，对于个体具有逻辑上和学理上的至高无上性，这一结论是被民族国家的政治现实不断证明了的；而且，"当今世界没有任何族群或族群成员能够离开国家而独立生存"②。由此，国家之于个体的至高无上性和个体之于国家的依附性，使得国家认同必然处于诸种集体认同形式中的最高层级。另一方面，主权的统一、领土的完整和社会的稳定关涉民族国家的核心利益。为了确保国家的核心利益不被侵犯，就"要在认同的序列上使国家认同优于民族认同，没有这样的认同基础，多民族国家的统一和稳定就会受到威胁，甚至面临瓦解的危险"③。这种问题在很多民族国家的边疆少数民族聚居的地区，表现得十分明显。此外，从世界范围内的民族国家政治实践来看，加拿大、瑞士、新加坡等国之所以能够实现民族认同与国家认同的协调发展，其成功经验"就在于其协调好了民族认同与国家认同的关系，使国家认同保持较高的水平，并在认同序列上保持优先的地位"④。

其次，采取多种方式进行民族个体成员的国家公民身份建构。国家认同的主体是国家的公民，因此，要想让国家认同在民族个体成员的诸多集体认同形式中处于最高层次，就必须要让归属于不同民族共同体的民族个体成员获得统一的国家公民身份。由此，采取多种方式来进行民族个体成员的国家公民身份建构，就成为协调两者关系的又一重要方式。具体而言，国家公民身份的建构方式可以包括：其一，引导民族个体成员积极参与国家的公共社会生活。参与国家公共社会生活，有利于民族

---

① 高永久、朱军：《论多民族国家中的民族认同与国家认同》，载于《民族研究》2010 年第 2 期，第 34 页。

② 钱雪梅：《从认同的基本特性看族群认同与国家认同的关系》，载于《民族研究》2006 年第 6 期，第 24 页。

③ 李崇林：《边疆治理视野中的民族认同与国家认同研究探析》，载于《新疆社会科学》2010 年第 4 期，第 42 页。

④ 陆海发、胡玉荣：《论当前我国边疆治理中的民族认同与国家认同整合》，载于《广西民族研究》2011 年第 3 期，第 57～58 页。

个体成员了解维持公共社会生活正常运转的规范和准则，感受蕴涵在国家公共社会生活中的国家特性，进而通过积极参与国家公共社会生活，逐步建立起他们对于国家公共权力、公共领域行为规范及国家历史文化的认同感。其二，在国家授予民族个体成员以普遍的公民权利的同时，还应充分考虑到民族间的文化差异，授予不同民族个体成员以不同的"差别权利"①。国家应在保障作为国家公民的民族个体成员享有诸如人身财产安全、自由参政议政、社会福利和劳动保障等普遍权利的同时，"还要保障民族作为一种异质性要素延续本民族集体及其文化的权利，这不仅是国家合法性的来源，而且也是民族成员国家认同建立的基础"②。其三，开展对于民族个体成员的公民意识教育。要想对民族个体成员进行国家公民身份的建构，就必须让他们树立起与现代国家公民相适应的公民意识。而"公民意识不是自然而然地生成的，教育起着至关重要的作用。……公民意识的形成需要国家通过教育加以引导，教育的社会目标就在于培育出健全自律的公民"③。由此，开展对于民族个体成员的公民意识教育就显得非常必要。以学校作为主阵地，有针对性地对广大民族个体成员，特别是其中的青少年开展公民意识教育，是一种非常有效的手段。

再次，通过权利保障和利益分配来确保民族个体成员，特别是少数民族成员对于国家的忠诚。有研究者指出，"只有存在包容一切、超越平常将人们分割开来的意识形态、经济或者政治利益冲突的共同意见时，少数派才会容忍多数派的统治"④。这一点对于我们分析少数民族对于国家的忠诚而言，也是颇具启发意义的。由此，怎样在"包容"的宏观视

---

① 有关"差别权利"讨论请参见耿焰《差别性公民身份与差别权利》，载于《政法论坛》2010年第4期。

② 高永久、朱军：《论多民族国家中的民族认同与国家认同》，载于《民族研究》2010年第2期，第35页。

③ 李崇林：《边疆治理视野中的民族认同与国家认同研究探析》，载于《新疆社会科学》2010年第4期，第42页。

④ 〔英〕詹姆斯·马亚尔：《世界政治》，胡雨谭译，江苏人民出版社，2004，第56页。

野之下，探索和寻求"一种更具有包容性的社会纽带，这种社会纽带能够包容诸如语言、宗教、文化等民族异质性要素，并且还能从法律和政治上赋予这些异质性要素以一定的生存和发展的权利"①，就变得十分重要。我们认为，建立旨在保障少数民族生存发展各项权利的法律制度体系，以及确保少数民族可以平等分享国家发展收益的利益分配机制，是实现这种包容的最好方式。一方面，旨在保障少数民族各项权利的法律制度体系可以最大程度地捍卫和实现少数民族的权利，而且此举也有助于帮助少数民族产生对于国家法律制度的信心，增进他们对于国家的认同和仰仗；另一方面，确保少数民族可以平等分享国家发展收益的利益分配机制可以极大地激发出少数民族"当家作主"的美好愿望和爱国主义情感，努力为国家的发展献计献策。而且，当少数民族的利益实现与国家发展的未来息息相关的时候，国家对于少数民族的凝聚力也会大幅度地提升，使得国家认同成为一种可以超越民族自我认同的认同。总之，"通过围绕民族权利保障和利益分配，构建一套协调民族差异性或异质性要素与国家统一性的体制和机制，才能有助于实现民族认同与国家认同的统一"②。

最后，加强族际的交流与沟通。上述法律制度体系和利益分配机制的建立对于国家认同的构建及民族认同与国家认同之间关系的协调显然是非常必要的，然而，国家的这些努力并不意味着问题的最终解决。华中师范大学的韦红教授在对新加坡的多元一体化民族政策进行研究时，遇到了一个极富代表性的案例——"一位国立大学的马来族毕业生表示：如果我不是通过公平竞争，而是因为我是马来人的原因而进入大学的，那我将感到那是一种耻辱"③。这个案例向我们表明，即使是基于对少数民族权力和利益的最大尊重与包容为出发点的民族政策，也可能引发少数民族心理上的排斥和不满。显然，他们不希望自己及其所在民族

---

① 高永久、朱军：《论多民族国家中的民族认同与国家认同》，载于《民族研究》2010 年第 2 期，第 35 页。

② 高永久、朱军：《论多民族国家中的民族认同与国家认同》，载于《民族研究》2010 年第 2 期，第 34 页。

③ 韦红：《东南亚五国民族问题研究》，民族出版社，2003，第 151 页。

群体被国家和其他民族"特殊化"。归根结底，国家认同是一种心理上的接纳，是民族个体成员对于国家的承认和接受。由此，不消除掉民族个体成员内心深处对于国家的排斥和不满，国家认同就没有办法真正得以确立，民族认同与国家认同之间的关系就无法真正实现协调发展。这样一种事实就凸显出了族际交流与沟通的重要性。一方面，通过族际的交流与沟通，可以增进主体民族与少数民族之间的理解和互信，让他们更好地了解对方的文化传统与价值观念，从而在求同存异的基础上，共同打造以国家公民身份为指向的国家认同；另一方面，以尊重与包容为出发点的全部旨在促进民族认同与国家认同关系协调的努力，都要以族际的交流与沟通为基础。

还需说明的是，我们在这里基于"共存共生"论的启发而提出的以"尊重与包容"为核心的几点建议，促进其实施的主体（即"关系协调者"）只能是民族国家本身。其原因主要在于，民族国家掌握着对内对外至高无上的政治权力，拥有其他政治实体无可比拟的社会资源和动员能力；民族认同与国家认同关系的协调与否，将直接关系到民族国家的生存与发展。由此，民族国家理应为实现和保持民族认同与国家认同关系的协调与发展，做出更多的、切实的努力。

第三节　民族建设与国家建设

无论从国家形态，还是从组织形式的角度来分析，所谓现代国家都是民族国家。然而，民族国家并不是一经产生就天然地具有了现代性——事实上，为了让民族国家真正成为现代国家，还需要经历民族国家的现代转换过程，亦即民族国家的现代性构建。对此有学者提出，"作为一个政治发展过程"，民族国家的这种现代转换"包含两个面向不同而又联系紧密的命题，即民族建设和国家建设"[1]。基于这种思路，民

---

① 陈明明：《从族裔到国族》，载于《社会科学研究》2010 年第 2 期，第 1 页。

族建设与国家建设问题也就进入民族政治发展的研究视野，因为民族国家的现代转换既是民族政治现代化的主要内容之一，也是民族国家政治体系发展与完善的重要方面。鉴于此，在本书的讨论即将接近尾声的时候，我们打算再就民族建设与国家建设的问题进行简短地说明。

一　概念阐析：民族建设与国家建设

和前面支撑我们讨论的其他很多概念一样，"民族建设"与"国家建设"的概念也是富有争议的，甚至要比其他概念存在更大程度的混乱。一方面，学界对于这两个概念的提法是多种多样的。就民族建设（nation building）而言，有学者将其表述为"民族建构""民族构建""民族统一构设""民族缔造""国族建设"，更有学者直接将"民族构建"等同于"国家建设"①；而就国家建设（state building）而言，学界有人将其表述为"现代国家建设""国家建构""国家构建"和"国家一体化过程"。另一方面，从中英文本对照的角度来看，也有学者对于这两个概念作了不同的理解。比如，王建娥研究员把"民族建构"对译为"nation construction"，把"国家建构"对译为"country construction"②；杨昌儒教授把"国家建设"理解为"state construction"③；等等。基于这种情况，廓清这两个概念的边界就显得十分必要。

（一）民族建设

提出民族建设问题的原因之一在于，"必须谨记：并不是国家建立了，民族内涵就会应运而生"④。依据《布莱克维尔政治学百科全书》给

---

① 参见黄民兴《伊拉克民族构建问题的根源及其影响》，载于《西亚非洲》2003 年第 6 期。

② 参见王建娥《国家建构和民族建构：内涵、特征及联系——以欧洲国家经验为例》，载于《西北师范大学学报》（社会科学版）2010 年第 2 期。

③ 参见杨昌儒《试论民族主义与国家建设》，载于《贵州民族学院学报》（哲学社会科学版）2005 年第 3 期。

④ 〔英〕埃里克·霍布斯鲍姆：《民族与民族主义》，李金梅译，上海人民出版社，2000，第 88 页。

出的权威解释，民族统一构设（nation building）是"为促进民族一体化而制订的诸项政策之总和"。这一概念"是一个建筑学上的比喻。它用来指引导一国内部走向一体化，并使其居民结为同一民族成员的过程。……民族统一构设成为现代化的政治侧面的一条线索：解除旧有的忠诚感，乃是成为现代公民的先决条件。亦是所有民族国家政治体制得以生存的前提"。[①] 安东尼·史密斯则认为，"尽管民族缔造（nation building）是一个与国家建构经常交替使用的术语，但民族缔造的中心点和重点却与之有相当大的差异"。在此基础上，史密斯列出了他认为的"民族缔造"的内容："共同体的共同记忆、神话以及象征符号的生长、培育和传递"，"共同体的历史传统和仪式的生长、选择以及传递"，"'民族'共享文化（语言、习俗、宗教等）'可信性'要素的确定、培育和传递"，"通过标准化的方式和制度在特定人群中灌输'可信性'价值、知识和态度"，"对具有历史意义的领土，或者祖国的象征符号及其神话的界定、培育和传递"，"在被界定的领土上对技术、资源的选择和使用"，"特定共同体全体成员的共同权利和义务的规定"，等等。进而指出，民族缔造的过程"强调的重点具有主观性……但它们也包括一系列明确的'客观性'活动"。[②]

　　国内学界最早注意到民族建设问题的学者是王希恩研究员。他指出，"近代以来的世界政治普遍涂饰了民族主义的色彩，借助国家行为建造与国民等同的'民族'成为各国政治和文化建设的普遍追求"。进而，王希恩分析了民族建设在"政治统一"和"文化统一"两个方面的含义，认为前者的重点在于"使国民完成从臣民向公民的转变，从对君主和神权的忠诚向对民族国家的忠诚的转变"，后者的重点则在于"促成国内文化的同一化和以国家为中心的统一民族认同"，即

---

① 参见〔英〕戴维·米勒、韦农·波格丹诺《布莱克维尔政治学百科全书》，邓正来等译，中国政法大学出版社，1992，第489页。

② 参见〔英〕安东尼·D.史密斯《全球化时代的民族与民族主义》，龚维斌、良警宇译，中央编译出版社，2002，第106~107页。

"实现民族的'同质化'"。① 此外，还有一些学者给出了自己的民族建设定义，其中较具代表性的有：杨冬雪认为，"民族构建（nation building）就是民族作为文化—政治共同体的构建过程和民族认同的形成过程。该过程涉及三组主要关系：社会个体—国家、族群—民族，以及族群之间"②；王建娥指出，民族建构（nation construction）"是在国家疆域之内具有不同族裔文化背景差异的人口中间创造民族性和民族认同"③；等等。

单从前述定义的内容表述上看，不同学者对于民族建设的理解的确存在着很大的差异。然而通过比对和分析，也能察觉到其中的一些带有共性的特征。其一，民族建设都没有超越民族国家的框架，是"在国家疆域之内"来进行的，民族国家成为民族建设的基本单位和边界。其二，民族建设是"引导一国内部走向一体化"的过程，是实现民族国家的全部国民"同质化""结为同一民族"的一种努力。这种同质化可以表现在"全体成员的共同权利和义务""国内文化的同一化""'可信性'价值、知识和态度"等方面。其三，民族建设的最终目标是达成"以国家为中心的统一民族认同"，由此也可以把民族建设理解为"民族认同的形成过程"。显然，这里的"民族"是 nation，是民族国家意义上的民族。此外，在这些定义的话语表述中还隐含着这样一层内容，即民族国家是民族建设的主体和领导力量。显然，作为民族国家现代转换的两个重要向度之一，民族建设符合民族国家的核心利益。民族国家理应在民族建设方面发挥主导作用。根据上述分析，我们倾向于把民族建设定义为：民族建设是由民族国家主导的、在国家的政治架构和领土疆域范围内进行的，旨在把全体国民结合成拥有共同政治文化特性的国家民

---

① 参见王希恩《论"民族建设"》，载于《中国社会科学院研究生院学报》2004 年第 3 期，第 63 页。

② 杨冬雪：《民族国家与国家构建：一个理论综述》，中国政府创新网，http：//www.china-innovations.org/Item.aspx？id=32495，2012 年 2 月 21 日浏览。

③ 王建娥：《国家建构和民族建构：内涵、特征及联系——以欧洲国家经验为例》，载于《西北师范大学学报》（社会科学版）2010 年第 2 期，第 28 页。

族的一种努力，其目标是实现统一的国家民族认同。

（二）国家建设

弗朗西斯·福山在其专著《国家建构：21 世纪的国家治理与世界秩序》（2004）中有关国家建设的论述，为我们提供了理解这一概念的西方视野。福山指出，"国家构建（state-building）就是在强化现有的国家制度的同时新建一批国家政府制度"。他强调，"国家构建是当今国际社会最重要的命题之一，因为软弱无能国家或失败国家已成为当今世界许多严重问题的根源"。同时，他承认"我们对国家构建……仍不知晓的东西还很多，特别是对如何把强有力的制度移植到发展中国家来"①。福山把国家建设划分为"三个区别明显的方面或阶段"。第一个阶段是"战后重建，适用于像阿富汗、索马里和科索沃这类从暴力冲突中走出来的国家，他们的国家权力已经全部崩溃，需要从基础开始重建"；第二个阶段是"创立在外国干预撤离后能自我维持的国家制度"，在这一阶段，"外国势力是否能从有关国家体面地撤离"成为问题的关键；第三个阶段是"增强弱国家的力量"，他认为，"弱国家的国家权力以一种合理的稳定形式存在着，但没有能力完成某些必要的国家职能"，由此，增强弱国家的力量就显得十分重要。在福山看来，国家建设的目标在于"如何改善弱国家的治理能力、增进这些国家的民主合法性并强化其可自我维持的制度"，并认为这些议题已"成为当代国际政治的第一要务"。②此外，安东尼·吉登斯有关民族国家"内部绥靖"过程的分析，也为我们理解国家建设提供了有益的启发。在吉登斯看来，内部绥靖就是国家动用行政权力而对国家的主权和领土加以控制的过程。他指出，"只有当国家对其主权范围内的领土实施统一的行政控制时，民族才得

---

① 参见〔美〕弗朗西斯·福山《国家建构：21 世纪的国家治理与世界秩序》，黄胜强、许铭原译，中国社会科学出版社，2007，序言第 1 页。

② 参见〔美〕弗朗西斯·福山《国家建构：21 世纪的国家治理与世界秩序》，黄胜强、许铭原译，中国社会科学出版社，2007，第 96~98 页。

以存在在此，我就是这样来运用这个术语的"。①

纵观国内学界，近年来，有很多学者注意到了国家建设的问题，并就这一问题展开了富有洞见的探索。其中对于国家建设的概念的代表性观点至少包括：杨冬雪认为，"所谓国家构建（state building），从抽象层面上讲，指政治权力的产生、存在、使用和更替的合理化过程；从具体层面讲，指的是国家获得诸如中央集权、合法性、科层制等诸特征的过程"②；马敏指出，"现代型国家的建设从属于政治发展的范畴，即要建立现代国家体制，必须发展出一套现代的'理性的'法律制度和行政系统"③；王建娥指出，国家建构（country construction）"是国家领土和边界的形成和确立，国家法律制度和政治组织的建构"④；林尚立认为，国家建设同整个现代化过程是难分彼此的，因为它们"既体现为国家自身制度体系的完善与成熟，也体现为经济与社会现代化的全面发展"。归结起来，国家建设的实质是"现代化过程中现代国家与现代社会相互适应、相互促进"，并且形成了经济、政治、社会以及精神体系协调发展的"有机共同体"⑤；韩奇则认为，国家建设是"国家权力向社会'下沉'的过程，即国家权力渗透进入社会的过程"，是"国家权力由分散到集中，国家统治由间接到直接的转变"，并且在很大程度上，国家建设源自"统治者的推动"。⑥

可以发现，福山有关国家建设的讨论在很大程度上是基于"失败国家"视角的分析，试图通过国家建设来增强这些国家的治理能力、统治

---

① 参见〔英〕安东尼·吉登斯《民族-国家与暴力》，胡宗泽、赵力涛译，生活·读书·新知三联书店，1998，第144、222~233页。

② 杨冬雪：《民族国家与国家构建：一个理论综述》，中国政府创新网，http：//www. chinain-novations. org/Item. aspx？ id=32495，2012年2月21日浏览。

③ 马敏：《论孙中山的现代国家建设思想》，载于《华中师范大学学报（人文社会科学版）》1998年第4期，第9页。

④ 王建娥：《国家建构和民族建构：内涵、特征及联系——以欧洲国家经验为例》，载于《西北师范大学学报》（社会科学版）2010年第2期，第28页。

⑤ 参见林尚立《社会主义与国家建设——基于中国的立场和实践》，载于《社会科学战线》2009年第6期，第2页。

⑥ 参见韩奇《国家建设：视角、逻辑与内涵》，载于《求索》2011年第1期，第71页。

合法性和制度绩效，这是一项非常有意义的工作。福山认为失败国家进行国家建设的重点在于"如何把强有力的制度移植到发展中国家来"。而在他的眼中，西方制度俨然就是"强有力的制度"。由此，福山的讨论带有明显"西方中心主义"的色彩，殊不知简单的移植和效仿并不能解决失败国家的问题，只有把国家建设同每个国家独特的国情、具体的历史文化传统和国民素质状况相结合，才能取得实质性的收效。

除福山之外，本书所列举的其他学者都是从更为一般的意义上来讨论国家建设问题的。其共性在于：其一，国家建设与国家政权（国家权力、政治权力、行政权力）紧密相关。国家政权（国家权力、政治权力、行政权力）是国家建设的主要凭借力量，正是在这些权力（之一或多种）的作用下，国家建设才得以启动和进行。其二，国家建设的主要内容可以包括"对其主权范围内的领土实施统一的行政控制"，"发展出一套现代的'理性的'法律制度和行政系统"，"国家法律制度和政治组织的建构"等方面，无论国家建设的具体内容有多大差别，其实质都是国家政治制度体系的现代化。其三，国家建设的目标是"建立现代国家体制"，成为现代国家。由此，我们愿意把国家建设概括为：由统治阶级凭借国家政权的力量主导的、以建立现代国家为目标的一系列彼此联系、相互促发的国家政治制度体系现代化过程。

二 民族建设与国家建设的关系

作为民族国家现代性构建的两个向度，民族建设和国家建设并存于民族国家现代转换的进程之中，两者之间既具有密切的联系，也存在着很多分殊，它们相辅相成、相互作用，成为民族与国家政治关系协调发展的又一重要内容。

(一) 两者间的区别

就其一般意义而言，民族建设与国家建设在客体、目标、内容、评价标准、具体实施者方面都存在着很大的差异，这些差异的存在，使得那些把民族建设简单混同于国家建设的观点显得过于草率。

首先，两者的客体及其评价标准不同。民族建设的客体是民族国家内部的全体成员，即"国民"。不论是否拥有共同的历史记忆和文化特性，国民总是与特定的民族国家相联系，没有国家也就无所谓国民，它总是具体的、政治的和社会的。民族建设的全部努力及其效果的好坏，最终是要体现在国民的文化整合和政治认同程度上；而国家建设的客体则是政治制度体系。这一体系主要包括国家的政治组织结构、法律制度框架、行政系统设置等要素。这些要素共同构成了国家政治权力得以运行的制度环境，为国家政治权力的运行服务。而国家建设的成败与否，主要是看国家政治制度体系的完善与成熟程度，是否可以支持国家政治权力的有效运行。正是在这种意义上，有学者指出，"民族建设侧重于领土范围内人口的认同与整合，国家建设则强调政权对治下体系结构的贯彻与渗透"[①]。

其次，两者的目标不同。民族建设的目标在于实现统一的国家民族认同，而国家建设的目标则在于建立现代国家。就前者而言，由于世界各国都普遍面临着把国内存在诸多差异的不同民族群体整合到统一的国家民族之中，以此来增加国家对国民的凝聚力和号召力的任务，而且历史事实已经多次证明，这一任务又无法直接通过国家政权的强制力来实现。于是，通过民族建设来打造国家民族认同就成为民族国家的不二选择。民族建设的初衷和目标，都在于实现统一的国家民族认同。就后者而言，现代国家被国际社会普遍认为是国家发展的理想状态，而且现代国家的组织形式都是民族国家，但这并不是说，所有的民族国家都是现代国家。事实上，现代国家不是客观自发生成的，需要进行主观人为构建。由此，推进民族国家发展为现代国家，就成为民族国家建国之后所面临的基本任务。可以把国家建设视为民族国家为建立现代国家而进行的一种努力。

再次，两者的内容及其具体实施者不同。民族建设与国家建设是民

---

① 陈明明：《从族裔到国族》，载于《社会科学研究》2010 年第 2 期，第 1～2 页。

族国家进行现代转换的两个向度，但两者的内容存在差异。就民族建设
而言，其内容主要是促使全体国民结合成拥有共同政治文化特性的国家
民族，属于国家内部的民族结构和认同心理方面的调整；而就国家建设
而言，"在民族国家时代，所有的国家建设都是解决民族国家制度体系
中的现实问题"①。其内容主要是通过政治组织建构、法律制度建设和行
政系统改革等方式来推进国家政治制度体系的完善和发展，属于国家政
治制度体系的调整。与此相联系，两者的具体实施者（即行为主体）也
是不同的。对此，有学者指出，国家建设的"行为者主要是律师、外交
官和官员，他们的工作是建立有效率的官僚机制。推动民族建设的主要
行为者却是另外一些群体：作家、历史学家、新闻记者等等，他们致力
于将民族在文化的意义上统一起来"②。

最后，两者在历时长短及起始时段上存在差异。一方面，民族建
设旨在"消除人们在族性和文化上的差异，造就国家人口在文化和心
理上的共同特性，在同一个标准下创造一个新的认同"③。而在这一进
程之中，对于共同文化及共同心理特性的"造就"，属于"内涵建
设"，绝非毕其功于一役的事情，需要长时间的培养与磨合；而国家
建设所指向的国家政治制度体系的调整，在更多时候体现为一种
"形式建设"，较之于前者而言，历时较为短暂。另一方面，从民族
建设与国家建设的起始时段上看，两者并不同步，存在着一定的时
间差。从世界各国民族国家现代性构建的实际情况来看，"有些国家
是民族建设先于现代国家建设，而在有些国家则是现代国家建设先
于民族建设"④。一般认为，民族建设早于国家建设的典型主要出现在
近代民族国家初创时期的西欧，如英国和法国；而国家建设早于民族

---

① 周平：《国家建设与国族建设》，载于《社会科学研究》2010年第2期，第7页。
② 周弘：《民族建设、国家转型与欧洲一体化》，载于《欧洲研究》2007年第5期，第15～
16页。
③ 王建娥：《国家建构和民族建构：内涵、特征及联系——以欧洲国家经验为例》，载于《西
北师范大学学报》（社会科学版）2010年第2期，第23页。
④ 周弘：《民族建设、国家转型与欧洲一体化》，载于《欧洲研究》2007年第5期，第15页。

建设的典型则主要来自美洲的移民国家，如美国和加拿大。而在第二次世界大战结束以后，随着民族解放运动的高涨而出现的一系列新兴民族国家中，其民族建设与国家建设在起始时段上则表现出各不相同的特点。

（二）两者间的联系

虽然民族建设与国家建设存在诸多差异，但是更为基本的事实是：其一，它们都是在民族国家的政治架构之下进行的建设过程，都是作为民族国家现代性建构的"子过程"而存在。正如尤尔根·哈贝马斯（Jürgen Habermas）所指出的那样，在民族国家出现之前，"国家和民族所代表的是不同的历史进程"，但是，这两个不同的历史进程"在现代国家的形成和现代民族的建设过程中实现了汇合"①。其二，它们都是在国家政权的主导下进行的建设过程，无论民族建设还是国家建设，都符合民族国家的核心利益。时任意大利议员的马斯穆德·阿泽利奥（Massimod Azeglio）说过一句名言："我们已经缔造了意大利，现在是构建意大利人的时候了。"② 显然，阿泽利奥在这里强调了由他及他的同僚所代表的国家政权的两大历史任务：在完成意大利国家建设之后，还要进行意大利国家民族的建设。其三，它们都在促成民族国家走向现代国家，都是为实现现代国家的目标而进行的努力。由此，与前文所分析的民族建设与国家建设的区别比较而言，两者间的联系可能更具实质意义。

从静态的角度出发，民族建设与国家建设不是彼此孤立的，两者之间存在着直接而密切的联系。一方面，通过国家建设可以使国家取得现代国家的形式，但是这种形式上的努力及其结果必须要得到全体国民的支持和认可，才能真正发挥作用。于是，民族建设的重要性也就凸显出

---

① 参见 Jürgen Habermas，"The European Nation-state—Its A chievem ents and Its Limits On the Past and Future of Sovereignty and Citizenship"，In：Balakrishnan，Gopal（ed.）*Mapping the Na-tion. New Left Review*，2000，p. 283。

② 转引自曾向红、杨恕《中亚各国国家民族的构建：以塔吉克斯坦为例》，载于《国际政治研究》2006 年第 2 期，第 151 页。

来。事实上，民族建设是国家获得统治合法性的重要渠道，只有将全体国民整合为一个国家民族，这种意义上的民族对于国家的认同才是稳固和确定的。进而，国家建设的成果会以最合理的形式、最恰当的方式来确保民族利益的实现。正是出于这样一种考虑，有学者指出，"在民族与国家的相互建构中，国家获得了统治人民的合法性，民族集团获得了可以代表他们利益的归宿"①。另一方面，国家建设为通过民族建设而整合形成的国家民族披上了现代国家的政治外衣，为国家民族提供了强大而持久的利益保障，从而激发了国家民族的自豪感和自信心，促进国家民族不断壮大，走向强盛。而日益壮大和强盛起来的国家民族也会为现代国家的发展提供源源不竭的动力和支持，在国家民族的支持下，国家才会不断走向强大。由此，民族建设和国家建设相辅相成、相得益彰，在两者的共同推动之下，民族国家既拥有了现代国家外在的形式，也拥有了国家民族内在的忠诚。

　　从动态的过程入手，民族建设与国家建设都是促成民族国家走向现代国家的努力过程，两者之间存在着深刻而复杂的互动关系。根据欧洲国家的经验，通过民族建设和国家建设的过程，欧洲国家普遍实现了三个方面的转变，我们认为，这些转变都是在民族建设与国家建设的互动中实现的。其一，国家权力逐渐趋于集中和统一。通过国家建设，欧洲国家将曾经分散于社会之中的权力形态逐步进行了剥夺和取缔，进而将其集中在国家（中央政府）的手中。值得注意的是，这一过程的实现是同国家民族的支持和拥护紧密相关的。缺少民族的支持和拥护，国家就难以从贵族手中夺取最为重要的权力——那些分散在这些贵族领地范围之内的行政、税收、司法和军事权力。其二，高度中央集权的官僚体制逐步确立起来。就欧洲各国国家建设的现实情况来看，它们所采用的具体措施通常并不相同，既有将原来的政治精

---

① 刘泓：《民族主义与国家利益——民族学视野中的阿富汗国家重建》，载于《民族研究》2006年第5期，第26页。

英整合到现行官僚体制内部的，也有通过各种方式将其取代的。但是这里的共同点在于，无论采取何种措施，官僚体制得以确立的基础和前提却是民族建设的成功实践。如果没有国家民族的压力，原来的政治精英就不会屈从于新的官僚体制，更不会甘心自己的地位被其取代。其三，国家的公共服务职能逐渐得以完善。这一转变本身在很大程度上就是民族建设与国家建设之间互动与博弈的结果。民族的利益诉求如果能够源源不断地从国家那里获得尊重和满足，民族对国家的认同和忠诚就会被激发出来，反之亦然。而国家一旦把这种尊重和满足民族利益的意图用制度化、法制化的手段加以落实，则民族对国家的认同和忠诚就会变得稳固而持久。正是在这种互动和博弈的过程中，国家的公共服务职能得以完善。

三　关系协调与发展：几个认识上的误区

根据前文对于民族建设与国家建设之间关系的分析可以发现，两者间虽然也存在很多区别，但这些区别还不足以构成两者间的冲突和对立；而与此相对应的是，两者间的联系和互动却是明显的和常态化的，这种联系与互动构成了两者关系的主流。基于这种分析，我们认为，民族建设与国家建设之间的张力较之于前两对关系（即民族利益与国家利益、民族认同与国家认同）要小得多，两者之间关系的协调与发展也显得相对容易一些。然而还要看到，在有关民族建设和国家建设的多国实践中，存在着一些认识上的误区，这些误区在很大程度上影响了民族建设与国家建设的成效，以及两者之间关系的协调与发展。由此，我们打算主要围绕这些认识上的误区来展开下面的讨论。

首先，不能以为只要民族国家建立了，民族建设和国家建设的任务也就完结了，就可以一劳永逸。事实上，民族国家的建立在更多时候，仅仅意味着民族建设和国家建设的开始。回顾民族国家的历史构建过程可以看到，一方面，对于民族建设而言，除了西欧民族国家的初创是基于"王朝国家造就了一个民族；接下来，这个民族……取得了国家的形式，建立了民族国家"① 之外，其他更多民族国家都在建国之初就面临着民族建设的任务。而且，就算在西欧民族国家，随着大量外来移民的涌入和民族人口的国际流动，民族建设问题变得越来越重要。正如王建娥所指出的那样，"民族的建构过程并不止于国家建立之时，更重要的是在国家建立之后"②。另一方面，对于国家建设而言，几乎所有的民族国家在建立之初，都还远远没有成为现代国家，由此，把民族国家的建立看作国家建设的起点，似乎更为合适。

其次，不能认为民族建设和国家建设是同样的历史过程，或者直接把两者等同于民族国家建构，而看不到两者的差异。正如前文分析的那样，民族建设与国家建设之间在客体、目标、内容、评价标准、具体实施者等方面都存在着很大的差异，虽然这些差异之间并不必然存在着矛盾和冲突，但由此就把这两者混同在一起，甚至用国家建设来取代民族建设的观点显然是过于简单了。因为"忽视了这两个概念和过程的区别，混淆了这两个术语的不同含义……将它们看作是一个简单的历史过程，往往会产生非常严重的后果"③。这样的情况在非洲很多国家那里，表现得十分明显。作为这一问题的两个并不典型的案例，拉美的情况说明了国家建设有可能给民族建设造成极大的困难，而美国的情况则说明了民族建设的过程要远比国家建设漫长而艰辛。就前者而言，肇始于20世纪70年代的民主化第三次浪潮中，"取代威权或独裁政体之后的民主政治将一直处于压抑状态的少数族裔问题释放出来。……秘鲁、委内瑞拉、墨西哥和阿根廷的等国的印第安人运动均是在民主改革之后开始兴起的"④。就后者而言，作为现代联邦制国家的典型代表，美国的国家建

---

① 周平：《对民族国家的再认识》，载于《政治学研究》2009年第4期，第92页。
② 王建娥：《国家建构和民族建构：内涵、特征及联系——以欧洲国家经验为例》，载于《西北师范大学学报》（社会科学版）2010年第2期，第28页。
③ 王建娥：《国家建构和民族建构：内涵、特征及联系——以欧洲国家经验为例》，载于《西北师范大学学报》（社会科学版）2010年第2期，第28页。
④ 于福坚：《全球化时代的新民族主义与国家建设》，载于《青海民族研究》2010年第4期，第57页。

设任务早已告一段落。然而，美国民族建设的任务却出现了反复，前景堪忧。这一点在亨廷顿的专著《我们是谁？——美国国家特性面临的挑战》中表现得十分明显。亨廷顿指出，随着美国"国民层次以下的各种身份的崛起"[①]，美国的国民同一性正面临着严峻的挑战。

再次，那种认为只有通过国家的民族同化政策才能确保民族建设取得成效的认识不仅是错误的，而且是危险的。回顾近代以来世界各国的民族建设轨迹，民族同化政策曾经为大多数民族国家所普遍采用。就其具体做法而言，有的国家主张用和平的方式稳步推进，通过对于国家强势文化（通常是国家主体民族的文化）的推行而逐步削弱和取代少数民族的弱势文化；有的国家则主张采取强制的方式，以国家暴力机关为后盾，通过剥夺少数民族的文化乃至生存权利的方式，树立国家主体民族的绝对主导地位。民族同化政策在相当长的时间内被认为是民族建设的最好方式，因为它简便易行，而且短期效果也非常明显。然而历史经验表明，民族同化政策注定是一种失败的政策。这一政策不仅没能使任何一个民族国家达到了"民族同化"的目的，相反，它还激发出了被同化民族的民族主义情绪，成为危及国家主权统一、领土完整的重要因素。现实表明，民族同化政策的致命缺陷在于，它"否定弱势民族及其文化的价值，相悖于自近代革命以来已被确立为人类普遍价值的平等原则"[②]。由此，这一政策取向已经遭到越来越多民族国家的唾弃，多元文化主义成为很多国家推进民族建设的政策选择。

总之，走出对民族建设和国家建设理解认识上的种种误区，把两者放置在民族国家现代转换的宏观视野之下，探索民族平等理念下的民族建设方式和与具体国情相结合的国家建设途径，让两者相辅相成、相互促进，不失为一种积极稳妥而又切实可行的道路选择。

---

① 《我们是谁？——美国国家特性面临的挑战》，第 119 页。
② 王希恩：《论"民族建设"》，载于《中国社会科学院研究生院学报》2004 年第 3 期，第 67 页。

结　　语

作为本书的结语，我们想就民族政治发展理论体系研究的基本结论、本书各主要构成方面与民族政治发展理论体系之间的逻辑关系，以及本书的讨论框架与研究前景进行最后的说明。

一　本书研究的初步结论

本书通过对于民族政治发展的理论渊源、基本内涵、作为民族政治发展载体的民族政治体系的发展、作为民族政治发展主体的民族共同体的发展，以及作为民族政治发展的重要影响因素的民族与国家政治关系的协调等内容的分析和讨论，初步得出如下结论。

第一，民族政治发展理论体系只有在借鉴国内外相关理论成果的基础上才有可能被建构。这些理论成果至少应该包括马克思主义民族理论、政治发展理论（发展政治学）、西方民族主义理论、多元文化主义理论和族际政治理论。

第二，民族政治发展是民族政治由低级到高级的正向变迁过程，主要表现为民族政治体系的发展与完善，以及民族政治生活从传统到现代的变革，在这一进程之中，也伴随着民族共同体自身的发展。其最终目的是为民族共同体提供一种持久而深沉的政治关怀。就其内容而言，作为民族政治发展载体的民族政治体系的发展和作为民族政治发展主体的民族共同体的发展，构成了民族政治发展的基本内容。同时，民族与国家政治关系的协调与发展，是影响民族政治发展前景的重要因素。就其实质而言，作为动态过程的民族政治发展的实质是民族政治体系自身的发展与完善，以及民族政治生活从传统到现代的变革。而作为静态目标的民族政治发展，其实质是民族政治现代化和对于民族共同体的政治关怀。就其模式而言，民族政治发展的基本模式主要有三种，即原生形态的民族政治发展模式、衍生形态的民族政治发展模式和后发形态的民族政治发展模式。

第三，民族政治体系的发展是民族政治发展的重要内容。民族政治体系的发展表现在民族政治体系的不同层级上，包括处于最高层级的民族国家政治体系、次级的民族地方政治体系，以及并立于前两者之外、却又对民族政治生活产生重要影响的非国家形态民族政治体系。就民族国家政治体系而言，它的发展主要包括单一民族国家政治体系的发展与多民族国家政治体系的发展，两者发展的趋向分别是国族多元化和国族一体化；就民族地方政治体系而言，它的发展主要表现为民族地方立法体系的建构、民族地方政府能力的提升等方面；就非国家形态民族政治体系而言，它的发展主要包括民族村社政治体系的良性运行、民族政治社团参与政治的有序与有效，等等。

第四，民族共同体的发展是民族政治发展的重要内容。民族共同体的发展主要包括民族个体发展和民族群体发展两个层面。就民族个体发展而言，民族个体成员公民身份和民族身份的协调，以及承担不同政治角色（领袖、精英和群众）民族个体的政治作用及其协同是民族个体发展的主要内容；就民族群体发展而言，族群政治发展与族际政治整合构成了民族群体发展的两个方面，前者属于民族群体自身发展的层面，后者则属于不同民族群体间的关系层面。

第五，民族与国家政治关系的协调与发展是民族政治发展的重要影响因素。民族与国家之间的政治关系主要包括民族利益与国家利益、民族认同与国家认同、民族建设与国家建设三个方面。就民族利益与国家利益关系的协调而言，费孝通的"多元一体"理论为我们提供了非常宝贵的启示；就民族认同与国家认同关系的协调而言，"共存共生"论要远比"对立冲突"论更具现实意义，成为协调两者关系的基础；就民族建设与国家建设关系的协调而言，摆脱对于两者间关系认知方面的错误观念显得尤为重要。

二 本书各章内容与研究主旨间的逻辑关系

首先，民族政治发展的理论体系不能凭空产生，它是主观人为建构的结果；同时，建构民族政治发展理论体系的过程也不是闭门造车，说到底，这一理论体系是建构在国内外相关理论研究成果的基础之上的。由此，"民族政治发展的理论渊源"部分对于民族政治发展的理论追溯就显得十分必要，因为这些内容是支撑本书理论体系得以建构的理论基础，也为本书理论体系的建构提供了源源不竭的学术资源。

其次，要想建构民族政治发展理论体系，最为基本的前提是要把"何谓民族政治发展"的问题说明清楚。显然，廓清民族政治发展的基本内涵，进行民族政治发展概念的"本体论研究"，是推进民族政治发展理论体系建构的基础和前提。只有廓清这一问题，才可能消除那些因由概念混淆和边界模糊而造成的误读和争论，促进学术交流，本书有关民族政治发展理论体系的其他各项内容才能得以规范有序地展开。

再次，民族政治体系是民族政治发展的载体，民族共同体则是民族政治发展的主体。一方面，就民族政治体系而言，无论是国家层面的、地方层面的，还是非国家形态层面的民族政治体系，它们既为民族政治发展提供了平台和场域，又对民族政治发展产生或促进或阻碍的不同影响，而且民族政治发展在很大程度上也是通过民族政治体系的发展与完善来得以体现的，民族政治体系的发展与完善本身就是民族政治发展的重要表现形式；另一方面，就民族共同体而言，民族是民族政治的主体，更是民族政治发展的主体。从民族与民族政治发展的互动关系来看，民族自身发展程度会直接影响到这一民族共同体的民族政治发展水平，而民族政治发展的水平也会反作用于民族自身，促进或者阻碍着民族共同体的发展。民族政治发展的成果最终也要惠及民族共同体。由此，作为民族政治发展载体的民族政治体系的发展和作为民族政治发展主体的民族共同体的发展，就构成了民族政治发展理论体系中的两个不可或缺的重要组成部分。两者间大体上构成了形式与内容、现象与本质的关系。

最后，作为民族政治发展理论体系中的两个重要组成部分，民族政治体系的发展和民族共同体的发展不是彼此孤立、相互隔绝的，事实上，依存与互动是两者关系之中最为主要的表现形态。可以认为，民族政治发展正是在民族共同体与民族政治体系之间关系的协调与发展中得以实现的。基于这种认识，在民族政治发展理论体系的整体架构之内，还应包含对于民族共同体与民族政治体系之间关系进行协调的内容，这一内容是民族政治发展的重要影响因素。为此，我们把"民族与国家政治关系的协调与发展"纳入本书的讨论范围，从民族与民族政治体系的最高层次——国家之间的政治关系协调发展中，探寻民族政治发展的真谛。

三　本书的讨论框架与研究前景

必须强调的是，本书的全部讨论是在"民族国家"的框架之下来进行的。我们愿意就本书所使用的民族国家概念进行如下说明。其一，它是国家形态历史演进视角下的民族国家，是与城邦国家、中央集权的君主专制国家（王朝国家）等国家形态相对应的国家类型概念；其二，在需要对民族国家进行区分的情境下（比如本书第三章第一节），我们主要是以掌控国家政权的民族的数量作为划分依据，而把民族国家划分为"单一民族国家"和"多民族国家"；其三，在本书的具体讨论过程中，出于与国内学术话语衔接的考虑，以及本书引证文献的方便，偶尔也会在传统意义上，即国家内部民族构成的意义上使用"多民族国家"的概念。需要指出的是，本书没有也不打算在传统意义上使用"民族国家"这一概念，因为作为由单一民族构成的国家，这种"民族国家"往往是作为一种"理想类型"而存在的，是一种观念中的国家，而本书则主要在现实政治生活的层面来展开我们的讨论。

理论体系建构得是否科学合理，一个非常重要的衡量指标是要看该理论体系对于现实的解释能力和适用程度。我们认为，以民族国家作为本书的讨论框架，可以最大限度地增加民族政治发展理论体系的解释力和普适性。

一方面，民族国家是民族政治发展最为重要的载体和分析单位。民族国家是当今世界政治体系中最为重要的政治主体，也是国际关系的基本分界。而且"到目前为止，民族国家仍然是惟一得到国际承认的政治组织结构"①。正因为如此，民族国家在事实上构成了民族政治发展最为重要的载体和分析单位。其一，民族国家在整个民族政治体系之中处于主导地位，是民族政治体系层级架构之中的最高层次，而且，"国家形态的民族政治系统……也是最重要的民族政治现象"②。这样一些特征使得民族国家在民族政治发展的进程之中，必然扮演重要角色。其二，民族国家的政治组织形式使得民族与国家的关系发生了质变，在民族国家的政治组织形式之下，国家以政治（统治）的方式确认并保障着民族的存在，民族则以心理（认同）的方式为国家的存在提供了合法性来源。其三，正是由于近代以来民族国家的出现及其全球扩展，民族政治发展问题才得以彰显，进而成为任何一个民族国家和国家民族普遍关注的问题。

另一方面，民族国家为民族政治发展研究提供了颇具价值的中观视野。就国内学界目前有关民族政治发展问题的研究而言，在更多情况下，这些研究把研究的视野囿于某一民族国家（通常是中国）国内的某个少数民族或民族地区。这种微观视野下的研究可能更具问题意识，也可能更为详尽和具体，凸显出某个少数民族或民族地区的个性特征，其学术价值也主要得益于此。然而对于本书这样一种建构民族政治发展理论体系的努力而言，这种微观视野的弊端也很明显——它很难体现不同民族

---

① 〔英〕安东尼·D. 史密斯：《全球化时代的民族与民族主义》，龚维斌、良警宇译，中央编译出版社，2002，第122页。

② 高永久、秦伟江：《论民族政治体系的建构》，载于《西南民族大学学报》（人文社会科学版）2007年第6期，第8页。

政治体系、民族共同体之间的共性，理论体系的解释力和普适性都会受到影响；而那些超越民族国家，立足于全球化和超国家实体（如欧盟）的宏观视野下的研究，往往因其视野的开阔性或学理性而显得过于笼统、概括和抽象，这种研究往往更具哲学意蕴，却很难获得典型意义，难以观照现实政治问题。显然，这一宏观视野下的研究及其特征难以满足本书撰写的初衷。由此，以民族国家作为本书的讨论框架，似乎最为可取。

受到作者学术功力及本书篇幅的限制，我们这里有关民族政治发展理论体系的讨论是相当粗浅和简陋的，甚至有些不自量力。充其量，这里的讨论只是一种导论性质的概括，我们仅仅是在民族国家的视野下，概略性地讨论了民族政治发展理论体系得以建构的最为核心的构成要素。很多同样重要（甚至更为重要）的内容并未进入我们的研究视线。比如，无论就哪一个层次而言，民族政治体系的发展都远远不止于本书讨论的这些内容；民族共同体的发展也拥有非常丰富而生动的表现形态。至于说到民族与国家之间政治关系的协调，也还有着继续深入和拓展的空间。更何况我们的讨论并未触及"全球化"这一重要变量对于民族国家政治发展的影响、跨界民族的生存与发展、国际组织在民族政治发展中的作用、宗教与民族政治发展的关系，以及作为亚文化群体的少数民族的政治发展等问题。正是由于这些问题的存在，才使我们有理由确信，民族政治发展研究拥有开阔的研究场域和丰富的研究素材。同时，鉴于这些问题的现实性、敏感性和全球性，民族政治发展问题研究迫切期待着更多学人的学术投入。

主要参考文献

经典作家文献集

《邓小平关于建设有中国特色的社会主义的论述专题摘编》，北京：中央文献出版社，1992。

《邓小平文选》（第1卷），北京：人民出版社，1989。

《邓小平文选》（第2卷），北京：人民出版社，1983。

《邓小平文选》（第3卷），北京：人民出版社，1993。

《列宁论民族问题》，北京：民族出版社，1987。

《列宁全集》（第20卷），北京：人民出版社，1989。

《列宁全集》（第25卷），北京：人民出版社，1988。

《列宁全集》（第28卷），北京：人民出版社，1990。

《列宁全集》（第33卷），北京：人民出版社，1985。

《列宁全集》（第43卷），北京：人民出版社，1987。

《列宁全集》（第44卷），北京：人民出版社，1990。

《列宁全集》（第46卷），北京：人民出版社，1990。

《列宁全集》（第50卷），北京：人民出版社，1988。

《列宁全集》（第7卷），北京：人民出版社，1986。

《列宁选集》（第2卷），北京：人民出版社，1995。

《马克思恩格斯论民族问题》，北京：民族出版社，1987。

《马克思恩格斯全集》（第12卷），北京：人民出版社，1962。

《马克思恩格斯全集》（第 16 卷），北京：人民出版社，1964。

《马克思恩格斯全集》（第 29 卷），北京：人民出版社，1972。

《马克思恩格斯全集》（第 32 卷），北京：人民出版社，1974。

《马克思恩格斯选集》（第 1 卷），北京：人民出版社，1995。

《马克思恩格斯选集》（第 2 卷），北京：人民出版社，1995。

《马克思恩格斯选集》（第 4 卷），北京：人民出版社，1995。

《毛泽东书信选集》，北京：人民出版社，1983。

《毛泽东文集》（第 7 卷），北京：人民出版社，1999。

《毛泽东选集》（第 3 卷），北京：人民出版社，1991。

《民族工作文献选编》（1990 ~ 2002），北京：中央文献出版社，2003。

《民族问题文献汇编》，北京：中共中央党校出版社，1991。

《十三大以来重要文献选编》（下册），北京：人民出版社，1993。

《斯大林全集》（第 2 卷），北京：人民出版社，1953。

《斯大林全集》（第 4 卷），北京：人民出版社，1956。

《斯大林全集》（第 5 卷），北京：人民出版社，1957。

《斯大林选集》（上卷），北京：人民出版社，1979。

《中国共产党第三代领导集体民族理论学习纲要》，北京：民族出版社，2002。

《周恩来统一战线文选》，北京：人民出版社，1984。

《周恩来选集》（下卷），北京：人民出版社，1984。

中文著作、编著、论文集

常士誾：《异中求和：当代西方多元文化主义政治思想研究》，北京：人民出版社，2009。

陈鸿瑜：《政治发展理论》，长春：吉林出版集团有限责任公司，2009。

陈永龄：《民族辞典》，上海：上海辞书出版社，1987。

陈云生：《宪法人类学》，北京：北京大学出版社，2005。

揣振宇：《中国民族学 30 年》（1978～2008），北京：中国社会科学出版社，2008。

方盛举：《中国民族自治地方政府发展论纲》，北京：人民出版社，2007。

费孝通：《论人类学与文化自觉》，北京：华夏出版社，2004。

费孝通：《中华民族多元一体格局》（修订本），北京：中央民族大学出版社，1999。

高永久等：《民族政治学概论》，天津：南开大学出版社，2008。

关凯：《族群政治》，北京：中央民族大学出版社，2007。

郝时远、阮西湖：《当代世界民族问题与民族政策》，成都：四川民族出版社，1994。

何顺果：《美国史通论》，上海：学林出版社，2001。

贾英健：《全球化背景下的民族国家研究》，北京：中国社会科学出版社，2005。

江平：《中国民族问题的理论和实践》，北京：中共中央党校出版社，1994。

江宜桦：《自由主义、民族主义与国家认同》，台湾：扬智文化事业股份有限公司，1998。

金炳镐：《民族理论通论》，北京：中央民族大学出版社，1994。

金太军：《行政改革与行政发展》，南京：南京师范大学出版社，2003。

李红杰：《由自决到自治——当代多民族国家的民主政治经验教训》，北京：中央民族大学出版社，2009。

李元书：《政治发展导论》，北京：商务印书馆，2001。

林承节：《印度史》，北京：人民出版社，2004。

林耀华：《民族学通论》（修订本），北京：中央民族大学出版社，1997。

间小波：《中国近代政治发展史》，北京：高等教育出版社，2003。

马戎：《民族与社会发展》，北京：民族出版社，2001。

宁骚：《民族与国家——民族关系与民族政策的国际比较》，北京：北京大学出版社，1995。

欧潮泉：《基础民族学：理论·人种·文化》，贵阳：贵州人民出版社，1999。

阮西湖：《加拿大与加拿大人》（三），北京：中国工人出版社，1994。

阮西湖、王丽芝：《加拿大与加拿大人》，北京：中国社会科学出版社，1990。

施雪华：《政府权能理论》，杭州：浙江人民出版社，1998。

孙肖远：《利益协调导论——科学发展观视野中的利益协调研究》，南京：东南大学出版社，2008。

图道多吉：《中国民族理论与实践》，太原：山西教育出版社，2002。

王希恩：《全球化中的民族过程》，北京：社会科学文献出版社，2009。

王国杰：《俄罗斯历史与文化》，西安：陕西人民出版社，2006。

王沪宁：《比较政治分析》，上海：上海人民出版社，1987。

王浦劬等：《政治学基础》（第二版），北京：北京大学出版社，2006。

王天玺：《民族法概论》，昆明：云南人民出版社，1988。

王铁志、沙伯力：《国际视野中的民族区域自治》，北京：民族出版社，2002。

王颖、折晓叶、孙炳耀：《社会中间层——改革与中国的社团组织》，北京：中国发展出版社，1993。

韦红：《东南亚五国民族问题研究》，北京：民族出版社，2003。

吴大华：《民族法学讲座》，北京：民族出版社，1997。

吴宗金、敖俊德等:《中国民族立法理论与实践》,北京:中国民主法制出版社,1998。

谢立中:《理解民族关系的新思路:少数族群问题的去政治化》,北京:社会科学文献出版社,2010。

徐迅:《民族主义》(修订版),北京:中国社会科学出版社,2005。

阎学通:《中国国家利益分析》,天津:天津人民出版社,1997。

燕继荣:《发展政治学:政治发展研究的概念与理论》,北京:北京大学出版社,2006。

燕继荣:《政治学十五讲》,北京:北京大学出版社,2004。

杨光斌:《政治学导论》(第二版),北京:中国人民大学出版社,2004。

俞可平:《中国政治发展30年》(1978~2008),重庆:重庆出版集团,2009。

张文显:《法理学》,北京:法律出版社,1997。

张跃发、刘养洁:《民族国家与世界经济》(1500~1900),北京:时事出版社,1999。

周建新:《和平跨居论》,北京:民族出版社,2008。

周平:《民族政治学》(第二版),北京:高等教育出版社,2007。

周平:《民族政治学导论》,北京:中国社会科学出版社,2001。

周星:《民族学新论》,西安:陕西人民出版社,1992。

周星:《民族政治学》,北京:中国社会科学出版社,1993。

朱企泰、殷田海、沃泽明:《九十年代民族问题理论与实践》,呼和浩特:内蒙古大学出版社,2001。

中文期刊论文

〔俄〕奥列克·彼得罗维奇·李奇强(刘向文译):《论区域法律体系——以俄罗斯联邦和中华人民共和国的经验为视角》,载于《河南省政法管理干部学院学报》2010年第1期。

〔美〕佛兰西丝·哈葛扁（王正绪、方瑞丰译）：《重访发展政治学》，载于《开放时代》2006 年第 4 期。

〔美〕弗朗西斯·福山（张远航编译）：《贫困、不平等与民主：拉丁美洲的经验》，载于《经济社会体制比较》2009 年第 4 期。

〔英〕亚力山大·莎夏吉（廖敏文译）：《俄罗斯联邦法律中的土著民族权利——以北方、西伯利亚和远东地区小民族为例》，载于《西南民族大学学报》（人文社会科学版）2007 年第 9 期。

包茂宏：《论非洲的族际冲突》，载于《世界历史》1999 年第 1 期。

包胜利：《主体民族主义与国族"创建"之间的悖论——论哈萨克斯坦族际政治的困境》，载于《世界民族》2006 年第 4 期。

常开霞、贺金瑞：《"多元一体"：中国民族利益协调论纲》，载于《中央民族大学学报》（哲学社会科学版）2009 年第 6 期。

常士訚：《超越多元文化主义——对加拿大多元文化主义政治思想的反思》，载于《世界民族》2008 年第 4 期。

常士訚：《多民族后发国家现代化进程中的族际政治整合与政治文明建设》，载于《云南行政学院学报》2010 年第 3 期。

常士訚：《国家的统一：多民族国家所坚持的基本原则》，载于《理论与现代化》2006 年第 2 期。

常士訚：《和谐理念与族际政治整合》，载于《政治学研究》2009 年第 4 期。

常士訚：《民族和谐与融合：实现民族团结与政治一体的关键——兼析多元文化主义理论》，载于《天津社会科学》2007 年第 2 期。

常士訚：《民族政治与多民族国家的政治整合——当代西方族群政治论局限与中国和谐民族观的意义》，载于《中共福建省委党校学报》2006 年第 3 期。

常士訚：《族际政治整合的多维构成分析》，载于《马克思主义与现实》2010 年第 2 期。

陈建樾：《多民族国家和谐社会的构建与民族问题的解决——评民

族问题的"去政治化"与"文化化"》，载于《世界民族》2005 年第 5 期。

陈建樾：《多元一体：多民族国家内部的族际整合与合法性》，载于《中央民族大学学报》（哲学社会科学版）2003 年第 5 期。

陈建樾：《种族与殖民——西方族际政治观念的一个思想史考察》，载于《民族研究》2008 年第 1 期。

陈茂荣：《论"民族认同"与"国家认同"》，载于《学术界》2011 年第 4 期。

陈茂荣：《"民族"与"民族认同"问题研究述评》，载于《黑龙江民族论丛》2011 年第 4 期。

陈明明：《从族裔到国族》，载于《社会科学研究》2010 年第 2 期。

陈心林：《认同的层次与变迁——潭溪土家族的个案研究》，载于《湖北民族学院学报》2006 年第 5 期。

陈玉屏：《民族问题能否"去政治化"论争之我见》，载于《西南民族大学学报》（人文社会科学版）2008 年第 7 期。

褚松燕：《论社团政治参与制度框架的完善》，载于《国家行政学院学报》2006 年第 6 期。

褚松燕：《政治社会团体涵义辨析：概念比较》，载于《上海行政学院学报》2011 年第 3 期。

戴小明、黄木：《论民族自治地方立法》，载于《西南民族学院学报》（哲学社会科学版）2002 年第 7 期。

都永浩：《对民族共同体的多维思考》，载于《黑龙江民族丛刊》2008 年第 5 期。

都永浩：《政治属性是民族共同体的核心内涵——评民族"去政治化"与"文化化"》，载于《黑龙江民族丛刊》2009 年第 3 期。

范建中：《俄罗斯联邦制度的现实矛盾和未来走向》，载于《当代世界与社会主义》2004 年第 1 期。

方长平、冯秀珍：《国家利益研究的范式之争：新现实主义、新自由主义和建构主义》，载于《国际论坛》2002 年第 3 期。

方盛举：《论我国少数民族地区的政治发展》，载于《云南行政学院学报》1999 年第 4 期。

方盛举：《论西部大开发与少数民族地区的政治发展》，载于《思想战线》2003 年第 4 期。

高永久、柳建文：《民族政治精英论》，载于《南开学报》（哲学社会科学版）2008 年第 5 期。

高永久、秦伟江：《论民族政治体系的建构》，载于《西南民族大学学报》（人文社会科学版）2007 年第 6 期。

高永久、王转运：《民族政治发展的目标选择研究》，载于《云南师范大学学报》（哲学社会科学版）2007 年第 6 期。

高永久、朱军：《论多民族国家中的民族认同与国家认同》，载于《民族研究》2010 年第 2 期。

高子平：《语言建邦与印度半联邦制的形成》，载于《史林》2008 年第 5 期。

耿焰：《差别性公民身份与差别权利》，载于《政法论坛》2010 年第 4 期。

龚学增：《试论中国特色社会主义民族理论体系》，载于《民族研究》2008 年第 2 期。

官波：《少数民族习惯法与少数民族地区的乡村政治》，载于《思想战线》2005 年第 4 期。

郭艳：《全球化时代的后发展国家：国家认同遭遇"去中心化"》，载于《世界经济与政治》2004 年第 9 期。

郭忠华：《全球化背景下多元公民身份体系的建构》，载于《武汉大学学报》（哲学社会科学版）2010 年第 1 期。

韩民青：《个体与群体是一对重要的哲学范畴》，载于《东岳论丛》1996 年第 2 期。

韩奇：《国家建设：发展中国家政治发展的历史逻辑》，载于《深圳大学学报》（人文社会科学版）2011 年第 1 期。

韩奇：《国家建设：视角、逻辑与内涵》，载于《求索》2011 年第 1 期。

韩琦：《论拉丁美洲殖民制度的遗产》，载于《历史研究》2000 年第 6 期。

郝时远：《构建社会主义和谐社会与民族关系》，载于《民族研究》2005 年第 3 期。

何生海、冯学红：《社会学视角下的"民族"与"民族个体"》，载于《中南民族大学学报》（人文社会科学版）2008 年第 6 期。

何叔涛：《汉语"民族"概念的特点与中国民族研究的话语权——兼谈"中华民族"、"中国各民族"与当前流行的"族群"概念》，载于《民族研究》2009 年第 2 期。

贺国安：《斯大林民族理论模式驳议——民族谈话录之一》，载于《民族研究》1989 年第 4 期。

贺金瑞：《论多民族国家协调发展的政治基础》，载于《中央民族大学学报》（哲学社会科学版）2010 年 4 期。

贺金瑞：《民族发展政治学的理论和方法》，载于《中央民族大学学报》（哲学社会科学版）2006 年第 6 期。

贺金瑞、燕继荣：《论从民族认同到国家认同》，载于《中央民族大学学报》（哲学社会科学版）2008 年第 3 期。

侯万锋：《多元一体与多民族国家政治整合》，载于《广西民族研究》2007 年第 4 期。

华辛芝：《斯大林民族理论评析》，载于《世界民族》1996 年第 4 期。

黄国秋：《论人的社会价值与个人价值》，载于《学术交流》2001 年第 2 期。

黄民兴：《伊拉克民族构建问题的根源及其影响》，载于《西亚非洲》2003 年第 6 期。

黄兆群：《现代化与美国民族一体化》，载于《山东师大学报》（社会科学版）1995 年第 1 期。

姜明、侯丽清：《论民族交往中的个体矛盾》，载于《阴山学刊》（社会科学版）1997 年第 4 期。

颉普：《关于美利坚民族的形成问题》，载于《兰州大学学报》（社会科学版）1981 年第 2 期。

金炳镐：《邓小平对马克思主义民族理论发展的伟大贡献》，载于《中央民族大学学报》（哲学社会科学版）2004 年第 6 期。

金炳镐：《论民族发展规律》，载于《西南民族大学学报》（人文社会科学版）2007 年第 2 期。

金炳镐、青觉：《论民族关系理论体系》，载于《中南民族学院学报》（人文社会科学版）2001 年第 2 期。

金炳镐、熊坤新、彭谦：《关于中国民族理论创新与发展的思考》，载于《青海民族研究》2005 年第 2 期。

金炳镐、周传斌：《马克思主义民族理论与中国民族理论学科——纪念马克思逝世 120 周年》，载于《民族研究》2003 年第 5 期。

金志远：《论国家认同与民族（族群）认同的共生性》，载于《前沿》2010 年第 19 期。

雷振扬：《民族利益与民族关系初探》，载于《中南民族大学学报》（人文社会科学版）2006 年第 6 期。

李伯军：《非洲民族国家建构中的"失败国家"与国际法》，载于《求索》2010 年第 2 期。

李崇林：《边疆治理视野中的民族认同与国家认同研究探析》，载于《新疆社会科学》2010 年第 4 期。

李红波、颜佳华：《国内政治发展理论研究综述》，载于《云南社会科学》2006 年第 2 期。

李红杰：《论民族国家及其选择的多向性》，载于《民族研究》2003 年第 5 期。

李建华：《论政治领袖的特殊地位及独特品质》，载于《湖南工业大学学报》（社会科学版）2009 年第 1 期。

李赟、石小丽：《对国家一体化和多元文化主义理论与实践的评价和思考》，载于《中南民族大学学报》（人文社会科学版）2009 年第 5 期。

廖林燕：《楚雄彝族村社政治权力的结构及功能分析》，载于《云南行政学院学报》2011 年第 1 期。

林尚立：《社会主义与国家建设——基于中国的立场和实践》，载于《社会科学战线》2009 年第 6 期。

刘红：《从反对数理英化运动看马来西亚华人社团的政治参与》，载于《东南亚纵横》2010 年第 11 期。

刘泓：《民族主义与国家利益——民族学视野中的阿富汗国家重建》，载于《民族研究》2006 年第 5 期。

刘鸿武：《撒哈拉以南非洲民族国家统一构建进程》，载于《西亚非洲》2002 年第 2 期。

刘辉：《苏丹民族国家构建初探》，载于《世界民族》2010 年第 3 期。

陆海发、胡玉荣：《论当前我国边疆治理中的民族认同与国家认同整合》，载于《广西民族研究》2011 年第 3 期。

吕普生：《多元文化主义对族裔少数群体权利的理论建构》，载于《民族研究》2009 年第 4 期。

罗树杰：《民族利益：民族问题产生的根本原因》，载于《黑龙江民族丛刊》2006 年第 3 期。

马丽娟：《中国民族理论新论——读〈中国民族理论新编〉》，载于《黑龙江民族丛刊》2007 年第 6 期。

马敏：《论孙中山的现代国家建设思想》，载于《华中师范大学学报》（人文社会科学版）1998 年第 4 期。

马戎：《关于"民族"定义》，载于《云南民族学院学报》（哲学社会科学版）2000 年第 1 期。

马戎：《理解民族关系的新思路——少数族群问题的"去政治化"》，载于《北京大学学报》（哲学社会科学版）2004 年第 6 期。

马尚云：《关于少数民族政治发展的思考》，载于《内蒙古大学学报》（人文社会科学版）2004 年第 5 期。

莫红梅：《多民族国家视域下的公民身份与国家认同》，载于《教学与研究》2010 年第 9 期。

纳日碧力戈：《民族和民族概念辩正》，载于《民族研究》1990 年第 5 期。

宁骚：《论民族国家》，载于《北京大学学报》（哲学社会科学版）1991 年第 6 期。

牛文军：《论民族立法存在的基础与空间》，载于《广播电视大学学报》（哲学社会科学版）2005 年第 2 期。

庞金友：《身份、差异与认同：当代多元文化主义的公民观》，载于《教学与研究》2010 年第 2 期。

彭兆荣：《论民族作为历史性的表述单位》，载于《中国社会科学》2004 年第 2 期。

钱雪梅：《从认同的基本特性看族群认同与国家认同的关系》，载于《民族研究》2006 年第 6 期。

沈桂萍：《对多民族国家一体化建构若干问题的思考》，载于《中央社会主义学院学报》2004 年第 3 期。

施文正：《论民族立法》，载于《西南民族学院学报》（哲学社会科学版）2002 年第 7 期。

宋全成：《论法国移民社会问题的政治化——一种政治社会学的视角》，载于《山东大学学报》（哲学社会科学版）2010 年第 1 期。

宋荣超、严庆：《西方话语中的民族主义解析》，载于《贵州民族研究》2010 年第 1 期。

唐鸣：《民族矛盾的根本原因和一般原因》，载于《社会主义研究》

2001 年第 4 期。

王希：《多元文化主义的起源、实践与局限性》，载于《美国研究》2000 年第 2 期。

王成兵：《国家认同：当代认同问题研究的新焦点》，载于《学术论坛》2010 年第 12 期。

王希恩：《关于中国民族理论创新的几点认识》，载于《中南民族大学学报》（人文社会科学版）2004 年第 4 期。

王希恩：《简评华辛芝新作〈斯大林与民族问题〉》，载于《民族研究》2003 年第 3 期。

王希恩：《论"民族建设"》，载于《中国社会科学院研究生院学报》2004 年第 3 期。

王希恩：《论中国民族理论的学科特色》，载于《民族研究》1997 年第 5 期。

王希恩：《民族认同发生论》，载于《内蒙古社会科学》（文史哲版）1995 年第 5 期。

王希恩：《"现代民族"的特征及形成的一般途径》，载于《世界民族》2007 年第 2 期。

王希恩：《也谈在我国民族问题上的"反思"和"实事求是"——与马戎教授的几点商榷》，载于《西南民族大学学报》（人文社会科学版）2009 年第 1 期。

王希恩：《中国民族理论发展的三个生长点》，载于《满族研究》2002 年第 1 期。

王付欣、易连云：《论民族认同的概念及其层次》，载于《青海民族研究》2011 年第 1 期。

王建娥：《国家建构和民族建构：内涵、特征及联系——以欧洲国家经验为例》，载于《西北师范大学学报》（社会科学版）2010 年第 2 期。

王建娥：《现代民族国家中的族际政治》，载于《世界民族》2004

年第 4 期。

王建娥：《移民地位和权利：对现代民族国家及其政治制度的严峻挑战》，载于《民族研究》2002 年第 5 期。

王建娥：《族际政治民主化：多民族国家建设和谐社会的重要课题》，载于《民族研究》2006 年第 5 期。

王建民：《对〈民族共治论〉一文的几点商榷意见》，载于《中国社会科学》2004 年第 6 期。

王娟：《族群政治的制度逻辑——兼评菲利普·罗德的文章〈苏维埃联邦政治与族群动员〉》，载于《西北民族研究》2010 年第 4 期。

王敏：《多元文化主义差异政治思想：内在逻辑、论争与回应》，载于《民族研究》2011 年第 1 期。

王文奇：《民族主义与民族国家构建析论》，载于《史学集刊》2011 年第 3 期。

王晓德：《试论拉丁美洲现代化步履维艰的文化根源》，载于《史学集刊》2004 年第 1 期。

王逸舟：《国家利益再思考》，载于《中国社会科学》2002 年第 2 期。

王幽深：《论民族立法中的扩张权、限缩权与排除权》，载于《西南民族学院学报》（哲学社会科学版）2002 年第 7 期。

吴承富：《建国初我国少数民族村社政治体系多样性的成因及其影响》，载于《长春师范学院学报》（人文社会科学版）2008 年第 6 期。

肖陆军：《论民族地区政治发展》，载于《云南社会科学》2007 年第 3 期。

徐黎丽：《论多民族国家中民族认同与国家认同的冲突——以中国为例》，载于《西北师范大学学报》（社会科学版）2011 年第 1 期。

徐曼：《试论完善我国散居少数民族立法》，载于《中央民族大学学报》（哲学社会科学版）2005 年第 3 期。

牙含章：《论民族》，载于《民族研究》1982 年第 5 期。

杨昌儒：《试论民族主义与国家建设》，载于《贵州民族学院学报》（哲学社会科学版）2005 年第 3 期。

杨冬雪：《民族国家与国家构建：一个理论综述》，中国政府创新网，http：//www. chinainnovations. org/Item. aspx？id＝32495。

杨洪贵：《多元文化主义的产生与发展探析》，载于《学术论坛》2007 年第 2 期。

杨少垒：《马克思恩格斯利益协调思想的当代解读》，载于《求实》2009 年第 9 期。

杨顺清：《试论中国民族理论探索的三大历史发展阶段》，载于《内蒙古社会科学》（汉文版）2001 年第 3 期。

姚建宗：《国外政治发展研究述评》，载于《政治学研究》1999 年第 4 期。

叶江：《当代西方的两种民族理论——兼评安东尼·史密斯的民族理论》，载于《中国社会科学》2002 年第 1 期。

叶麒麟：《臣民·群众·公民——个体政治角色变迁与中国现代国家成长》，载于《浙江社会科学》2011 年第 3 期。

雍海宾、宋芳：《民族共治和民族区域自治的法学思考》，载于《西北民族大学学报》（哲学社会科学版）2004 年第 6 期。

于福坚：《全球化时代的新民族主义与国家建设》，载于《青海民族研究》2010 年第 4 期。

余建华：《论加拿大魁北克问题的历史演进》，载于《史林》2000 年第 1 期。

袁娥：《民族认同与国家认同研究述评》，载于《民族研究》2011 年第 5 期。

袁正清：《国家利益分析的两种视角》，载于《世界经济与政治》2001 年第 9 期。

曾向红、杨恕：《中亚各国国家民族的构建：以塔吉克斯坦为例》，载于《国际政治研究》2006 年第 2 期。

张宝成:《民族认同与国家认同之比较》,载于《贵州民族研究》2010年第3期。

张宝成、青觉:《民族地区政府能力体系结构研究》,载于《国家行政学院学报》2008年第6期。

张俊杰:《俄罗斯解决民族问题法律机制的现状及改进》,载于《法治论丛》2009年第6期。

张千帆:《从权利保障视角看族群自治与国家统一(下)》,载于《国家检察官学院学报》2009年第6期。

张勇:《第三次中央民族工作会议与中国共产党民族理论的新发展》,载于《满族研究》2006年第3期。

郑晓云:《当代边疆地区的民族认同与国家认同——从云南谈起》,载于《中南民族大学学报》(人文社会科学版)2011年第4期。

郑信哲:《中国特色民族理论的研究力作——评〈中国共产党三代领导集体的民族理论与实践〉》,载于《黑龙江民族丛刊》2004年第1期。

周弘:《民族建设、国家转型与欧洲一体化》,载于《欧洲研究》2007年第5期。

周平:《促进政治发展　维护政治稳定——西部开发与少数民族地区的政治发展和政治稳定学术研讨会综述》,载于《政治学研究》2001年第3期。

周平:《对民族国家的再认识》,载于《政治学研究》2009年第4期。

周平:《多民族国家的政党与族际政治整合》,载于《西南民族大学学报》(人文社会科学版)2011年第5期。

周平:《国家建设与国族建设》,载于《社会科学研究》2010年第2期。

周平:《论构建我国完善的族际政治整合模式》,载于深圳大学当代中国政治研究所《当代中国政治研究报告》(Ⅳ),社会科学文献出版社，2006。

周平：《论民族的两种基本类型》，载于《云南行政学院学报》2010年第1期。

周平：《论中国的国家认同建设》，载于《学术探索》2009年第6期。

周平：《论中国民族国家的构建》，载于《当代中国政治研究报告》（Ⅵ），社会科学文献出版社，2008。

周平：《论族际政治及族际政治研究》，载于《民族研究》2010年第2期。

周平：《民族政治学：研究对象、性质、特点及发展》，载于《政治学研究》2003年第2期。

周平：《少数民族政治发展论》，载于《思想战线》1997年第1期。

周平：《少数民族政治体系的历史演变》，载于《思想战线》1998年第7期。

周平：《中国族际政治整合模式研究》，载于《政治学研究》2005年第2期。

周平、贺琳凯：《论多民族国家的族际政治整合》，载于《思想战线》2010年第4期。

朱伦：《论民族共治的理论基础与基本原理》，载于《民族研究》2002年第2期。

朱伦：《民族共治论——对当代多民族国家族际政治事实的认识》，载于《中国社会科学》2001年第4期。

朱伦：《自治与共治：民族政治理论新思考》，载于《民族研究》2003年第2期。

朱伦、关凯：《"民族共治"是民族区域自治制度的本质特征》，载于《中国民族报》2007年6月15日第6版。

左宏愿：《中国现代国家构建中的族际政治整合》，载于《广西民族研究》2011年第1期。

外文著作中译本

〔澳大利亚〕戈登·格林伍德：《澳大利亚政治社会史》，北京编译社译，北京：商务印书馆，1960。

〔法〕吉尔·德拉诺瓦：《民族与民族主义：理论基础与历史经验》，郑文彬、洪晖译，北京：生活·读书·新知三联书店，2005。

〔加〕理查德·廷德尔、苏珊·诺布斯·廷德尔：《加拿大地方政府》（第六版），于秀明、邓璇译，北京：北京大学出版社，2005。

〔加〕威尔·金里卡：《少数的权利——民族主义、多元文化主义和公民》，邓红风译，上海：上海译文出版社，2005。

〔美〕J. 布卢姆、A. 施莱辛格、S. 摩根：《美国的历程》（下册）第二分册，戴瑞辉、吕永祯译，北京：商务印书馆，1998。

〔美〕阿伦·利普哈特：《民主的模式》，陈崎译，北京：北京大学出版社，2006。

〔美〕本尼迪克特·安德森：《想象的共同体——民族主义的起源与散布》，吴叡人译，上海：上海人民出版社，2005。

〔美〕查尔斯·A. 比尔德：《美国政府与政治》（下），朱曾汶译，北京：商务印书馆，1987。

〔美〕菲利克斯·格罗斯：《公民与国家——民族、部族和族属身份》，王建娥、魏强译，北京：新华出版社，2003。

〔美〕菲利普·巴格比：《文化：历史的投影》，夏克等译，上海：上海人民出版社，1987。

〔美〕弗朗西斯·福山：《国家建构：21 世纪的国家治理与世界秩序》，黄胜强、许铭原译，北京：中国社会科学出版社，2007。

〔美〕格林斯坦、波尔斯比主编《政治学手册精选》（下卷），竺乾威、周琪、胡君芳译，北京：商务印书馆，1996。

〔美〕霍华德·威亚尔达：《新兴国家的政治发展——第三世界还存在吗》，刘青、牛可译，北京：北京大学出版社，2005。

〔美〕加布里埃尔·A. 阿尔蒙德、小 G. 宾厄姆·鲍威尔：《比较政治学：体系、过程和政策》，曹沛霖、郑世平、公婷、陈峰译，上海：上海译文出版社，1987。

〔美〕加布里埃尔·A. 阿尔蒙德、小 G. 宾厄姆·鲍威尔：《当代比较政治学——世界展望》，朱曾汶、林铮译，北京：商务印书馆，1993。

〔美〕卡尔顿·海斯：《现代民族主义演进史》，帕米尔等译，上海：华东师范大学出版社，2005。

〔美〕莱斯利·里普森：《政治学的重大问题：政治学导论》，刘晓译，北京：华夏出版社，2001。

〔美〕鲁恂·W. 派伊：《政治发展面面观》，任晓、王元译，天津：天津人民出版社，2009。

〔美〕曼纽尔·卡斯特：《认同的力量》，夏铸久等译，北京：社会科学文献出版社，2003。

〔美〕莫顿·卡普兰：《国际政治的系统和过程》，薄智跃译，上海：上海人民出版社，2007。

〔美〕塞缪尔·亨廷顿：《变化社会中的政治秩序》，王冠华、刘为等译，上海：上海人民出版社，2008。

〔美〕塞缪尔·亨廷顿：《文明的冲突与世界秩序的重建》，周琪等译，北京：新华出版社，1998。

〔美〕塞缪尔·亨廷顿：《我们是谁？——美国国家特性面临的挑战》，程克雄译，北京：新华出版社，2005。

〔美〕托马斯·雅诺斯基：《公民与文明社会》，柯雄译，沈阳：辽宁教育出版社，2000。

〔美〕詹姆斯·麦格雷戈·伯恩斯：《领袖论》，刘李胜等译，北京：中国社会科学出版社，1996。

〔伊朗〕拉明·贾汉贝格鲁：《柏林谈话录》，杨祯钦译，上海：译林出版社，2002。

〔以色列〕S. N. 艾森斯塔德：《现代化：抗拒与变迁》，张旅平、沈原、陈育国、迟刚毅译，北京：中国人民大学出版社，1988。

〔英〕C. W. 沃特森：《多元文化主义》，叶兴艺译，长春：吉林人民出版社，2005。

〔英〕T. H. 马歇尔等：《公民身份与社会阶级》，郭忠华、刘训练编，南京：江苏人民出版社，2008。

〔英〕埃里·凯杜里：《民族主义》，张明明译，北京：中央编译出版社，2002。

〔英〕埃里克·霍布斯鲍姆：《民族与民族主义》，李金梅译，上海：上海人民出版社，2000。

〔英〕安东尼·D. 史密斯：《民族主义：理论、意识形态、历史》，叶江译，上海：上海世纪出版集团，2006。

〔英〕安东尼·D. 史密斯：《全球化时代的民族与民族主义》，龚维斌、良警宇译，北京：中央编译出版社，2002。

〔英〕安东尼·吉登斯：《民族-国家与暴力》，胡宗泽、赵力涛译，北京：生活·读书·新知三联书店，1998。

〔英〕巴兹尔·戴维逊：《现代非洲史：对一个新社会的探索》，舒展译，北京：中国社会科学出版社，1989。

〔英〕戴维·米勒、韦农·波格丹诺：《布莱克维尔政治学百科全书》，邓正来等译，北京：中国政法大学出版社，1992。

〔英〕厄内斯特·盖尔纳：《民族与民族主义》，韩红译，北京：中央编译出版社，2002。

〔英〕佩里·安德森：《绝对主义国家的系谱》，刘北成、龚晓庄译，上海：上海人民出版社，2001。

〔英〕齐格蒙特·鲍曼：《共同体》，欧阳景根译，南京：江苏人民出版社，2003。

〔英〕休·希顿-沃森：《民族与国家——对民族起源与民族主义政治的探讨》，吴洪英、黄群译，北京：中央民族大学出版社，2009。

〔英〕詹姆斯·马亚尔：《世界政治》，胡雨谭译，南京：江苏人民出版社，2004。

外文文献（含著作、编著及论文）

Alfred Diamant，"The Nature of Political Development"，in J. L. Finkle and R. W. Gable（eds.），op. cit.

Andrew Heywood，*Political Ideologies*：*An Introduction*，New York：St. Martin's Press，1992.

Anthony D. Smith，Nationalism：A Trend Report and Bibliography，*Current Sociology*，Volume XXI，1973，No. 3.

Васильева ЛН Регулирование правнациональных меньшинствикоренных малочисленных народовопыт Россий федерации журнал Российского права. . №6-2005.

Cabriel A. Almond，"The Development of Political Development"，in Myron Weiner and Samuel P. Huntington（ed.），*Understanding Political Development*，*Little*，*Brown And Company*，1987.

Carla J.，Reginald J.，"Racial identity，African Self-consciousness and Career in Decision Making in African American College Women"，Journal of *Multicultural Counseling and Development*，1998 Vol. 26（No. 1）.

Carlos Rangel，*The Latin Americans*：*Their Love-Hate Relationship with the United States*，New York and London：Harcourt Brace Jovanovich，1977.

См.：Н. М. Беленко. Историко-правовой анали сразвития Федеративных отношений в современной России//Вестник Российского государственного торгово-экономического университета（РГТЭУ）. 2007. №2.

David Beetha，*Max Weber and the Theory of Modern Politics*，Cambridge：Polity Press，1985.

Gananapala Welhengama，*Minorities' Claims*：*From Autonomy to Secession*，Ashgate 2000.

Grazer N. & D. P. Moynihan (ed.), *Ethnicity*, Cambridge: Harvard University Press, 1975.

Hastings, Adrian (1997): The Construction of Nationhood: Ethnicity, *Religion and Nationalism*, Cambridge: Cambridge University Press.

John A. Hall, *Book Review: Anthony D. Smith, Nationalism and Modernism, In Nations and Nationalism Journal of the Association for the Study of Ethnicity and Nationalism*, Oxford: Blackwell Publishers Limited 6 (2), 2000.

John Breuilly, Approaches to Nationalism, in Gopal Balakrishnan (ed.), *Mapping the Nation*, London and New York: Verso, 1996.

Mark R. Amstutz, *International Conflict and Cooperation*, Boston: McGraw-Hill, 1999.

Martin C. Needler, *Political Development in Latin American*, Random house, 1968.

Thomas Robinson, " National Interests ", in James N. Rosenau, ed. , *International Politics and Foreign Policy: A Reader in Research and Theory*, New York: Free Press, 1969.

Will Kymlick and Wayne Norman, " Return of the Citizen: A Survey of Recent Work on Citizenship Theory", in Ronald Beiner, (ed.), *Theorizing Citizenship*, Albary: State University of New York Press, 1995.

关键词索引

后　记

本书是在我的博士学位论文的基础之上修改完成的，同时也是我承担的 2011 年度教育部人文社会科学研究青年基金项目"民族政治发展的理论与实践研究"（项目批准号：11YJC810037）的最终研究成果。

本书从选题、构思到写作以及现在的付梓，断断续续用去了三年多的时间。回想这段时光，每每往来于相距千里的学校和家乡之间，总是一路奔波、一路劳苦的样子。好在，这种奔波与劳苦总算换回些许慰藉与温暖：获得博士学位是自己多年的梦想，这个梦想已然实现；女儿于沛琦来到世界已经两年零十一个月，天资聪慧、伶俐可人；我也有幸来到内蒙古工业大学，开始新的职业生涯。所有这一切，都使我没有理由不心存感激地回首这几年流转的时光，这些奔波与劳苦是值得的，它们教我学会坚韧与勇敢，懂得责任与亲情。

作为本书的基础部分，我的博士学位论文，是在我的导师中央民族大学的贺金瑞教授悉心指导下完成的。在此，我要向先生由衷地道一声谢谢。先生学识渊博、才思敏捷、治学严谨、为人宽厚，很难想象，如果没有先生在南睿楼宽敞明亮的教室里、在紫竹院公园翠竹掩映的石板路上、在地铁 2 号线人头攒动的车厢中的谆谆教诲、循循善诱，我的博士学位论文是无法顺利完成的，也自然就不会有现在这部专著的面世。从先生的身上，我不仅学习到了如何做学问，更学习到了如何做人。感谢青觉教授、邹吉忠教授、徐永志教授、关凯副教授、袁贺博士给我提出的中肯而宝贵的建议，这些建议帮我开阔了思路、理清了头绪，也增加了我写作的信心和决心。感谢李瑞君副教授、吴磊博士等为本书的修改和完稿所提供的诸多帮助，几年来我们之间的合作非常愉快，我想，这种合作还会一直继续下去。

感谢我的家人，没有他们，我就没有办法顺利完成本书。我的爱人白静竭尽所能地鼓励着我、义无反顾地支持着我，哪怕自 2004 年我踏上求学之路以来，舍弃了太多本该担负的责任；父母的扶持与帮助让我免除了太多后顾之忧，也让我在每每面对他们的时候心存愧疚；弟弟于春江为我攻读博士学位起到了无可替代的作用，回想三年攻读博士学位生活中最为快乐的时光，都是和他及他的朋友一起度过的。在这里，我还要感谢《贵州民族研究》《广西民族研究》《内蒙古社会科学》《天府新论》《理论月刊》等期刊为我提供了学术成果发表和交流的平台，作为本书中相对独立的部分，这些成果的先期发表也增加了我完成它的勇气。最后，我要感谢社会科学文献出版社的张晓莉博士和周志静编辑，为了让本书能够早日付梓，她们付出了大量辛勤而细致的劳动。

尽管这是我从事学术研究以来最为严谨的一次写作，可在本书中还是存在着诸多缺点和遗憾，每每痛心疾首，感慨于自己学术功力的不足和学识修养的欠缺。由此，我更愿意把本书当成一个新起点，它在我眼前展现出了一幅相当绚丽而开阔的画卷，太多未尽的事项，正等待着我去探索。

于春洋

初稿（博士学位论文）：2012 年 4 月 21 日完成于中央民族大学

修改稿：2013 年 1 月 7 日完成于内蒙古工业大学

图书在版编目（CIP）数据

民族政治发展导论/于春洋著. —北京：社会科学文献
出版社，2013.4
ISBN 978-7-5097-4404-8

Ⅰ.①民…　Ⅱ.①于…　Ⅲ.①民族学－政治学
Ⅳ.①D0-05

中国版本图书馆 CIP 数据核字（2013）第 050779 号

民族政治发展导论

著　　者／于春洋

出 版 人／谢寿光
出 版 者／社会科学文献出版社
地　　址／北京市西城区北三环中路甲 29 号院 3 号楼华龙大厦
邮政编码／100029

责任部门／人文分社（010）59367215　　　　责任编辑／周志静　孙以年
电子信箱／renwen@ ssap. cn　　　　　　　　责任校对／徐兵臣
项目统筹／张晓莉　周志静　　　　　　　　　责任印制／岳　阳
经　　销／社会科学文献出版社市场营销中心（010）59367081　59367089
读者服务／读者服务中心（010）59367028

印　　装／三河市尚艺印装有限公司
开　　本／787mm×1092mm　1/16　　　　　　印　　张／22.75
版　　次／2013 年 4 月第 1 版　　　　　　　　字　　数／325 千字
印　　次／2013 年 4 月第 1 次印刷
书　　号／ISBN 978-7-5097-4404-8
定　　价／89.00 元